THÉATRE COMPLET

DE

ALEX. DUMAS

XXIV

LES MOHICANS DE PARIS
GABRIEL LAMBERT

NOUVELLE ÉDITION

PARIS
MICHEL LÉVY FRÈRES, ÉDITEURS
RUE AUBER, 3, PLACE DE L'OPÉRA

LIBRAIRIE NOUVELLE
BOULEVARD DES ITALIENS, 15, AU COIN DE LA RUE DE GRAMMONT

1874
Droits de reproduction et de traduction réservés.

COLLECTION MICHEL LÉVY

ŒUVRES COMPLÈTES

D'ALEXANDRE DUMAS

THÉATRE

XXIV

ŒUVRES COMPLÈTES D'ALEXANDRE DUMAS
PUBLIÉES DANS LA COLLECTION MICHEL LÉVY

Acté	1	— Le Caucase	3
Amaury	1	— Le Corricolo	2
Ange Pitou	2	— Le Midi de la France	2
Ascanio	2	— De Paris à Cadix	2
Une Aventure d'amour	1	— Quinze jours au Sinaï	1
Aventures de John Davys	2	— En Russie	4
Les Baleiniers	2	— Le Speronare	2
Le Bâtard de Mauléon	3	— Le Véloce	2
Black	1	— La Villa Palmieri	1
Les Blancs et les Bleus	3	Ingénue	2
La Bouillie de la comtesse Berthe	1	Isabel de Bavière	2
La Boule de neige	1	Italiens et Flamands	2
Bric-à-Brac	2	Ivanhoe de Walter Scott (traduction)	2
Un Cadet de famille	3	Jacques Ortis	1
Le Capitaine Pamphile	1	Jacquot sans Oreilles	1
Le Capitaine Paul	1	Jane	1
Le Capitaine Rhino	1	Jehanne la Pucelle	1
Le Capitaine Richard	1	Louis XIV et son Siècle	4
Catherine Blum	1	Louis XV et sa Cour	2
Causeries	2	Louis XVI et la Révolution	2
Cécile	1	Les Louves de Machecoul	3
Charles le Téméraire	2	Madame de Chamblay	2
Le Chasseur de Sauvagine	1	La Maison de glace	2
Le Château d'Eppstein	2	Le Maître d'armes	1
Le Chevalier d'Harmental	2	Les Mariages du père Olifus	1
Le Chevalier de Maison-Rouge	2	Les Médicis	1
Le Collier de la reine	3	Mes Mémoires	10
La Colombe. — Maître Adam le Calabrais	1	Mémoires de Garibaldi	2
Le Comte de Monte-Cristo	6	Mémoires d'un aveugle	2
La Comtesse de Charny	6	Mémoires d'un médecin : Balsamo	5
La Comtesse de Salisbury	2	Le Meneur de loups	1
Les Compagnons de Jéhu	3	Les Mille et un Fantômes	1
Les Confessions de la marquise	2	Les Mohicans de Paris	4
Conscience l'Innocent	1	Les Morts vont vite	2
Création et Rédemption. — Le Docteur mystérieux	2	Napoléon	1
— La Fille du Marquis	2	Une Nuit à Florence	1
La Dame de Monsoreau	3	Olympe de Clèves	3
La Dame de Volupté	2	Le Page du duc de Savoie	2
Les Deux Diane	3	Parisiens et Provinciaux	1
Les Deux Reines	2	Le Pasteur d'Ashbourn	2
Dieu dispose	2	Pauline et Pascal Bruno	1
Le Drame de 93	3	Un Pays inconnu	1
Les Drames de la mer	1	Le Père Gigogne	1
Les Drames galants. — La Marquise d'Escoman	2	Le Père la Ruine	2
La Femme au collier de velours	1	Le Prince des Voleurs	2
Fernande	1	La Princesse de Monaco	2
Une Fille du régent	1	La Princesse Flora	1
Filles, Lorettes et Courtisanes	1	Les Quarante-Cinq	3
Le Fils du forçat	1	La Régence	1
Les Frères corses	1	La Reine Margot	2
Gabriel Lambert	1	Robin Hood le Proscrit	2
Les Garibaldiens	1	La Route de Varennes	1
Gaule et France	1	Le Salteador	1
Georges	1	Salvator (suite des Mohicans de Paris)	5
Un Gil Blas en Californie	1	Souvenirs d'Antony	1
Les Grands Hommes en robe de chambre : César	2	Les Stuarts	1
		Sultanetta	1
— Henri IV, Louis XIII, Richelieu	2	Sylvandire	1
La Guerre des femmes	2	La Terreur prussienne	2
Histoire d'un casse-noisette	1	Le Testament de M. Chauvelin	1
Les Hommes de fer	1	Théâtre complet	25
L'Horoscope	1	Trois Maîtres	1
L'Ile de Feu	2	Les Trois Mousquetaires	4
Impressions de voyage : En Suisse	8	Le Trou de l'enfer	2
— Une Année à Florence	1	La Tulipe noire	1
— L'Arabie Heureuse	3	Le Vicomte de Bragelonne	6
— Les Bords du Rhin	2	La Vie au Désert	2
— Le Capitaine Aréna	1	Une Vie d'artiste	1
		Vingt Ans après	3

D. Thiéry et Cie. — Imp. de Lagny.

LES
MOHICANS DE PARIS

DRAME EN CINQ ACTES, EN NEUF TABLEAUX
AVEC PROLOGUE

Gaieté. — 20 août 1864.

Cette pièce ayant été, pendant ses répétitions, frappée d'interdit par la commission de censure, j'adressai la lettre suivante à l'empereur :

« SIRE,

» Il y avait, en 1830, et il y a encore aujourd'hui, trois hommes à la tête de la littérature française.

» Ces trois hommes sont : Victor Hugo, Lamartine et moi.

» Victor Hugo est proscrit, Lamartine est ruiné.

» On ne peut me proscrire comme Hugo : rien dans ma vie, dans mes écrits ou dans mes paroles, ne donne prise à la proscription.

» Mais on peut me ruiner comme Lamartine, et, en effet, on me ruine.

» Je ne sais quelle malveillance anime la censure contre moi.

» J'ai écrit et publié douze cents volumes. Ce n'est pas à moi de les apprécier au point de vue littéraire. Traduits dans toutes les langues, ils ont été aussi loin que la vapeur a pu les porter. Quoique je sois le moins digne des trois, ils m'ont fait, dans les cinq parties du monde, le plus populaire des trois, peut-être parce que l'un est un penseur, l'autre un rêveur, et que je ne suis, moi, qu'un vulgarisateur. De ces douze cents volumes, il n'en est pas un qu'on ne puisse laisser lire à un ouvrier du faubourg Saint-Antoine, le plus républicain, ou à une jeune fille du faubourg Saint-Germain, le plus pudique de tous nos faubourgs.

» Eh bien, sire, aux yeux de la censure, je suis l'homme le plus immoral qui existe.

» La censure a successivement arrêté depuis douze ans :

» *Isaac Laquedem*, vendu 80,000 francs au *Constitutionnel* ;

» *La Tour de Nesle*, après huit cents représentations (le *veto* a duré sept ans) ;

» *Angèle*, après trois cents représentations (le *veto* a duré six ans) ;

» *Antony*, après trois cent cinquante représentations (le *veto* a duré six ans) ;

» *La Jeunesse de Louis XIV*, qui n'a jamais été jouée et qu'on allait jouer au Théâtre-Français ;

» *La Jeunesse de Louis XV*, reçue au même théâtre (1).

» Aujourd'hui, la censure arrête *les Mohicans de Paris*, qui allaient être joués samedi prochain.

» Elle va probablement arrêter aussi, sous des prétextes plus ou moins spécieux, *Olympe de Clèves* et *Balsamo*, que j'écris en ce moment.

» Je ne me plains pas plus pour *les Mohicans* que pour les autres drames ; seulement, je fais observer à Votre Majesté que, pendant les trois ans de restauration de Charles X, pendant les dix-huit ans de règne de Louis-Philippe, je n'ai jamais eu une pièce ni arrêtée ni suspendue, et j'ajoute, toujours pour Votre Majesté seule, qu'il me paraît injuste de faire perdre plus d'un demi-million à un seul auteur dramatique, lorsqu'on encourage et que l'on soutient tant de gens qui ne méritent pas ce nom.

» J'en appelle donc, pour la première fois, et probablement pour la dernière, au prince dont j'ai eu l'honneur de serrer la main à Arenenberg, à Ham et à l'Élysée, et qui, m'ayant trouvé comme prosélyte dévoué sur le chemin de l'exil et sur celui de la prison, ne m'a jamais trouvé comme solliciteur sur celui de l'Empire.

» ALEX. DUMAS.

» Paris, 10 août 1864. »

(1) Je n'ai pas compris dans cette énumération *le Chevalier de Maison-Rouge*, *Catilina*, *Urbain Grandier*, interdits pour des motifs politiques.

Après la lettre qu'on vient de lire, et que nous reproduisons ici pour rectifier quelques petites erreurs de texte commises par les journaux, nous n'avons plus rien à dire de la censure, qui arrêtait le drame des *Mohicans de Paris*.

La censure a desserré les dents ; elle a lâché le drame ; mais la morsure est restée, et, il faut le dire, la cicatrice est plus que visible : elle est saignante.

Nous n'en avons qu'un devoir plus grand à remplir, qu'une reconnaissance plus réelle à exprimer aux artistes qui ont réuni tous leurs efforts pour soutenir un édifice qui menaçait de s'écrouler, ébranlé qu'il était du faîte aux fondations.

Commençons par Dumaine, notre jeune et cependant vieil ami, presque notre enfant, qui est venu, au milieu d'applaudissements dont il a eu la modestie de ne point prendre sa part, jeter au public un nom que le public avait presque désappris au théâtre, après l'avoir entendu cependant une soixantaine de fois.

Dumaine est, avant tout, un artiste sympathique. Est-ce un don de la nature ? Est-ce un résultat de l'art ? Je n'en sais rien ; seulement, c'est un fait que j'attribuerai tout simplement à la réunion du talent et du cœur ; il serait impossible de jouer avec plus de commandement la scène du tapis franc, avec plus de passion la scène du parc, avec plus de railleuse courtoisie celle où il se révèle à Suzanne de Valgeneuse, et avec plus de désespoir celle où, Gérard évadé, il cherche et appelle inutilement Rose-de-Noël.

Qu'on n'oublie pas que Dumaine, dont le talent se plie à tous les genres, entrait en scène tout frémissant encore des applaudissements de *Tartufe* et de *la Tour de Nesle*.

Nous avons retrouvé à la Gaieté un de nos meilleurs lieutenants, compagnon de nos luttes du Théâtre-Historique, et qui, dans cette rude campagne de trois ans, soutenue, non pas contre de beaux jours politiques, mais contre de mauvais jours littéraires, a eu sa part de toutes nos victoires : nous avons retrouvé Lacressonnière.

Dès la première répétition, et aux premiers mots qu'il a

dits, nous avons reconnu l'artiste de talent que nous connaissions, mais dont le talent avait grandi. Nous avions cru qu'il était impossible de faire une plus belle création que celle de Charles VI dans *la Tour Saint-Jacques* ; Lacressonnière nous a prouvé qu'il en pouvait faire une à la fois plus savante et plus terrible. L'ingrate et hideuse figure de Gérard a été rendue par lui avec un réalisme effrayant. Il était une des deux cariatides sur lesquelles reposait le poids de l'édifice, la cariatide n'a point plié.

L'autre cariatide était Jackal-Perrin. Ce n'est pas nous qui dirons ce que nous pensons de l'artiste, qui a pris le rôle au refus de M. Paulin Ménier, lequel a créé, on se le rappelle, avec tant de talent un si grand nombre de rôles, et particulièrement *l'Idiot de la montagne* ; — mais M. Paulin Ménier a, nous a-t-on dit, ses rôles et ses auteurs de préférence : Talma était ainsi, il préférait Corneille. — Ce n'est pas nous qui dirons ce que nous pensons de Jackal-Perrin, ou plutôt de Perrin-Canler (1), nous emprunterons à un excellent critique le paragraphe qu'il lui consacre, convaincu que nous ne dirions ni plus juste ni mieux :

« Perrin joue le fin limier Jackal, et le joue avec un talent des plus remarquables ; il a placé au premier plan un rôle fait pour dénouer le drame, et non pour le dominer. Son chapeau démodé a une physionomie inquisitoriale ; les verres de ses lunettes sont deux points d'interrogation ; son nez et son menton rapprochés ressemblent aux deux branches d'une paire de tenailles ; c'est, de la tête aux pieds, l'homme de la chasse aux voleurs, alliant une bonhomie en surface à une finesse qui entre dans les consciences troublées, comme la

---

(1) Nous n'avons pas besoin de dire au public ce que c'est que cette fine et honorable personnalité de Canler, qui, comme chef de la police de sûreté, a veillé pendant vingt ans sur Paris. M. Jackal n'est qu'un reflet affaibli de cette grande intelligence, qui avait sur celle de son prédécesseur Vidocq l'avantage d'être puisée non-seulement dans un esprit inventif, mais encore dans une conscience honnête.

vrille dans une pièce de bois, un tigre sur la piste du filou, un bon bourgeois quand le gibier est dans la carnassière; j'ai vu tout cela dans Jackal. »

J'ajouterai, moi qui ai eu affaire à M. Perrin pendant trente répétitions, que j'ai vu en lui ce que ne pouvait y voir mon ami Jouvin... Bon! voilà que je l'ai nommé sans le vouloir! — que j'y ai vu l'homme de bonne compagnie, l'artiste infatigable et consciencieux que rien ne distrait de son rôle et pour qui aucun détail ne reste indifférent, si petit, si imperceptible qu'il soit.

Clarence a été, comme toujours, le charmant acteur à la voix douce, à l'œil humide, et qui a dans toute sa personnalité quelque chose de poétique et presque de féminin. Il y a longtemps que nous nous connaissons et que nous nous aimons, Clarence et moi. Lorsqu'il entra au théâtre, avec un nom difficile à idéaliser, j'eus le bonheur d'être, il y a quelque vingt ans, son parrain et de le baptiser du nom de Clarence; cette fois encore, mon filleul m'a fait honneur, et, en supposant qu'il me doive quelque chose, s'est largement acquitté envers moi : Clarence a été excellent dans le rôle de Dominique.

Je pourrais presque dire de la femme ce que je dis du mari; si j'ai donné à l'un le baptême du nom, j'ai donné à l'autre celui de la scène : autant que je puis me le rappeler, madame Clarence a débuté dans le rôle de Ginesta du *Gentilhomme de la montagne;* n'ayant jamais vu la pièce, je n'ai pas vu madame Clarence dans ce rôle; on m'a dit qu'elle y avait été charmante; après l'avoir vue dans Rose-de-Noël, j'en suis sûr. Madame Clarence, est jeune, jolie; elle a de l'originalité dans les rôles à caractère; tout cela, à vingt-quatre ans, c'est beaucoup; ses amies disent même que c'est trop !

Mademoiselle Colombier a reçu les compliments du public et de toute la presse avant de recevoir les nôtres, et nous arriverions tard, si, le jour même de la répétition, après avoir vu la façon dont elle a joué les trois seules scènes qu'elle ait dans l'ouvrage, nous ne lui avions dit ces propres paroles, dont nous ne sommes pas prodigue : « Mademoiselle, vous avez beaucoup de talent. » Ce n'était point une prédiction, c'était un fait reconnu. Mademoiselle Colombier a joué son rôle de Suzanne de Valgeneuse, rôle peu agréable à jouer, en comédienne consommée ; elle a dans le jeu tout à la fois le laisser-aller de la femme du monde et la hauteur de la duchesse ; les yeux sont fiers et superbes, et, le jour où nous éclairerons ces yeux-là des langueurs de l'amour, ou des feux de la jalousie, — au moyen d'un beau rôle, bien entendu ! — ces yeux-là feront tourner la tête au public.

Mademoiselle Colombier, comme madame Clarence, est dans sa première jeunesse ; je doute même qu'elle soit majeure ; — heureusement, le théâtre émancipe.

A propos de jeunesse et de beaux yeux, nous demandons pardon à madame Talini d'avoir étendu sur son visage de vingt-huit ans l'affreux masque de la Brocante. Au reste, il est impossible de mieux prendre son parti d'une jeunesse perdue que ne l'a fait cette douce et consciencieuse artiste ; elle a été — ce qui est bien rare avec une pareille disproportion d'âge — la femme du rôle ; de jeune, elle s'est faite vieille ; de belle, hideuse ; de distinguée, ignoble. Avis aux artistes *qui ne veulent jouer qu'avec leurs avantages.* A mon excellente Talini, merci !

Ah ! par exemple, son fils adoptif est bien digne d'elle ! Quel spirituel et intelligent gamin que ce Babolin ! L'affiche et le directeur prétendent que c'est une femme et que cette femme s'appelle madame Cécile Derval ; je ne connais, moi, qu'une femme qui ait ce talent-là, c'est Déjazet. Après cela, comme il y a six ou sept ans que je suis hors de Paris, peut-être, entre deux portants, dans quelque sablière au-dessus de laquelle Déjazet et Colbrun se seront rencontrés, cette joyeuse hybride aura-t-elle poussé — éclatante d'esprit et de vérité. Eh ! messieurs les directeurs, faites-en des greffes, ou prenez-en de la graine ; vous n'en aurez pas toujours, des Déjazet et des Colbrun.

Nous avons, aux répétitions, été longtemps injuste pour mademoiselle Raucourt, et nous lui demandons pardon de l'avoir tourmentée ; mais, le jour de la représentation, mademoiselle Raucourt s'en est bien vengée : elle a eu un succès, un très-grand succès.

MM. Gaspard, Hodin et Lacroix, chargés de rôles secondaires et sans aucune portée dramatique, ont eu la bonté de comprendre la nécessité d'un second plan dans un tableau; ils ont mis en commun bonne volonté et intelligence, et ont concouru vaillamment au succès.

M. Marchand, qui jouait Jean Taureau; M. Thierry, qui jouait le jardinier; M. Lemaire, qui jouait Sac-à-Plâtre, et jusqu'à M. Briand, qui n'avait qu'un mot à dire dans Toussaint Louverture, se sont fait remarquer et ont trouvé moyen d'avoir leur part dans les honneurs de la soirée.

Mais les deux merveilles en miniature de cette soirée sont les deux enfants qui jouent le petit Victor et la petite Léonie; ce serait à aller voir le prologue, rien que pour eux. Impossible de rencontrer plus d'intelligence artistique et plus d'espérance d'avenir que dans ces deux petits corps; je me trompe; dans ces deux petites âmes. Si j'étais riche ou si j'avais vingt-cinq ans de moins, je me chargerais de ces deux beaux enfants, et, avec la permission de leurs parents et l'aide de Dieu, j'en ferais deux grandes actrices; mais, au nom du ciel, pas de Conservatoire ! la nature, la pratique, la vérité, voilà tout.

Ai-je oublié quelqu'un de mes grands ou de mes petits interprètes ? Je ne crois pas; mais, en tout cas, il ne faudrait point m'en vouloir, puisque ce ne serait qu'un oubli.

Alex. Dumas.

DISTRIBUTION

SALVATOR............................ MM.	Domaine.
M. GÉRARD...........................	Lacressonnière.
PHILIPPE SARRANTI.................	Manuel.
DOMINIQUE SARRANTI..............	Clarence.
LORÉDAN DE VALGENEUSE...........	Henry.
M. JACKAL............................	Perrin.
GIBASSIER............................	Alexandre.
PÉTRUS, peintre.....................	Lacroix.
JEAN ROBERT, poëte................	Gaspard.
LUDOVIC, médecin...................	Hodin.
SAC-A-PLATRE, maçon...............	Lemaire.
JEAN TAUREAU, charpentier........	Marchand.
TOUSSAINT-L'OUVERTURE......... }	Briand.
Un Commissaire de police....... }	
Un Garçon de cabaret.............	Mallet.
PIERRE, jardinier...................	Thierry.
Un Agent de police.................	Jannin.
Un Pierrot...........................	Mantor.
Un Polichinelle.....................	Chevalier.
JÉROME, facteur....................	Henicle.
JEAN, domestique de M. Gérard...	Maison.
Un Domestique......................	Buer.
Un Gendarme........................	Martinet.
CROC-EN-JAMBES, } Personnages muets.	
LA GIBELOTTE, }	
ROSE-DE-NOEL....................... Mmes	Juliette Clarence.
LA BROCANTE........................	Talini.
BABOLIN..............................	Cécile Derval.
ORSOLA...............................	Raucourt.
SUZANNE DE VALGENEUSE.........	Colombier.
MADAME DESMAREST................	Jeault.
La Servante de M. Gérard.........	Richer.
VICTOR...............................	La petite Charlotte.
LEONIE...............................	La petite Adèle.
BRÉSIL, chien de M. Gérard.	

— Le prologue en 1820, le drame en 1827. —

PROLOGUE

PREMIER TABLEAU

Une salle à manger donnant sur un parc.

SCÈNE PREMIÈRE

LÉONIE et BRÉSIL, couchés sur un canapé; ORSOLA, entrant.

ORSOLA, à part.

Encore l'enfant!... (Haut.) Allez, Léonie, allez jouer dans le jardin!

LÉONIE, sortant avec le chien.

Viens, Brésil, viens!

SCÈNE II

ORSOLA, seule.

Elle va entr'ouvrir la porte de la chambre à coucher de M. Gérard.

Il dort encore! et ce matin, en s'éveillant, il aura, comme d'habitude, oublié toutes les promesses qu'il m'a faites cette nuit dans l'ivresse... En vérité, je ne sais pas pourquoi je me donne tant de peine. Je suis encore jeune et je suis toujours belle, tandis que cet homme... Et tout cela pour épouser cinq ou six mille livres de rente! Oh! ce qu'il me faudrait, c'est une fortune comme celle qu'auront un jour ces misérables enfants qui jouent au bord de l'étang... Ils auront un million et demi chacun, et, pour cela, ils se seront donné la peine de naître; tandis que moi, après m'être débattue dans la misère et la honte de quinze à vingt ans, j'en suis, à trente, arrivée à être la maîtresse de M. Gérard, avec l'immense ambition de devenir la femme d'un homme de cinquante ans; ce qui, le jour où la chose arrivera, fera l'envie de toutes les dames de Viry-sur-Orge et des environs... Magnifique avenir, qui vaut, en effet, la peine d'être jalousé!

SCÈNE III

ORSOLA, LE FACTEUR.

LE FACTEUR, du dehors.

Ohé! la maison! Est-ce qu'il n'y a personne ici?

ORSOLA.

Qui va là?

LE FACTEUR, entrant.

Moi, le facteur. C'est une lettre.

ORSOLA.

Donnez.

LE FACTEUR.

Impossible.

ORSOLA.

Pourquoi, impossible?

LE FACTEUR.

Parce qu'elle est pour M. Gérard.

ORSOLA.

Eh bien, M. Gérard ou moi, n'est-ce pas la même chose?

LE FACTEUR.

Pas tout à fait encore, quoiqu'on dise, dans le pays, que cela ne tardera point. Dites donc, madame Orsola, le jour où cela arrivera, vous aurez fait un beau rêve!

ORSOLA.

Voyons, trêve de bavardage! et donnez-moi cette lettre; ne savez-vous pas que c'est moi qui reçois toute la correspondance de M. Gérard?

LE FACTEUR.

Oui, mais pas les lettres chargées, pas celles où il faut signer sur le registre.

ORSOLA, fronçant le sourcil.

Dis donc, Jérôme!

LE FACTEUR.

Madame Orsola?

ORSOLA.

Je croyais que tu tenais à renouveler le bail de la petite maison et du coin de terre que te loue M. Gérard?

LE FACTEUR.

Certainement que j'y tiens!

ORSOLA.

Eh bien, tu n'en prends pas la route, je t'en préviens. Adieu, Jérôme, tu peux remporter ta lettre.

LE FACTEUR.

Dites donc, dites donc, madame Orsola, je ne m'oppose pas à vous remettre la lettre, moi; et, si vous voulez signer à la place de M. Gérard...

ORSOLA.

Et pourquoi ne signerais-je pas à sa place?

LE FACTEUR.

Dame, moi, je ne savais pas... Tenez, voilà le registre. Seulement, comme la lettre est pour M. Gérard, signez : *Gérard*. (Orsola prend la plume et signe. — Le Facteur, à part.) Elle a signé tout de même. Oh! c'est une maîtresse femme, celle-là! (Haut.) Tenez, voici la lettre.

(Il va pour sortir.

SCÈNE IV

Les Mêmes, VICTOR, sur le perron ; LÉONIE, plus loin, avec BRÉSIL.

ORSOLA, à part, regardant la lettre.

Un cachet noir !... Que veut dire ceci ?

VICTOR.

Monsieur le facteur, nous apportez-vous des nouvelles de papa ?

ORSOLA, décachetant la lettre avec précaution.

Peut-être !

LE FACTEUR.

Demandez à madame Gérard, monsieur Victor; c'est elle qui a reçu la lettre.

(Il sort.)

VICTOR.

Vous voulez dire à madame Orsola... Viens, Léonie! c'est l'heure de prendre notre leçon avec M. Sarranti.

(Il sort avec sa sœur et le chien, par la porte opposée à celle de M. Gérard.

SCÈNE V

ORSOLA, seule, regardant les enfants qui s'éloignent.

Oui, ce sont des nouvelles de votre père, et de bonnes !... (Lisant la lettre, qu'elle a ouverte.) Mort pendant la traversée !...

Un testament !... (La porte de la chambre à coucher s'ouvre.) Gérard !...

(Elle cache le testament dans sa poitrine.)

SCÈNE VI

ORSOLA, GÉRARD.

GÉRARD, tout chancelant.

Quelle heure est-il donc, Orsola ?

ORSOLA.

Dix heures... Tenez...

(L'heure sonne.)

GÉRARD.

A quelle heure nous sommes-nous retirés ?

ORSOLA.

De bonne heure, à minuit.

GÉRARD.

Et tu t'es levée ?...

ORSOLA.

Comme d'habitude, au jour. Ne faut-il pas jeter le regard du matin sur la maison... et, à défaut de l'œil du maître...?

GÉRARD.

Celui de la maîtresse ?

ORSOLA.

Je suis votre servante, monsieur Gérard ! Et, quand il vous plaira d'ordonner, j'obéirai ; mais, en attendant, il faut bien que je vous le dise, quelque chose, ou plutôt quelqu'un me préoccupe.

GÉRARD.

Qui ?

ORSOLA.

Cet homme !

GÉRARD.

Quel homme ?

ORSOLA.

Celui que votre frère vous a imposé comme précepteur des enfants... Votre Corse !

GÉRARD.

Sarranti ?

ORSOLA.

Oui !

GÉRARD.
Et pourquoi te préoccupe-t-il?
ORSOLA.
Dieu veuille qu'il ne nous arrive pas malheur à cause de lui.
GÉRARD.
A quel propos me dis-tu cela?
ORSOLA.
D'abord, un homme qui a déposé, sous votre nom, cent mille écus chez un notaire...
GÉRARD.
Cela prouve qu'il a confiance en moi, puisque, ne pouvant pas les déposer en son nom, il les y dépose au mien.
ORSOLA.
Et qui, possédant cent mille écus, c'est-à-dire quinze mille livres de rente, se contente d'une place de quinze cents francs et se fait professeur de deux enfants! Si ces enfants étaient à lui encore, je ne dis pas!
GÉRARD.
Mais ces enfants sont à mon frère, et Sarranti a été l'ami de mon frère.
ORSOLA.
Et aujourd'hui, savez-vous ce que fait l'ami de votre frère?
GÉRARD.
Que fait-il?
ORSOLA.
Je vais vous le dire, moi, si vous ne le savez pas... Il conspire!...
GÉRARD.
Sarranti?
ORSOLA.
Oui, ou je me trompe fort... J'ai beau me lever avec le jour, il est levé avant moi; puis il a insisté pour avoir le pavillon, n'est-ce pas?
GÉRARD.
C'est un homme d'étude et qui désire travailler à son aise.
ORSOLA.
Et qu'on ne sache pas surtout, à quoi ni avec qui il travaille.
GÉRARD.
Oh! je te reconnais bien là! soupçonneuse, toujours!

SCÈNE VII

LES MÊMES, JEAN.

JEAN.

Je vous demande pardon, monsieur, de venir sans être appelé ; mais c'est M. Sarranti qui désirerait vous parler, à vous seul.

GÉRARD.

Dis-lui que je descends.

ORSOLA.

Non, dis-lui qu'il monte.

GÉRARD, après avoir regardé Orsola.

Oui, tu entends, qu'il monte.

JEAN.

J'y vais, monsieur.

(Il sort.)

SCÈNE VIII

GÉRARD, ORSOLA.

GÉRARD.

Maintenant, Orsola, si tu veux nous laisser....

ORSOLA.

Ah ! vous avez donc des secrets pour moi ?

GÉRARD.

Non ; mais les secrets de M. Sarranti ne sont point à moi, ils sont à lui.

ORSOLA.

Avec votre permission, monsieur Gérard, les secrets de M. Sarranti seront *à nous*, ou il gardera ses secrets !

GÉRARD, vivement.

Voilà M. Sarranti.

ORSOLA, se jetant dans un cabinet.

Je vous préviens que j'écoute.

SCÈNE IX

GÉRARD, SARRANTI.

SARRANTI, entrant et regardant autour de lui.

Sommes-nous seuls, mon ami, et puis-je parler en toute confiance ?

GÉRARD.

Nous sommes seuls et vous pouvez parler.

SARRANTI.

Avant tout, cher monsieur Gérard, j'ai besoin de vous assurer une chose : c'est que tout ce que je vais vous dire était connu de votre frère dès le premier jour où je le revis; de sorte qu'il savait parfaitement que c'était à un conspirateur qu'il ouvrait sa porte lorsqu'il me chargea de l'éducation de ses enfants.

GÉRARD.

Alors, il est vrai que vous conspirez?

SARRANTI.

Hélas! oui, monsieur Gérard; mais soyez tranquille, toutes mes précautions sont prises pour ne point vous compromettre. En deux mots, voici le fait : une conspiration est organisée; aujourd'hui, à quatre heures, elle éclate. Je ne puis vous dire quels sont les chefs : leur secret n'est pas le mien; ce que je puis vous dire, ce que je puis vous affirmer, c'est que les plus illustres noms vont tenter la ruine du gouvernement...

GÉRARD.

Mais, malheureux !...

SARRANTI.

Réussirons-nous? ne réussirons-nous pas?... Si nous réussissons, nous sommes acclamés comme des héros; si nous échouons, l'échafaud de Didier nous attend.

GÉRARD, avec terreur.

L'échafaud!

SARRANTI.

Encore une fois, ne craignez point d'être compromis. Voici une lettre que je vous adresse, comme si aucune confidence ne vous avait été faite, et dans laquelle je vous dis que des affaires importantes me forcent à me séparer de vous. Si la conspiration échoue, je me sauve comme je puis... Maintenant, voulez-vous m'aider jusqu'au bout? Donnez-moi Jean, qui est un fidèle serviteur; qu'il tienne ici pendant toute la journée deux chevaux sellés, ayant dans les valises les cent mille écus que je vous ai confiés et que vous avez retirés de chez votre notaire. J'ai, tout le long de la route, d'ici à Nantes, des affidés qui me cacheront. A Nantes, je m'embarque pour les Indes.

GÉRARD.

Vous n'y trouverez plus mon frère; car il y a trois mois que j'ai reçu une lettre de lui dans laquelle il m'annonce que, sa fortune ayant atteint le chiffre qu'il désirait, il se met en route pour revenir près de nous.

SARRANTI.

Non; mais j'y trouverai un autre ami, le général de Prémont. Maintenant, cher monsieur Gérard, vous tenez ma vie entre vos mains; ne vous hâtez pas de me répondre. Je vais dans mon appartement brûler tous les papiers qui pourraient me compromettre, et, dans cinq minutes, je reviens chercher votre réponse. (Il va pour sortir.) Inutile de vous demander le secret vis-à-vis de qui que ce soit au monde.

(Gérard répond par un signe de tête, Sarranti s'éloigne.)

SCÈNE X

GÉRARD, ORSOLA, sortant du cabinet.

GÉRARD.

Tu as tout entendu, Orsola?

ORSOLA.

Tout!

GÉRARD.

Que faut-il faire?

ORSOLA.

Il faut faire ce qu'il demande.

GÉRARD.

Comment! toi que j'ai toujours trouvée l'ennemie de Sarranti...?

ORSOLA.

Je vous dis qu'il faut lui donner Jean; je vous dis qu'il faut lui tenir deux chevaux prêts, et prier Dieu, ou plutôt le diable, qu'il échoue; car jamais occasion pareille à celle qui se présente ne nous sera donnée de devenir millionnaires.

GÉRARD.

Millionnaires! que dis-tu?

ORSOLA.

Rien... Occupez-vous d'une chose seulement : c'est de lui reprendre votre contre-lettre; moi, je vais vous l'envoyer,

1.

afin qu'il n'y ait pas de temps perdu. Je me charge du reste.
GÉRARD.
Mais qu'appelles-tu le reste?
ORSOLA.
Ah! c'est vrai! vous ne savez pas encore. Lisez cette lettre, qui est arrivée pour vous ce matin... Le voilà!... Vous lirez quand il sera parti.

(Orsola sort en croisant Sarranti et en le saluant.)

SCÈNE XI
GÉRARD, SARRANTI.

SARRANTI.
Eh bien, cher monsieur Gérard, avez-vous réfléchi?
GÉRARD.
Jean est à votre disposition; les chevaux tout sellés vous attendront avec l'argent dans les sacoches.
SARRANTI.
Bien!... Voici votre contre-lettre; dès aujourd'hui, je me regarde comme rentré dans les cent mille écus, puisque l'argent est retiré de chez le notaire. Si je ne puis repasser par Viry et que je ne sois ni prisonnier ni tué, un mot de moi vous dira où me faire tenir l'argent.
GÉRARD.
Il sera fait de point en point selon votre intention, cher monsieur Sarranti.
SARRANTI.
Monsieur Gérard, comptez sur ma reconnaissance éternelle. Au revoir... Peut-être adieu!

(Il sort.)

SCÈNE XII
GÉRARD, pensif et inquiet.

Que signifient ces mots d'Orsola : « Jamais plus belle occasion ne nous sera donnée de devenir millionnaires? » Cette femme ne dit rien sans raison, ne fait rien sans but... Cette lettre cachetée de noir, qu'elle m'a remise en partant et qu'elle m'a recommandé de lire... elle porte le timbre de Marseille. Ah! je ne suis pas le premier qui l'ouvre... Un second pli cacheté... L'écriture de mon frère! « Ceci est mon testament olographe. » Jacques est mort!

(Il tombe sur un fauteuil; Orsola paraît, monte lentement les degrés du perron, et, pendant que Gérard lit, vient, sans être vue ni entendue, s'appuyer au dossier de son fauteuil.)

SCÈNE XIII

GÉRARD, ORSOLA.

GÉRARD.

Voyons d'abord la lettre. (Lisant la lettre.) « A M. Gérard, propriétaire à Viry-sur-Orge. » C'est bien pour moi. « Monsieur, j'ai une triste nouvelle à vous annoncer : votre frère Jacques, embarqué à bord de *la Mouette*, brick marchand de Marseille, sous mon commandement, pris d'une fièvre pernicieuse, en passant le cap de Bonne-Espérance, est mort à la hauteur de Sainte-Hélène, le 12 juin dernier, à cinq heures du soir. Il a laissé en mourant un testament en double ampliation ; l'un des originaux doit être remis à son notaire, M. Barateau, rue du Bac, n° 35 ; l'autre doit vous être envoyé, afin que vous sachiez directement quelles sont les dispositions qu'il a prises. Ses derniers mots, en expirant, ont été : « Mon Dieu! veillez sur mes enfants! » Avec le regret de vous annoncer de si tristes nouvelles, j'ai l'honneur d'être, etc. Le capitaine LUCAS. » — Ses derniers mots ont été : « Mon Dieu! veillez sur mes enfants! »

(Il reste immobile.

ORSOLA.

Voyons, lisez donc le reste.

GÉRARD, tressaillant.

Tu étais là, toi?

ORSOLA.

Oui.

GÉRARD, lisant.

« En mer, 1er janvier 1820. Sentant que ma maladie est mortelle, et qu'il plaît au Seigneur tout-puissant de me rappeler à lui, j'ai voulu, étant dans la plénitude de mes facultés intellectuelles, régler les suprêmes dispositions destinées à répartir ma fortune entre le seul parent qui me reste, mon bon frère Gérard, et mes chers enfants Victor et Léonie. Cette répartition est bien facile. Je laisse un million et demi à chacun de mes enfants. Je désire que, sauf la dépense de leur éducation et de leur entretien, le revenu de ces trois millions aille s'accumulant jusqu'à leur majorité; c'est mon frère Gérard que je charge d'y veiller... (Il s'arrête un instant et s'essuie le front.) Quant à lui, comme je connais la simplicité de ses goûts, je lui laisse, à son choix, soit une somme de trois cent mille francs en argent une fois touchée, soit une rente viagère de vingt-quatre mille livres. Si l'un des enfants mourait, je désire que l'héritage entier du défunt revienne au survivant; si tous deux mouraient... » (S'arrêtant.) Oh!...

ORSOLA.

Continuez. Qu'y aurait-il d'étonnant à ce que les deux enfants mourussent?

GÉRARD, reprenant d'une voix tremblante.

« Si les deux enfants mouraient, mon frère deviendrait leur unique héritier. »

ORSOLA, à demi-voix.

Leur unique héritier!... (Plus haut.) Tu entends, Gérard?

GÉRARD.

Oui; mais ils vivront.

ORSOLA.

Qui sait, les enfants, c'est si fragile!

GÉRARD.

Mon pauvre frère!...

ORSOLA.

Que voulez-vous, monsieur! il faut supporter avec courage les malheurs que l'on ne peut pas combattre. La mort est de ces malheurs-là. Aujourd'hui son tour, demain le nôtre.

GÉRARD.

Oui, je sais bien cela. Mon frère ne t'était rien, à toi; tu ne le connaissais pas, tu ne l'avais jamais vu; et puis, et puis... tu es contente, ambitieuse! nous voilà riches.

ORSOLA.

Riches, nous?

GÉRARD.

Certainement, puisque mon pauvre frère nous laisse trois cent mille francs.

ORSOLA.

Vous appelez cela être riche?

GÉRARD.

Sans doute!

ORSOLA.
Ce sont vos neveux qui sont riches : trois millions !
GÉRARD.
Orsola! Orsola!...
ORSOLA.
Quoi?

SCÈNE XIV

Les Mêmes, JEAN.

JEAN.
Monsieur Gérard, les deux chevaux sont sellés; mais il reste à me donner ce que l'on doit mettre dans les valises.
GÉRARD.
C'est juste. (Bas, à Orsola.) Tu sais de quoi il est question?
ORSOLA.
Des cent mille écus...
GÉRARD.
Et tu es toujours d'avis qu'on les lui donne?
ORSOLA.
Jusqu'au dernier sou !
GÉRARD, allant au secrétaire.
Tiens, Jean, prends un de ces sacs, je prendrai l'autre. (A Orsola.) Tu comprends, je veux moi-même...
ORSOLA.
Allez! allez! L'air vous fera du bien, vous êtes pâle comme la mort.
GÉRARD, après avoir regardé un instant Orsola.
Viens, Jean! viens !

SCÈNE XV

ORSOLA, seule.

Oh! débats-toi tant que tu voudras, je suis comme l'ours de nos montagnes, dont je porte le nom : je te tiens entre mes griffes; tu ne m'échapperas pas!... (Regardant par la fenêtre.) Enfants maudits, et que j'ai toujours détestés par instinct, les voilà! ils jouent au bord de l'étang... Victor détache la barque et y fait monter Léonie... Le chien les suit à la nage... Et quand on pense que, si la barque chavirait !...

Il est vrai que le chien est là... Il faut d'abord que je me débarrasse du chien !

GÉRARD, du dehors.

Victor ! Victor !

VICTOR.

Mon oncle ?

GÉRARD.

Je t'ai déjà défendu de monter dans la barque, que tu ne sais pas conduire. Tiens, tu vois, ta sœur a manqué de tomber à l'eau.

ORSOLA, à Gérard.

Eh ! laissez-les donc faire, ces enfants ! ils s'amusent. (A part.) Il ne lui manque plus, l'imbécile, qu'à prendre des précautions contre le hasard !

SCÈNE XVI

ORSOLA, GÉRARD.

GÉRARD.

Voilà qui est fait... Maintenant, Sarranti peut venir.

ORSOLA.

L'air vous a-t-il fait du bien ?

GÉRARD.

Avoue que tu avais lu cette lettre et ce testament avant moi ?

ORSOLA.

Eh bien, quand cela serait, aurais-je commis un crime ?

GÉRARD.

Mon pauvre frère Jacques !...

(Il met son mouchoir sur ses yeux.)

ORSOLA.

Bah ! monsieur, vous connaissez la chanson de nos montagnes :

> Le bonheur est fait pour les dieux,
> Qui laissent le plaisir aux hommes.
> Bénis les morts qui vont aux cieux !
> Mais consolons le cœur de ceux
> Qui restent au monde où nous sommes.

GÉRARD.

Tais-toi ! tais-toi ! chanter est une impiété dans un pareil moment.

ORSOLA.

Une impiété ?... Allons donc !

GÉRARD.

Par grâce ! laisse-moi seul un instant.

ORSOLA.

Oh ! je ne demande pas mieux, vous n'êtes pas d'une compagnie gaie.

(Elle s'éloigne en chantant.)

Les morts, dans leur caveau profond,
Ne sentent plus faim ni froidure...

GÉRARD se lève et va pousser la porte par laquelle elle est sortie.

Oh ! cette femme est mon mauvais génie !

SCÈNE XVII

GÉRARD, VICTOR, suivi de BRÉSIL.

VICTOR.

Me voilà, mon oncle.

GÉRARD.

Victor !...

VICTOR.

Tu vois que je suis bien sage et que je t'obéis bien.

GÉRARD.

Oui, tu es un bon petit enfant !

VICTOR.

Alors, embrasse-moi, mon bon oncle !

GÉRARD, à part.

Son bon oncle !...

VICTOR, à demi-voix.

Ma sœur peut cueillir des fleurs, n'est-ce pas ?

GÉRARD.

Tant qu'elle voudra.

VICTOR.

Le facteur est venu ce matin, a-t-il apporté des nouvelles de papa ?

GÉRARD, avec hésitation.

Non, mon enfant !

VICTOR.

Oh ! c'est que, comme madame Orsola avait reçu une grande lettre cachetée de noir... (Gérard suffoque.) Qu'as-tu donc, mon bon oncle ?

GÉRARD, se levant.

Rien, mon enfant, rien...

(Il rentre dans sa chambre.)

SCÈNE XVIII

VICTOR, BRÉSIL, puis ORSOLA.

VICTOR.

C'est drôle ! on dirait que mon oncle pleure !... Je croyais qu'il n'y avait que les enfants qui pleuraient, moi.

ORSOLA, du perron.

Léonie ! avez-vous bientôt fini de cueillir mes fleurs ?

LÉONIE, du dehors.

Ces fleurs-là ne sont point à vous, elles sont à mon oncle.

VICTOR, à la fenêtre.

Et mon oncle vient de me dire que ma sœur en pouvait cueillir tant qu'elle voudrait.

ORSOLA.

Il est possible que votre oncle ait dit cela ; mais, moi, je dis autre chose.

VICTOR.

Cueille, Léonie ! cueille ! tu n'as d'ordres à recevoir que de mon oncle.

ORSOLA.

Prends garde, Léonie !

LÉONIE.

A quoi ?

ORSOLA.

A me faire descendre ; car, si tu me fais descendre, tu auras affaire à moi.

LÉONIE.

Venez donc, méchante femme !

ORSOLA, s'élançant vers le jardin.

Enfant du démon !

VICTOR.

Vous savez que, si vous touchez ma sœur, Brésil est là. (On entend un cri de la petite fille ; Brésil, à ce cri, saute par la fenêtre.) Mon oncle ! mon oncle !...

SCÈNE XIX

GÉRARD, VICTOR, puis ORSOLA.

GÉRARD.

Qu'y a-t-il donc, mon Dieu ?

VICTOR.

C'est la méchante Orsola qui bat Léonie, parce qu'elle cueille des fleurs... Est-ce que vous n'avez pas permis à Léonie de cueillir des fleurs ? est-ce que les fleurs du parc sont à madame Orsola ?

GÉRARD.

Orsola ! Orsola !

ORSOLA, montant le perron.

Me voilà... Voyez !

(Elle montre à Gérard son bras ensanglanté.)

GÉRARD.

Qui t'a fait cela ?

ORSOLA.

Brésil ! J'espère que vous punirez votre nièce, et que vous tuerez le chien !

VICTOR.

Pourquoi tuer Brésil ? Il a défendu sa maîtresse, que vous battiez ! Brésil a fait son devoir.

GÉRARD.

Victor, va mettre Brésil à la chaîne.

VICTOR.

J'y vais, mon oncle ; mais on ne tuera pas Brésil, n'est-ce pas ?

GÉRARD.

Non, mon enfant ; sois tranquille.

VICTOR.

Ah ! ah !

(Il sort.)

SCÈNE XX

GÉRARD, ORSOLA.

ORSOLA.

Au contraire, on le caressera; pauvre animal! qu'a-t-il fait? Il a mordu Orsola; qu'est-ce qu'Orsola? Une servante que l'on jette à la porte quand on est mécontent d'elle; mais elle n'attendra pas qu'on la jette à la porte, cette servante : elle s'en ira bien seule. Adieu, monsieur!

GÉRARD.

Orsola, où vas-tu?

ORSOLA.

Je vais chercher un maître qui me donne raison, et un chien qui ne me morde pas!

GÉRARD.

Voyons, montre-moi cela! Le sang coule, c'est vrai; mais la blessure n'est pas dangereuse.

ORSOLA.

Vous aimeriez mieux que j'eusse le bras broyé, n'est-ce pas?

GÉRARD.

Écoute, Orsola; voilà Sarranti parti, nous éloignerons les enfants; on les mettra en pension.

ORSOLA.

Oh! si je reste ici, je m'en charge, des enfants!

GÉRARD.

Et pourquoi me resterais-tu pas ici? Tu sais bien que je ne puis me passer de toi. Que te manque-t-il? Le droit de commander, tu l'auras; dans quinze jours, tu t'appelleras madame Gérard. Voyons, Orsola, cette journée est une journée de deuil; de triste qu'elle est, ne la rends pas terrible.

ORSOLA.

Oh! que vous savez bien l'influence que vous avez sur moi!

DOMINIQUE, dans le jardin.

Monsieur Gérard! monsieur Gérard!...

GÉRARD.

Écoute donc! est-ce que l'on ne m'appelle pas?

SCÈNE XXI

Les Mêmes, DOMINIQUE SARRANTI, en costume de laïque.

DOMINIQUE, entrant vivement.

Monsieur Gérard !... N'est-ce pas vous qui êtes M. Gérard ?

GÉRARD.

Oui ; que me voulez-vous ?

DOMINIQUE.

Avez-vous vu mon père ? Je suis le fils de M. Sarranti. On est venu chez moi pour l'arrêter ; on le poursuit comme conspirateur.

GÉRARD.

J'entends le galop d'un cheval.

DOMINIQUE.

Ah ! le voilà.

SCÈNE XXII

Les Mêmes, SARRANTI.

SARRANTI, couvert de poussière.

Dominique, ici ? Tant mieux ! je pourrai l'embrasser, du moins !

DOMINIQUE, lui sautant au cou.

Mon père !

SARRANTI.

La conspiration est découverte ; je n'ai plus qu'à fuir ! Tout est-il prêt ?

DOMINIQUE.

Mon père, je vous suis.

SARRANTI.

Non, non ! tu te compromettrais inutilement.

DOMINIQUE.

Qu'importe !

SARRANTI.

Tu nous compromettrais nous-mêmes... Trahis ! dénoncés ! Ah ! les misérables ! Un complot si bien ourdi ! une conspiration si bien arrêtée !

DOMINIQUE.

Alors, fuyez à l'instant, fuyez sans retard ! votre salut avant tout !

SARRANTI.

Et toi, retourne à Paris; prends un détour, que nul ne sache que tu es venu ici : ma sûreté, la tranquillité de M. Gérard en dépendent.

ORSOLA, à part.

Bien ! nous serons seuls.

GÉRARD, appelant.

Jean, les chevaux !

JEAN.

Ils sont prêts, monsieur.

DOMINIQUE.

Partez, partez, mon père !

SARRANTI.

Adieu ! (A son fils.) Viens !... (A Gérard.) Mon ami, c'est entre nous à la vie à la mort !...

DOMINIQUE, l'entraînant.

Mais venez donc !

GÉRARD.

Gardez-vous !

SARRANTI.

Oh ! soyez tranquille : je suis bien armé; ils ne m'auront pas vivant.

(Il sort avec Dominique.)

SCÈNE XXIII

GÉRARD, ORSOLA.

GÉRARD.

Journée fatale !

ORSOLA, préparant la table.

Heureuse journée, au contraire !

GÉRARD.

Que fais-tu ?

ORSOLA.

Il est quatre heures de l'après-midi, et vous n'avez encore rien pris aujourd'hui.

GÉRARD.

Je n'ai pas faim, je ne mangerai pas... J'étouffe!

ORSOLA.

Allons donc! on dit cela chaque fois que l'on éprouve un chagrin, et l'on finit toujours par manger. Prenez des forces.

GÉRARD.

Oui, je sais ce que tu appelles me faire prendre des forces...

ORSOLA.

Buvez ce verre de madère, d'abord.

GÉRARD prend le verre et boit, pendant qu'Orsola sort pour le service de la table.

Je ne se sais ce que cette femme mêle à mes boissons; ce n'est pas du vin que je viens d'avaler; c'est du feu! (Orsola rentre et met deux couverts.) Pourquoi ne mets-tu que deux couverts?

ORSOLA.

Parce que nous dînerons tête à tête.

GÉRARD.

Mais les enfants?

ORSOLA.

On les servira sur le gazon; comme ils ne m'ont point en adoration, ils aimeront mieux cela.

GÉRARD.

Qui les servira?

ORSOLA.

Le jardinier; je lui en ai donné l'ordre; après quoi, il partira pour Morsang.

GÉRARD.

Il y a cinq lieues d'ici à Morsang.

ORSOLA.

Aussi ne reviendra-t-il que demain.

GÉRARD.

Et que va-t-il faire à Morsang?

ORSOLA.

Une commission.

GÉRARD.

Pour qui?

ORSOLA.

Pour moi... Ne puis-je pas donner une commission au jardinier?

GÉRARD.

Si fait; mais, alors, la maison va rester toute seule?

ORSOLA, lui présentant un verre.

C'est ce qu'il faut.

GÉRARD.

Pourquoi ce verre?

ORSOLA.

Ne m'avez-vous pas demandé à boire?

GÉRARD.

Non.

ORSOLA.

Je croyais...

(Elle veut reprendre le verre.)

GÉRARD.

Donne... Lorsqu'une fois j'ai bu ce vin maudit... Et pourquoi faut-il que la maison reste seule?

ORSOLA.

On vous le dira quand le moment sera venu. (Elle laisse tomber une assiette qui se casse.) Lorsque nous serons millionnaires, nous mangerons dans de l'argenterie. (Elle ramasse les morceaux de l'assiette et les jette au loin.) Et si les assiettes se cassent, au moins les morceaux en seront bons!

GÉRARD.

Millionnaires? Jamais!

(Il se lève et veut rentrer dans sa chambre.)

ORSOLA.

Que faites-vous? que faites-vous? Asseyez-vous donc là.

(Elle le force à se rasseoir devant un verre plein.)

GÉRARD.

J'ai la gorge desséchée; la bouche me brûle.

ORSOLA.

Buvez, alors.

GÉRARD.

Orsola, comment se fait-il qu'ayant bu le quart d'une bouteille à peine, la tête me tourne, et que je voie couler du sang?

ORSOLA.

Tiens, Gérard, tu n'es pas un homme!

GÉRARD.

Non, c'est vrai; un homme a sa raison, un homme a soif

libre arbitre, un homme se dit : « Dieu défend de faire le mal, » et ne le fait pas, tandis que moi...

ORSOLA.

Eh bien, toi ?...

GÉRARD.

Moi, je suis une brute, un animal sans connaissance, une bête féroce... Est-ce du sang ou du vin que tu m'as fait boire ? J'ai soif.

ORSOLA.

Bois, alors. (Gérard se verse un verre de vin, l'avale, et veut s'en verser un second.) Assez ! tu ne serais plus bon à rien.

GÉRARD.

Oui, tu sais bien que, maintenant, tu peux me proposer tout ce que tu voudras, et que je suis prêt à tout...

ORSOLA.

En es-tu sûr ?

GÉRARD, prenant sa tête à deux mains.

Oh !

ORSOLA.

Tu as deviné ce que nous allons faire, n'est-ce pas ?

GÉRARD, se levant et appelant.

Guillaume ! Guillaume !

ORSOLA.

Que veux-tu ?

GÉRARD.

Tu le vois bien : j'appelle le jardinier.

ORSOLA.

Pour quoi faire ?

GÉRARD.

Pour qu'il emporte les enfants !

ORSOLA.

Allons donc ! je croyais que c'était convenu ! (A part.) Je me trompais, il n'avait pas assez bu. (Haut.) Millionnaire ! entends-tu ? millionnaire !

GÉRARD.

O serpent à tête de femme !

(Il boit et passe de la violence à l'hébêtement.)

ORSOLA ouvre le secrétaire dans lequel était l'argent ; puis, avec un ciseau, elle brise la serrure.

La ! c'est bien ainsi.

GÉRARD.

Qu'est-ce qui est bien?

ORSOLA.

Tu comprends, il faut que ce soit Sarranti qui ait l'air d'avoir fait le coup.

GÉRARD.

Quel coup?

ORSOLA.

Tu ne comprends donc pas?

GÉRARD.

Non!

ORSOLA.

Sarranti t'a volé la somme que ton notaire t'avait apportée hier; pour la voler, il a forcé le secrétaire; pendant qu'il le forçait, les enfants sont entrés par hasard, et, pour ne point être dénoncé par eux, il les a tués... Comprends-tu, maintenant?

GÉRARD, ivre.

Oui, je comprends; mais, lui, il niera!...

ORSOLA.

Reviendra-t-il pour nier? Osera-t-il rentrer en France quand il y sera condamné comme conspirateur, comme voleur et comme assassin?

GÉRARD.

Non, il n'osera pas!

ORSOLA.

D'ailleurs, nous sommes millionnaires, et l'on fait bien des choses avec trois millions.

GÉRARD.

Mais comment serons-nous millionnaires?

ORSOLA.

Puisque tu te charges du petit garçon, et moi de la petite fille.

GÉRARD, reculant avec épouvante.

Je n'ai pas dit cela! je n'ai pas dit cela!...

ORSOLA.

Tu l'as dit!

GÉRARD.

Jamais, jamais! Ah! mon pauvre petit Victor!

SCÈNE XXIV

Les Mêmes, VICTOR et LÉONIE, se tenant par la main.

VICTOR.

Tu m'as appelé, mon oncle?

ORSOLA.

Oui; votre oncle voulait savoir si le jardinier était encore là.

VICTOR.

Non; il vient de partir, et il a fermé la porte de la grille du parc.

(Orsola entre dans la chambre de Gérard.)

GÉRARD, la suivant des yeux avec terreur.

Où vas-tu?

ORSOLA, de la chambre.

Vous allez le savoir!

GÉRARD, regardant les enfants.

Oh! si je les prenais tous deux dans mes bras, et si je me sauvais avec eux!... (Orsola rentre, un fusil à la main, et le présente à Gérard.) Qu'est-ce que cela?

ORSOLA.

Vous le voyez bien!

(Elle lui met le fusil dans la main.)

VICTOR.

Oh! mon oncle! est-ce que tu vas à l'affût?

ORSOLA.

Oui; nous avons du monde demain; il faut que votre oncle me tue un peu de gibier.

VICTOR.

Oh! je vais avec toi, mon oncle! je vais avec toi!...

(Il court en avant.)

GÉRARD.

Non! non!...

ORSOLA.

Mais décide-toi donc, lâche! tu sais bien que, demain, il ne sera plus temps.

VICTOR, dehors.

Viens donc, mon oncle!

ORSOLA.

Entendez-vous cet enfant qui vous appelle?... Mais emmenez-le donc, puisque c'est lui qui le veut!

(Elle pousse Gérard, qui sort.)

LÉONIE, frappant du pied.

Je veux aller avec mon frère; moi; je le veux!...

ORSOLA.

Venez dans votre chambre, mademoiselle!

LÉONIE.

J'irai bien sans vous; merci.

(Elle sort.)

SCÈNE XXV

ORSOLA, seule.

La nuit est tombée.

Voilà donc l'heure arrivée. La richesse et la vengeance, à la fois! Toutes les humiliations dont, depuis quatre ans, m'abreuvent ces enfants maudits, ils vont les expier!... Pourvu que le cœur ne lui manque pas! (Elle regarde par la fenêtre.) Que fait-il? Il monte dans la barque avec l'enfant... Il traverse l'étang... Ah! je comprends, le bruit du fusil lui fait peur... Il aime mieux... Le lâche!

VICTOR, dans le jardin.

Oh! mon bon oncle, que fais-tu? Mon bon oncle! je n'ai jamais fait de mal à personne! Mon bon oncle, ne me fais pas mourir!

LÉONIE, dans la chambre.

On tue mon frère! Au secours! au secours!

ORSOLA, s'élançant dans la chambre.

Te tairas-tu, malheureuse!

(La scène reste vide.)

VICTOR, dans le jardin.

Mon oncle! mon bon oncle!... Ah!...

(On entend les aboiements furieux du chien, qui brise sa chaîne et qui arrive sur le théâtre, traînant sa chaîne cassée.)

LÉONIE, dans la chambre.

A moi!... Au secours!... Brésil!... Brésil!...

(Le chien s'élance à travers la porte, dont il brise une vitre. Il disparaît dans la chambre.)

ORSOLA, dans la chambre.

Chien maudit!... (Elle pousse un cri.) Ah!...

(Gérard paraît au fond, pâle, les yeux hagards, son fusil à la main. Silence de tous côtés.)

SCÈNE XXVI

GÉRARD, puis ORSOLA.

GÉRARD.

Oh! misérable! oh! infâme que je suis!... Oh! cette voix! cette prière! elle me poursuivra pendant l'éternité... Mon Dieu!... Oh! je crois que j'ai osé prononcer le nom du Seigneur! Et l'autre, l'autre qui criait de son côté!... Non, je ne resterai pas une minute de plus dans cette maison. Je veux fuir; je veux quitter la France. Fuyons!... Orsola! Orsola!

ORSOLA, dans la chambre.

A moi! au secours!... Je me meurs!...

(On voit Léonie qui se sauve par le jardin.)

GÉRARD.

Orsola! c'est Orsola qui se meurt, qui appelle au secours!... Orsola! (Il ouvre la porte de la chambre.) Que s'est-il donc passé?...

(Il entre un instant, puis revient traînant Orsola, blessée.)

ORSOLA, la main à son cou.

Le chien! le chien!...

(Elle retombe expirante.)

GÉRARD.

Étranglée!... Justice du ciel!... Et moi, à quoi donc suis-je réservé, si cette femme a subi un tel châtiment?... Et Léonie, où est-elle? Sauvée sans doute... Oh! c'est du feu que j'ai dans le cerveau... Je deviens fou! (Il tombe dans un fauteuil.) Mais, si elle est sauvée, elle parlera, elle nous dénoncera. (Bondissant vers Orsola.) Pourquoi l'as-tu laissée fuir?... Dis!... dis!... Morte! Elle est morte!... De l'air! de l'air!... (Il arrache son habit, sa cravate et son gilet.) J'étouffe!... (Il tombe sur ses genoux, les bras tendus vers la fenêtre.) De l'air! de... (Tout à coup son regard devient fixe.) Que vois-je donc là-bas? Le chien!... le chien!... Que fait-il? Il tourne autour de l'étang! Il suit la même route que nous avons suivie... Il plonge... Il reparaît.

sur l'eau! Le voilà!... Que traîne-t-il donc après lui? Le cadavre!... Horreur! Nous sommes au jour du jugement dernier : l'abîme rend ses morts! (Il saute sur son fusil, met le chien en joue et fait feu.) Mort! Bien!... Léonie maintenant! il faut que je retrouve Léonie!

(Il se précipite hors de la chambre.)

ACTE PREMIER

DEUXIÈME TABLEAU

Chez Bordier, à la Halle.

SCÈNE PREMIÈRE

JEAN TAUREAU, SAC-A-PLATRE, TOUSSAINT-L'OUVERTURE, CROC-EN-JAMBES, LA GIBELOTTE, un Pierrot, dormant sur une table; BUVEURS.

JEAN TAUREAU, frappant avec une bouteille sur la table.

Du vin! du vin! du vin!

LE GARÇON.

Voici le vin demandé!

JEAN TAUREAU.

Je vois le vin, mais je ne vois pas les cartes.

LE GARÇON.

Quant aux cartes, il faut en faire votre deuil, monsieur Jean Taureau.

JEAN TAUREAU.

Et pourquoi faut-il que j'en fasse mon deuil?

LE GARÇON.

Parce que vous savez bien que l'on n'en donne pas à ces heures-ci, des cartes.

TOUSSAINT.

Et la raison?

LE GARÇON.
Parce que c'est défendu par les règlements.

JEAN TAUREAU.
Qu'est-ce que cela me fait, à moi, tes règlements?

LE GARÇON.
A vous, cela peut ne rien faire; mais cela nous ferait quelque chose, à nous!

SAC-A-PLATRE.
Ça vous ferait quoi?

LE GARÇON.
Cela ferait fermer l'établissement; ce qui donnerait à M. Bordier le chagrin de ne plus vous recevoir.

SAC-A-PLATRE.
Mais, alors, si l'on n'y joue pas, que veux-tu que nous y fassions, dans ta baraque?

LE GARÇON.
Bon! On ne vous force pas d'y rester, monsieur Sac-à-Plâtre.

JEAN TAUREAU.
Ah çà! sais-tu que tu m'as l'air d'un drôle pas trop poli? Mille tonnerres! des cartes, ou, d'un coup de poing, je démolis la maison.

LE GARÇON.
On n'a pas peur de vous, tout Jean Taureau que vous êtes.

SCÈNE II

Les Mêmes, JEAN ROBERT, PÉTRUS, LUDOVIC.

PÉTRUS.
Nous y voici!

LUDOVIC.
Le cabaret te paraît-il suffisamment borgne?

JEAN ROBERT.
Je le trouve même aveugle...

PÉTRUS.
En ce cas, pénétrons.

JEAN ROBERT.
Vous êtes décidés?

2.

PÉTRUS.

Pourquoi pas ?

JEAN ROBERT.

Parce qu'il est toujours temps de reculer quand on va faire une sottise.

LUDOVIC.

Une sottise ! et en quoi ?

JEAN ROBERT.

Parbleu ! en ce qu'au lieu d'aller souper tranquillement, ou chez Véry, ou au *Rocher de Cancale*, ou aux *Frères provençaux*, vous voulez passer la nuit dans un ignoble bouge où nous boirons de l'infusion de bois de campêche, au lieu de vin de Bordeaux, et où nous mangerons du chat au lieu de lapin de garenne.

SAC-A-PLATRE.

Entends-tu, Jean Taureau ? il a dit : *un bouge !*

TOUSSAINT.

Il a dit ; *du bois de campêche !*

SAC-A-PLATRE.

Il a dit : *du chat !*

JEAN TAUREAU.

Laisse-le dire ! Rira bien qui rira le dernier.

LUDOVIC.

Faites ce que vous voudrez, messieurs ; mais, moi, je déclare que je ne me suis affublé de cet affreux costume, grâce auquel j'ai l'air d'un meunier qui vient de tirer à la conscription, que pour souper chez Bordier, ce soir ; j'y suis, j'y soupe !

PÉTRUS.

Quant à moi qui, en qualité de peintre, n'ai pas toujours eu du vin de campêche à boire et du chat à manger ; moi qui ai fréquenté les modèles des deux sexes, espèces de cadavres vivants qui ont sur les morts l'infériorité de l'âme ; moi qui suis descendu dans la fosse des ours et qui suis entré dans la loge des lions, me rejetant sur les quadrupèdes, quand je n'avais pas trois francs pour faire monter chez moi le père Cadamour ou mademoiselle Rosine la Blonde, je ne suis pas dégoûté, Dieu merci ; donc, je passe du côté de Ludovic, et je dis : je reste.

JEAN ROBERT.

Mon cher Pétrus, tu n'es qu'à moitié ivre; mais tu es tout à fait Gascon.

PÉTRUS.

Gascon? Bon! je suis de Saint-Lô. S'il y a des Gascons à Saint-Lô, il y a des Normands à Tarbes.

JEAN ROBERT.

Eh bien, moi, je te dis, Gascon de Saint-Lô, que tu étales des défauts que tu n'as pas, pour déguiser les qualités que tu possèdes. Tu fais le roué parce que tu as peur de paraître naïf, tu fais le mauvais sujet parce que tu rougis de paraître bon. Tu n'es jamais entré dans la loge des lions, tu n'es jamais descendu dans la fosse des ours, tu n'as jamais mis le pied dans un cabaret de la Halle, pas plus que Ludovic, pas plus que moi, pas plus enfin que les jeunes gens qui se respectent ou les ouvriers qui travaillent.

SAC-A-PLATRE.

Bon! est-ce que nous ne travaillons pas, nous?

JEAN TAUREAU.

Mais laisse-les donc dire!

PÉTRUS.

As-tu fini ton sermon? En ce cas, ainsi soit-il!

(Il bâille.)

TOUSSAINT.

Comprends-tu un mot à ce qu'ils disent?

SAC-A-PLATRE.

Pas un traître mot!

JEAN ROBERT, continuant.

Enfin, tu veux souper dans un tapis franc? Soupons, mon cher; cela aura, du moins, un résultat; c'est de t'en dégoûter pour tout le reste de ta vie. (Frappant sur une table avec sa badine.) Garçon!

LE GARÇON, d'en bas.

On y va, monsieur! on y va!

JEAN ROBERT.

Tiens, voilà une carte; fais ton choix. Nous serons ici comme des princes.

LUDOVIC.

Oui; il ne nous manquera que de l'air respirable.

PÉTRUS.

Bon! on en fera en ouvrant la fenêtre.

SCÈNE III

Les Mêmes un Polichinelle, entre et va au Pierrot qui dort.

LE POLICHINELLE, bas.

Eh! Vol-au-Vent!

LE PIERROT.

C'est toi? Et M. Jackal?

LE POLICHINELLE.

Il sera ici à deux heures du matin; c'est l'heure du rendez-vous.

(Le Pierrot sort. Le Polichinelle s'assied, laisse tomber sa tête sur la table, et fait semblant de dormir.)

LUDOVIC, à Jean Robert.

As-tu vu?

JEAN ROBERT.

Quoi?

LUDOVIC, montrant d'un signe de tête.

Là!

JEAN ROBERT.

Oui.

LUDOVIC.

C'est drôle!

JEAN ROBERT.

Non; ce sont des hommes qui guettent quelque filou; nous sommes dans ce que l'on appelle une souricière... Garçon!

LE GARÇON, entrant.

Voilà, monsieur! voilà!... (Regardant le Polichinelle.) Tiens, je croyais que c'était un pierrot, et c'est un polichinelle. Je me serai trompé... Que désirent ces messieurs?

JEAN ROBERT, à Pétrus.

As-tu fait la carte?

PÉTRUS.

Oui : six douzaines d'huîtres, six côtelettes de mouton, une omelette.

LE GARÇON.

Et en vin, messieurs, quelle qualité?

PÉTRUS.

Trois chablis première, avec de l'eau de Seltz, s'il y en a dans l'établissement ?

LE GARÇON.

Et de la fameuse, soyez tranquille ! vous allez être servis.

PÉTRUS, le retenant par son tablier.

Un instant, jeune homme ! Qu'est-ce que c'est qu'une voix assez fraîche que j'ai entendue, accompagnée d'un tambour de basque, en passant au premier étage ?

LE GARÇON.

C'est la petite bohémienne ! Rose-de-Noël, la pupille de la Brocante.

PÉTRUS.

Comme cela tombe, une bohémienne ! moi qui rêve un tableau de *Mignon !* Est-elle jeune, ta bohémienne ?

LE GARÇON.

Quinze ans.

PÉTRUS.

Jolie ?

LE GARÇON.

Je crois bien ! mais vous savez...

PÉTRUS.

Quoi ?

LE GARÇON.

C'est du fruit défendu.

PÉTRUS.

Tant mieux ! Tu la feras monter au dessert ; il y a un louis pour elle.

LE GARÇON.

Ah bien, oui, pour elle ! vous voulez dire pour la Brocante ?

PÉTRUS.

Cela ne me regarde pas. Je donne un louis ; peu m'importe la poche dans laquelle il tombe.

SAC-A-PLATRE.

Six douzaines d'huîtres, six côtelettes, une omelette, trois chablis première, de l'eau de Seltz s'il y en a, et une bohémienne au dessert, même s'il n'y en a pas. Bon ! nous avons affaire à des muscadins.

TOUSSAINT.

A des fils de famille !

PÉTRUS, allant à la fenêtre et l'ouvrant.

Et, maintenant, laissons se dégager l'acide carbonique!... Pouah!

JEAN TAUREAU.

Pardon! ces messieurs ouvrent la fenêtre, à ce qu'il paraît?

PÉTRUS.

Comme vous voyez, mon cher ami.

JEAN TAUREAU.

D'abord, je ne suis pas votre ami, attendu que je ne vous connais ni d'Ève ni d'Adam... Fermez la fenêtre!

PÉTRUS.

Comment vous appelez-vous, monsieur, s'il vous plaît?

JEAN TAUREAU.

Je m'appelle Jean Taureau, attendu que j'assomme un bœuf d'un coup de poing.

PÉTRUS.

Ce dernier détail est oiseux, et je ne désirais savoir que votre nom. Maintenant que je le sais, monsieur Jean Taureau, voici mon ami M. Ludovic, physicien distingué, qui va vous expliquer en deux paroles de quels éléments l'air doit se composer pour être respirable.

JEAN TAUREAU.

Que me chante-t-il donc, celui-là, avec ses éléments?

LUDOVIC.

Il dit, monsieur Jean Taureau, que l'atmosphère, pour ne pas être nuisible aux poumons d'un honnête homme, doit se composer de soixante-dix-neuf parties d'azote, de vingt et une parties d'oxygène, et d'une certaine quantité d'eau en dissolution, quantité qui varie selon la température et le climat; par exemple, au Sénégal...

SAC-A-PLATRE.

Dis donc, Jean Taureau, je crois qu'il parle latin?

JEAN TAUREAU.

Bon! je vais lui faire parler français, moi

SAC-A-PLATRE.

Et s'il ne comprend pas?...

JEAN TAUREAU, *montrant ses deux poings.*

On bûchera, alors ! (Il fait trois pas en avant,) Allons, fermez cette fenêtre, et plus vite que cela !

PÉTRUS, *s'adossant à la fenêtre et se croisant les bras.*

C'est peut-être votre avis, maître Jean Taureau ; mais ce n'est pas le mien.

JEAN TAUREAU.

Comment ! ce n'est pas le tien ? Tu as donc un avis, toi ?

PÉTRUS.

Et pourquoi donc un homme n'aurait-il pas un avis, quand une brute prétend en avoir un ?

JEAN TAUREAU.

Dites donc, les amis, je crois que ce muscadin de malheur m'a appelé brute ?

SAC-A-PLATRE.

Dame, il me semble !

JEAN TAUREAU.

Eh bien, qu'est-ce qu'il y a à faire ?

TOUSSAINT.

Il y a à lui faire fermer la fenêtre, d'abord, puisque c'est ton avis, et à l'assommer ensuite.

JEAN TAUREAU.

A la bonne heure ! voilà qui est parler. (Aux jeunes gens.) Allons, tonnerre ! fermez la fenêtre.

PÉTRUS.

Il n'y a ici ni tonnerre ni éclairs ; la fenêtre restera ouverte.

JEAN ROBERT.

Voyons, Pétrus !... (A Jean Taureau.) Monsieur, nous venons du dehors, et, en entrant dans cette chambre, nous avons été suffoqués par le changement de température ; permettez-nous de laisser la fenêtre ouverte un seul instant, pour renouveler l'air, et ensuite nous la fermerons.

JEAN TAUREAU.

Vous l'avez ouverte sans ma permission.

PÉTRUS.

Eh bien ?

JEAN TAUREAU.

Il fallait demander la permission ; peut-être vous l'aurait-on accordée.

PÉTRUS.

Allons, assez! Je l'ai ouverte parce que cela m'a plu, et elle restera ouverte, tant que cela me plaira.

JEAN ROBERT.

Tais-toi, Pétrus!

PÉTRUS, moitié riant, moitié menaçant.

Non, je ne me tairai pas. Si monsieur s'appelle Jean Taureau, je me nomme, moi, Pierre Herbel de Courtenay, et je n'ai pas l'habitude de me laisser mener par des drôles de cette espèce!

(Au mot de drôles, les cinq hommes se lèvent et font un pas en avant.)

JEAN ROBERT.

Avant de nous battre, voyons, expliquons-nous; car, après, il sera trop tard. (Il se lève à son tour.) Que désirent ces messieurs?

JEAN TAUREAU.

C'est encore pour nous insulter qu'il nous appelle des messieurs!

SAC-A-PLATRE.

Nous ne sommes pas des messieurs, entendez-vous?

PÉTRUS.

Vous avez bien raison, vous n'êtes pas des messieurs, vous êtes des maroufles!

SAC-A-PLATRE.

On nous a appelés maroufles!... Ah! on va vous en donner, des maroufles!

TOUSSAINT, écartant son camarade.

Mais laissez-moi donc passer, vous autres!

JEAN TAUREAU.

Taisez-vous, tous tant que vous êtes! cela me regarde.

SAC-A-PLATRE.

Pourquoi cela te regarde-t-il plus que moi?

JEAN TAUREAU.

D'abord, parce qu'on ne se met pas cinq contre trois, quand un seul suffit. A ta place, Sac-à-Plâtre! à ta place, Croc-en-Jambes! (Croc-en-Jambes et Sac-à-Plâtre vont s'asseoir.) C'est bien!... Et maintenant, mes petits amours, nous allons reprendre la chanson sur le même air et au premier couplet. Voulez-vous fermer la fenêtre?

LES TROIS JEUNES GENS.

Non!

JEAN TAUREAU, exaspéré.

Mais vous voulez donc vous faire pulvériser?

JEAN ROBERT.

Essayez!

PÉTRUS.

Laisse donc, Jean Robert; c'est mon affaire.

JEAN ROBERT, l'écartant doucement.

Tenez les autres en respect, toi et Ludovic; moi, je me charge de celui-ci.

(Il touche du bout du doigt la poitrine de Jean Taureau.)

JEAN TAUREAU, fronçant les sourcils.

Je crois que c'est de moi que vous parlez, mon prince?

JEAN ROBERT.

De toi-même!

JEAN TAUREAU.

Et qu'est-ce qui me vaut l'honneur d'être choisi par vous?

JEAN ROBERT.

Je pourrais te dire que c'est parce qu'étant le plus insolent, tu mérites la plus rude leçon; mais ce n'est pas là le motif.

JEAN TAUREAU.

J'attends le motif!

JEAN ROBERT.

C'est que, portant tous les deux le même prénom, nous sommes naturellement appareillés. Tu t'appelles Jean Taureau, et je m'appelle Jean Robert.

JEAN TAUREAU.

Je m'appelle Jean Taureau, c'est vrai; mais tu ne t'appelles pas Jean Robert, tu t'appelles Jean...

JEAN ROBERT, lui envoyant un coup de poing sur l'œil.

Tu mens!

(Jean Taureau fait trois pas à reculons et va tomber sur une table dont il casse les deux pieds. Pétrus passe la jambe à Sac-à-Plâtre, et l'envoie rouler près de Jean Taureau. Ludovic envoie dans le côté un coup de poing à Toussaint, qui va tomber dans la hotte de Croc-en-Jambes, les deux mains sur les côtes.)

LE POLICHINELLE, relevant la tête.

Bouigg!...

(Il se remet à dormir.)

JEAN ROBERT.

Première manche !

JEAN TAUREAU, tout étourdi.

Ce que c'est que d'être pris au dépourvu; mille tonnerres ! un enfant vous battrait.

JEAN ROBERT.

Eh bien, cette fois, prends ton temps, Jean Taureau ; car mon intention est de t'envoyer briser les deux autres pieds de la table.

JEAN TAUREAU.

C'est ce que nous allons voir. (Il marche sur Jean Robert le poing levé, Jean Robert reçoit sur son bras le coup de poing du Charpentier, fait un demi-tour sur lui-même, et envoie à son adversaire un coup de pied dans la poitrine.) Ouf!

LE POLICHINELLE, levant la tête.

Bouigg !...

(Il se remet à dormir.)

TOUSSAINT et SAC-A-PLATRE.

Aux couteaux ! aux couteaux !

JEAN TAUREAU.

Eh bien, oui, puisqu'ils nous y forcent, aux couteaux!

JEAN ROBERT.

Alors, aux barricades !

SCÈNE IV

Les Mêmes, Le Garçon, apportant les huîtres.

LE GARÇON.

Ouais ! il paraît qu'il n'est que temps. (Il pose les huîtres sur la table.) A la garde ! à la garde !

(Il sort en courant.)

M. JACKAL, apparaissant à la porte, en Turc.

Ah çà ! on dit que l'on s'égorge ici. (Il s'approche du Polichinelle.) Donne-moi ta place, et déloge lestement !

LE POLICHINELLE.

Tiens, c'est vous, monsieur Jackal ?

M. JACKAL.

Chut !

LE POLICHINELLE, lui cédant sa place.

Bouigg !...

(Il sort.)

SCÈNE V

Les Mêmes, Masques, Gens du Peuple.

JEAN TAUREAU et SES COMPAGNONS.
Aux couteaux ! aux couteaux !

LES MASQUES.
Bravo ! nous allons rire !

(En un tour de main, les jeunes gens prennent trois tables, les rangent dans un angle, et forment un rempart en mettant dessus des chaises et des tabourets. Pétrus arrache un bâton de rideau. Ludovic emporte les huîtres dans l'intérieur des fortifications.)

LUDOVIC.
Des vivres et des projectiles !
(Il jette les coquilles à ses adversaires.)

JEAN TAUREAU.
Laissez-moi pulvériser l'habit noir !
(Il tire de sa poche son compas de charpentier.)

JEAN ROBERT, sautant par-dessus la table, sa badine à la main.
Mais tu n'en as donc pas encore assez ?

LES MASQUES.
Bravo ! bravo, l'habit noir !

JEAN TAUREAU.
Non, je n'en aurai assez que quand je t'aurai fourré six pouces de mon compas dans le ventre.

JEAN ROBERT.
C'est-à-dire que, ne pouvant pas être le plus fort, tu es le plus traître ; c'est-à-dire que, ne pouvant pas vaincre, tu veux assassiner.

JEAN TAUREAU.
Je veux me venger, mille tonnerres !

JEAN ROBERT, sa petite badine à la main.
Prends garde, Jean Taureau ! car, sur mon honneur, tu n'as jamais couru de danger pareil à celui que tu cours en ce moment ! (A la foule.) Mes amis, vous êtes des hommes ; faites entendre raison à celui-ci ; vous voyez que je suis calme, et qu'il est insensé.

JEAN TAUREAU, échappant à ceux qui veulent le calmer.
Ah ! je n'ai jamais couru de danger pareil à celui que je

cours ! Est-ce avec cette badine que tu comptes te défendre contre mon compas ? Dis !

JEAN ROBERT.

Tu te trompes, Jean Taureau ; car ma badine n'est pas une badine, c'est une vipère, et, si tu en doutes (tirant, de sa canne, une mince et courte épée), tiens, voilà son dard !

(Il se met en garde et fait des appels du pied.)

JEAN TAUREAU.

Ah ! tu as donc une arme ! je n'attendais que cela.

(Il s'apprête à s'élancer sur Jean Robert, quand on entend un frémissement dans l'assistance. Un jeune homme vêtu en commissionnaire, mais avec toute l'élégance du costume, entre, perce la foule, et saisit le poignet de Jean Taureau.)

SCÈNE VI

Les Mêmes, SALVATOR.

JEAN TAUREAU, se retournant.

Ah ! traître ! (Stupéfait en reconnaissant le jeune homme.) M. Salvator !

LA FOULE.

M. Salvator !

(Le Turc soulève sa tête, ouvre un œil, puis, immédiatement, se remet à dormir.)

PÉTRUS.

Voilà un gaillard dont le nom est de bon augure ; reste à savoir s'il fera honneur à son nom.

SALVATOR, à Jean Taureau.

Tu seras donc toujours ivrogne et querelleur ?

JEAN TAUREAU.

Monsieur Salvator, laissez-moi m'expliquer.

SALVATOR.

Tu as tort.

JEAN TAUREAU.

Mais puisque je vous dis...

SALVATOR.

Tu as tort !

JEAN TAUREAU.

Mais puisque je vous dis...

SALVATOR.

Tu as tort !

JEAN TAUREAU.

Mais enfin...

SALVATOR.

Tu as tort, te dis-je!

JEAN TAUREAU.

Mais comment le savez-vous, au bout du compte, puisque vous n'étiez pas là?

SALVATOR.

Ai-je besoin d'être là pour savoir comment les choses se sont passées?

JEAN TAUREAU.

Il me semble, cependant...

SALVATOR, montrant les trois amis.

Regarde!

JEAN TAUREAU.

Eh bien, je regarde; après?

SALVATOR.

Que vois-tu?

JEAN TAUREAU.

Je vois trois muscadins à qui j'ai promis de donner une tripotée, et qui la recevront un jour ou l'autre.

SALVATOR.

Tu vois trois jeunes gens, élégants, bien mis, comme il faut, qui ont eu le tort de venir dans un bouge; mais ce n'était point une raison pour leur chercher querelle.

JEAN TAUREAU.

Moi, leur chercher querelle? Incapable, monsieur Salvator.

SALVATOR.

Voyons! ne vas-tu pas dire que ce sont eux qui t'ont provoqué, toi et tes quatre compagnons!

JEAN TAUREAU.

Et cependant, vous voyez bien qu'ils étaient en état de se défendre!

SALVATOR.

Parce que l'adresse et l'adroit étaient de leur côté. Tu crois que la force est tout, toi qui as changé ton nom de Barthélemy Lelong en celui de Jean Taureau! Tu viens d'avoir la preuve du contraire; Dieu veuille que la leçon te profite!

JEAN TAUREAU.

Mais puisque je vous dis que ce sont eux qui nous ont appelés drôles, maroufles, brutes...

SALVATOR.
Et pourquoi vous ont-ils appelés ainsi?
JEAN TAUREAU.
Qui nous ont dit que nous étions ivres!
SALVATOR.
Je te demande pourquoi ils ont dit cela.
JEAN TAUREAU.
Pour rien, quoi!
SALVATOR.
Mais enfin?...
JEAN TAUREAU.
Parce que je voulais leur faire fermer la fenêtre.
SALVATOR.
Et tu voulais leur faire fermer la fenêtre, parce que...?
JEAN TAUREAU.
Parce que... parce que je n'aime pas les courants d'air.
SALVATOR.
Parce que tu étais ivre, comme ces messieurs te l'ont dit; parce que tu voulais chercher une dispute à quelqu'un, et que tu as saisi l'occasion aux cheveux; parce que tu as encore eu quelque querelle chez toi, et que tu voulais faire payer à des innocents les caprices et les infidélités de mademoiselle Fifine.
JEAN TAUREAU.
Taisez-vous, monsieur Salvator! ne prononcez pas ce nom-là. La malheureuse! elle me fera mourir.
SALVATOR.
Ah! tu vois bien que j'ai touché juste. Ces messieurs ont bien fait d'ouvrir la fenêtre; l'air qu'on respire ici est infect, et, comme ce n'est pas trop de deux fenêtres ouvertes pour quarante personnes, tu vas, à l'instant même, ouvrir la seconde.
JEAN TAUREAU.
Moi, aller ouvrir une fenêtre, quand je demande qu'on ferme l'autre, moi Barthélemy Lelong, le fils de mon père?
SALVATOR.
Oui, toi, Barthélemy Lelong, ivrogne et querelleur, qui déshonores le nom de ton père, et qui as bien fait de prendre un sobriquet! je te dis, moi, que tu vas aller ouvrir cette fenêtre, pour te punir d'avoir insulté ces messieurs.

JEAN TAUREAU.

Le tonnerre gronderait au-dessus de ma tête, que je ne vous obéirais pas.

SALVATOR.

Alors, je ne te connais plus, sous aucun nom; tu n'es qu'un ouvrier grossier et insulteur, et je te chasse d'où je suis. Sors!... Eh bien, m'as-tu entendu?

JEAN TAUREAU.

Oui; mais je ne m'en irai pas.

SALVATOR.

Au nom de ton père, dont tu as invoqué le nom tout à l'heure, je t'ordonne de t'en aller!

(Il marche sur lui.)

JEAN TAUREAU.

Monsieur Salvator, monsieur Salvator, ne m'approchez pas!

SALVATOR, frappant du pied.

Vas-tu sortir!....

JEAN TAUREAU.

Vous savez bien que vous pouvez me faire faire tout ce que vous voulez, vous, et que je me couperais la main plutôt que de vous frapper... Aussi... aussi (sortant à reculons), je sors... (De l'escalier.) Oh! mais, si jamais je les rencontre, ils me le payeront!...

TOUSSAINT.

Monsieur Salvator, votre serviteur très-humble!

(Il sort.)

SAC-À-PLATRE.

Monsieur Salvator, j'ai bien l'honneur... Vous n'avez pas d'ordres à me donner?

SALVATOR, lui saisissant le bras.

Si fait!... Tu es le moins ivre de tous.

SAC-A-PLATRE.

Vous croyez?...

SALVATOR.

Tu vas te tenir sur la porte de la maison, et, si tu vois un homme habillé en magicien qui fasse mine d'entrer dans le cabaret, tu lui diras : *Mont-Saint-Jean*. Il saura ce que cela veut dire et s'en ira. S'il a besoin de toi, tu te mettras à sa disposition.

SAC-A-PLATRE.

Oui, monsieur Salvator.

SALVATOR.

Pour preuve que tu as fait ma commission, tu imiteras le chant du coq, que tu imites si bien, quand tu vas planter le drapeau sur une maison.

SAC-A-PLATRE.

C'est dit, monsieur Salvator. Au revoir, monsieur Salvator.

SALVATOR.

Au revoir! et que je n'entende pas dire que tu te sois fourré dans pareille bagarre. Va!

(Pendant ces quelques mots, le Turc a levé la tête et a écouté, mais n'a pu entendre. Au moment où Salvator revient, il laisse retomber sa tête sur la table.)

SCÈNE VII

Les Mêmes, hors les cinq Ouvriers, puis le Garçon.

JEAN ROBERT, tendant la main à Salvator.

Merci, monsieur, de nous avoir délivrés de cet ivrogne endiablé.

SALVATOR.

Il n'y a pas de quoi; seulement, voulez-vous me permettre de vous donner un conseil d'ami? Ne remettez jamais les pieds ici, monsieur Jean Robert.

JEAN ROBERT.

Vous me connaissez, monsieur Salvator?

SALVATOR.

Mais comme tout le monde... N'êtes-vous pas un de nos poëtes célèbres? (Se tournant vers la foule.) Et maintenant, vous devez être contents, vous autres? vous en avez vu pour votre argent, n'est-ce pas? Faites-moi donc l'amitié de circuler. Il n'y a ici d'air que pour quatre; c'est vous dire, mes bons amis, que je désire rester avec ces messieurs. (La foule sort en criant : « Vive M. Salvator! » et en agitant mouchoirs, chapeaux et bonnets. — Salvator, au Turc qui dort sur la table.) Et toi aussi, voyons, comme les autres !

(Le Turc répond par des ronflements sonores.)

JEAN ROBERT.

Ah! ma foi, monsieur Salvator, celui-là dort si magistralement, qu'il y aurait conscience à le réveiller.

SALVATOR, à lui-même.

Oui; et peut-être vaut-il mieux même qu'il soit ici qu'ailleurs... Ainsi, il ne vous gêne pas, monsieur Jean Robert?

JEAN ROBERT.

Pas le moins du monde.

SALVATOR.

Ni vous non plus, monsieur Pétrus?

PÉTRUS.

Ah! ah! vous me connaissez donc aussi?

SALVATOR.

Ni vous non plus, monsieur Ludovic? Mais que regardez-vous donc?

LUDOVIC.

Je regarde si vous n'avez pas une jambe plus courte que l'autre.

SALVATOR.

Oui, parce que, en ce cas, vous me salueriez du nom d'Asmodée... Qu'y a-t-il d'étonnant, dites-moi, à ce que je connaisse un peintre qui, l'an dernier, a eu une très-belle exposition, et un jeune docteur qui a passé, il y a trois mois, un glorieux examen?

JEAN ROBERT.

Mais vous, monsieur, qui connaissez tout le monde et qui paraissez connu de tout le monde, y aurait-il de l'indiscrétion à vous demander qui vous êtes?

SALVATOR.

Moi, monsieur? Vous avez entendu mon nom : Salvator; quant à mon état, je suis commissionnaire, au coin de la rue aux Fers. Si vous avez besoin d'un homme sûr pour porter vos lettres, et solide pour porter vos fardeaux, je vous demande votre pratique.

LUDOVIC.

Comment! monsieur, ce costume n'est pas un déguisement?

SALVATOR.

Pas le moins du monde! demandez plutôt au garçon qui vous apporte votre souper?

3.

LE GARÇON, avec le souper, regardant le Turc.

Tiens! je croyais que c'était un polichinelle, et c'est un Turc... Je me serai trompé.

SALVATOR.

Qu'as-tu donc, et pourquoi ne sers-tu pas ces messieurs?

LE GARÇON.

Voilà, voilà, messieurs! les côtelettes sont un peu desséchées, et l'omelette est un peu épaisse; mais ce n'est pas la faute du cuisinier.

PÉTRUS.

Monsieur Salvator, voulez-vous nous faire l'honneur de souper avec nous?

SALVATOR.

Merci, messieurs; et je vais vous demander la permission de me retirer.

PÉTRUS.

Sans façons.

SALVATOR.

Je vous suis très-reconnaissant de l'honneur que vous me faites, messieurs; mais impossible de l'accepter. (Les jeunes gens se saluent. — Salvator, bas, au Garçon.) Tu n'as pas un endroit quelconque d'où je puisse ne pas perdre de vue ce Turc?

LE GARÇON.

Sur le palier, à droite, il y a une porte qui donne dans un cabinet; il est vitré, vous verrez de là tout ce que vous voudrez voir.

SALVATOR.

C'est bien. (Aux jeunes gens.) Messieurs!...

M. JACKAL, à part, levant la tête.

Il fait semblant de s'en aller; mais il ne s'en va pas... Bon! il est dans ce cabinet, le rideau a remué.

(Il ronfle.)

SCÈNE VIII

Les Mêmes, hors SALVATOR.

LE GARÇON.

Ces messieurs veulent-ils toujours entendre chanter la bohémienne? Selon l'ordre de ces messieurs, elle attend en bas, avec son honorable mère la Brocante, la plus célèbre tireuse de cartes du faubourg Saint-Germain, qui vous fera le grand et le petit jeu, et son jeune frère Babolin, garçon de la plus haute espérance, qui exécute les trois souplesses du corps, avale des sabres et mange des étoupes enflammées.

PÉTRUS.

Tiens, c'est vrai; et moi qui avais oublié mon tableau de *Mignon!* Je crois bien que nous la demandons toujours; et plus que jamais!

LE GARÇON, appelant.

Eh! la Brocante, on vous demande ici.

LA BROCANTE, d'en bas.

On y va!

SCÈNE IX

Les Mêmes, LA BROCANTE, ROSE-DE-NOEL, BABOLIN.

BABOLIN entre en faisant une suite de cabrioles et de sauts de carpe.

Hop!...

ROSE-DE-NOEL, entrant ensuite.

Tiens! je croyais que M. Salvator était ici.

PÉTRUS.

Oh! la charmante enfant! Mais regardez donc, messieurs!

JEAN ROBERT, à la vue de la Brocante.

Oh! l'horrible sorcière! Messieurs, ne regardez pas!

LA BROCANTE.

Que désirent ces messieurs? Veulent-ils savoir le passé, le présent, l'avenir? s'ils ont des héritages à attendre, s'ils feront un beau mariage, s'ils auront de nombreux enfants? C'est trois francs le grand jeu, et trente sous le petit.

LUDOVIC.

Merci, la vieille. Nous avons oublié le passé; nous remercions Dieu du présent, et nous ne nous inquiétons pas de l'avenir. Nous aimons nos parents jusqu'au vingt-cinquième degré, et, par conséquent, ne sommes pas pressés d'hériter d'eux. Non, Brocante, ma mie; ce que nous voulons voir, ce que nous voulons entendre surtout, c'est cette charmante enfant.

LA BROCANTE.

Que voulez-vous qu'elle chante? la complainte de *Montebello :*

Braves Français, versons des larmes...

LUDOVIC.

Merci! j'ai été bercé avec cela.

LA BROCANTE.

La chanson de *la Colonne*, de M. Émile Debraux :

Salut, monument gigantesque!

LUDOVIC.

Non!... Aie donc une idée Jean Robert, toi, qui es poëte.

JEAN ROBERT.

Peut-on lui parler, à Rose-de-Noël?

LA BROCANTE.

Sans doute.

PÉTRUS.

Dérange-la le moins possible; je la croque. C'est tout à fait ma Mignon.

BABOLIN.

Entends-tu, Rose-de-Noël? il te croque! (Regardant le carnet de Pétrus.) Ah! c'est que c'est elle, tout de même!

JEAN ROBERT.

Écoutez, ma belle enfant!

ROSE-DE-NOEL.

J'écoute, monsieur.

JEAN ROBERT.

Est-ce que vous ne sauriez pas quelque vrai chant de la Bohême, quelque chose d'original et de poétique à la fois, quelque hymne de Kœrner, quelque ballade d'Uhland, quelque passage de Shakspeare.

ROSE-DE-NOEL.

En allemand, en anglais, en français?

JEAN ROBERT.

Comment! mon enfant, vous parlez trois langues?

LA BROCANTE.

Dieu merci! on n'a rien négligé pour son éducation.

BABOLIN.

Oh! la mère! avec cela qu'elle a coûté cher, son éducation; c'est comme la mienne. Dis donc, Rose-de-Noël, la Brocante qui parle de l'éducation qu'elle nous a donnée; si cela ne fait pas frrrémir!

ROSE-DE-NOEL.

Voulez-vous la *Marguerite au rouet*, de *Faust*?

BABOLIN.

Oui, la *Marguerite*.

ROSE-DE-NOEL.

Voulez-vous *le Vieux Chevalier*, d'Uhland?

BABOLIN.

Va pour *le Vieux Chevalier*.

ROSE-DE-NOEL.

Voulez-vous *la Reine Mab*, de Shakspeare?

JEAN ROBERT.

Vous savez *la Reine Mab?*

ROSE-DE-NOEL.

Oui ; c'est M. Salvator qui l'a traduite pour moi, et qui me l'a donnée.

JEAN ROBERT.

Comment! il fait des vers, notre commissionnaire de la rue aux Fers?

ROSE-DE-NOEL.

Il fait ce qu'il veut.

LUDOVIC.

C'est quelque prince déguisé?

PÉTRUS.

Imbécile! il ne ferait pas de vers.

JEAN ROBERT.

La Reine Mab! Je ne suis pas fâché d'entendre des vers de commissionnaire.

BABOLIN.

Va pour *la Reine aimable!*

LUDOVIC.

La Reine Mab! la Reine Mab!

JEAN ROBERT, donnant la réplique.

Qu'est cette reine Mab?

ROSE-DE-NOEL.

L'accoucheuse des fées...
Quand s'éteignent du jour les rumeurs étouffées,
Que l'oiseau de la mort pousse son cri plaintif,
Grosse comme une agate à l'index d'un chérif,

S'emparant de la nuit, domaine des fantômes,
Sur un char attelé d'invisibles atomes,
A travers notre monde à son pouvoir soumis,
Elle passe en jouant sur les fronts endormis.
Impalpables rayons qu'un brin d'herbe renoue,
Les pattes d'un faucheux de son char font la roue;
Les harnais sont tissus de l'humide clarté
Que la lune répand sur le lac argenté;
Une verte cigale, incessante crécelle,
Donna, pour la couvrir, la gaze de son aile;
Une noisette en fit la caisse; le charron
Est l'écureuil rongeur ou quelque vieux ciron
Carrossier du pays de la métamorphose,
Où tient Titania sa cour, dans une rose.
Parmi les moucherons, pour cocher, elle a pris
Un cousin bourdonnant, vêtu de velours gris;
Son fouet, qu'il tient plus fier qu'un Suisse sa flamberge,
Est fait d'un os de guêpe et d'un fil de la Vierge.
C'est dans cet appareil que, la nuit, galopant,
Elle passe rapide à nos cerveaux frappant.
Alors, solliciteur à l'échine courbée,
Joueuse, du côté des quarante ans tombée,
Songent, l'un qu'il reçoit la clef de chambellan,
Et l'autre qu'elle abat un éternel brelan.
Chacun voit, du destin remplissant la lacune,
A ses désirs secrets sourire la Fortune;
Tout rêveur en revient à ses pensers du jour :
L'avare rêve argent, l'amoureux rêve amour;
L'ivrogne en son cellier, les vendanges rentrées;
Le marin, le voyage aux lointaines contrées;
L'auteur, que le public applaudit son succès;
Le procureur, qu'il met la main sur un procès.
Elle souffle, en passant, sur la bouche gourmande
D'un chanoine joufflu qui rêve de prébende,
Se repose un instant sur le nez d'un soldat
Qui cherche son épée et rêve de combat,
D'escarmouche, d'assaut, de siége, d'embuscade
Et de tambours battant la charge ou la chamade.
Il s'éveille en bâillant, s'étire avec effort,
Pousse un ou deux jurons, soupire et se rendort...

TOUS.

Bravo ! bravo !

JEAN ROBERT.

Mais c'est un poëte que M. Salvator, messieurs ! (Il prend

une soucoupe et fait la quête; elle produit trois louis.) Tenez, mon enfant, voilà pour vous!

BABOLIN.

Trois jaunets! Dites donc, la mère, ça vaut mieux que le grand jeu.

PÉTRUS.

Où demeures-tu, Brocante?

LA BROCANTE.

Rue Tripcret, n° 8, mon bon monsieur.

PÉTRUS.

C'est bien; voilà tout ce que je voulais savoir.

LUDOVIC.

Qu'as-tu à faire chez la Brocante?

PÉTRUS.

J'ai à me faire faire le grand jeu.

LUDOVIC.

Et maintenant, Brocante, si j'ai un conseil à te donner, comme médecin, c'est de rentrer, de faire coucher cette enfant-là, et de la tenir bien chaudement; elle n'est pas d'une forte santé, ta fille.

BABOLIN.

Entends-tu, Brocante? c'est la même histoire que te répète sans cesse M. Salvator.

LA BROCANTE.

C'est bien; on y veillera. Venez, petits amours!

JEAN ROBERT.

Garçon, la carte!

(Rose-de-Noël, la Brocante et Babolin sortent.)

ROSE-DE-NOEL, en croisant le Garçon.

Vous n'avez pas vu M. Salvator?

LE GARÇON.

Non, mademoiselle Rose-de-Noël, non.

SCÈNE X

Les Mêmes, hors ROSE-DE-NOEL, LA BROCANTE et BABOLIN.

JEAN ROBERT.

La carte !

LE GARÇON.

Voilà !

JEAN ROBERT.

Trente-cinq francs six douzaines d'huîtres, six côtelettes, une omelette et trois bouteilles de chablis ?

LE GARÇON.

Plus, une table et deux chaises cassées.

JEAN ROBERT.

C'est juste... En voilà quarante ; la différence est pour le garçon.

PÉTRUS.

Eh bien, es-tu content de ta nuit, Jean Robert ?

JEAN ROBERT.

Avouez qu'il y a eu un moment où vous auriez autant aimé être au *Rocher de Cancale* que chez Bordier ?

LUDOVIC.

Ma foi, je l'avoue. Et toi, Pétrus ?

PÉTRUS.

Non, attendu qu'au *Rocher de Cancale*, je n'eusse pas vu Rose-de-Noël, et que, grâce à Rose-de-Noël, mon tableau de *Mignon* est fait.

JEAN ROBERT.

Tu vas t'y mettre ?

PÉTRUS.

Dès demain.

LUDOVIC.

Et le portrait de mademoiselle de Valgeneuse ?

PÉTRUS.

Les deux choses marcheront ensemble ; l'une est du métier, l'autre de l'art.

JEAN ROBERT.

Et quand pourrons-nous voir l'esquisse ?

PÉTRUS.

Dans trois jours, à deux heures de l'après-midi, dans mon atelier, rue de l'Ouest.

LUDOVIC, montrant le Turc.

Si nous rendions à ce brave homme le service de le réveiller avant de partir ?

JEAN ROBERT.

Pour quoi faire ? Il rêve qu'il est dans le paradis de Mahomet ; laissons-le rêver ; les houris sont rares !

(On entend le chant du coq.)

PÉTRUS, sortant.

Tiens, voilà le coq qui chante !

JEAN ROBERT.

Ce qui prouve qu'il est deux heures du matin.

(Ils sortent.)

SCÈNE XI

SALVATOR, M. JACKAL, feignant toujours de dormir.

SALVATOR, entrant et allant à M. Jackal.

Maintenant, monsieur Jackal, vous pouvez vous réveiller, ôter votre faux nez, mettre vos lunettes, et prendre votre prise de tabac : celui que vous attendez ne viendra point.

M. JACKAL, levant la tête, mettant ses lunettes, et ouvrant sa tabatière,
dont il offre une prise au Commissionnaire.

En usez-vous, monsieur Salvator?

SALVATOR.

Jamais !

M. JACKAL.

Allons, je suis battu.

SALVATOR.

Consolez-vous, il n'y a que les gens forts qui avouent ces choses-là.

M. JACKAL.

Parce qu'ils espèrent prendre leur revanche.

SALVATOR, au moment de sortir.

Après vous... A tout seigneur tout honneur !

TROISIÈME TABLEAU

L'atelier de Pétrus. — Atelier de la plus grande élégance, avec trophées d'armes, tableaux, etc., etc.

SCÈNE PREMIÈRE

PÉTRUS, SUZANNE, LORÉDAN.

Suzanne pose sur une estrade; Lorédan s'amuse avec un fleuret; Jean Robert, assis, crayonne des vers sur un carnet.

PÉTRUS.
C'est avec le plus profond regret, mademoiselle, que je vous annonce que notre séance sera abrégée aujourd'hui.

SUZANNE.
Et pourquoi notre séance sera-t-elle abrégée aujourd'hui, s'il vous plaît, maître Van Dyck?...

PÉTRUS.
Parce que je vous attendais hier, et non pas aujourd'hui.

SUZANNE.
Que voulez-vous! hier, je n'ai pas pu venir... Ah! vous croyez donc que les pensionnaires de madame Adrienne Desmarest sont libres comme les élèves de M. Gros ou de M. Horace Vernet? Non; sachez ceci, monsieur, que la renommée eût dû vous apprendre : C'était hier la fête de Madame, comme on dit à Vanvres, et il nous était enjoint d'être dans l'allégresse, sous peine de punition; on a dîné en famille, avec trois extras : des choux dans le potage, du persil autour du bœuf, et des œufs dans la salade; on a porté la santé de Madame avec du vin d'Argenteuil, et l'on est allé, pour dessert, se promener à pied à la lanterne de Diogène, avec permission de cueillir des marguerites, mais défense de les effeuiller en leur faisant dire la bonne aventure. Nous nous sommes bien amusées, allez!...

PÉTRUS.
Vous seriez-vous beaucoup plus amusée ici?

SUZANNE.

Je le crois bien! d'abord, je vous trouve charmant.

PÉTRUS, à Lorédan.

Vous entendez, monsieur le comte, mademoiselle votre sœur me fait une déclaration.

LORÉDAN.

Laissez-la faire, et ne croyez pas un mot de ce qu'elle vous dira; Suzanne est la plus grande coquette que je connaisse.

SUZANNE.

Mais attendez donc que je vous dise pourquoi je vous trouve charmant.

PÉTRUS.

Ah! il y a un pourquoi?

SUZANNE.

Bon! Croyez-vous que ce soit parce que vous vous appelez Pierre de Courtenay; croyez-vous que ce soit parce que votre oncle, le marquis Herbel, vous laissera cinquante mille livres de rente; croyez-vous que ce soit parce que vous vous habillez chez le meilleur tailleur de Paris, que je vous trouve charmant? Non; c'est parce que vous me permettez de remuer en posant; c'est parce que M. Ludovic, votre ami, me donne de la poudre pour mes dents et de l'opiat pour mes lèvres; c'est enfin parce que M. Jean Robert est d'une conversation très-agréable, quand il ne fait pas de vers... Monsieur Jean Robert!

JEAN ROBERT.

Mademoiselle?

SUZANNE.

Pour qui faites-vous des vers, s'il vous plaît?

JEAN ROBERT.

Pour une bohémienne, mademoiselle.

SUZANNE.

Comment, pour une bohémienne? Vous connaissez des bohémiennes?

JEAN ROBERT.

Quand on est auteur dramatique, il faut tout connaître.

SUZANNE.

Mon très-cher frère Lorédan, faites-moi le plaisir de lire, par-dessus l'épaule de M. Jean Robert, les vers qu'il fait, et, s'ils peuvent se dire à une personne encore en pension, dites-les-moi...

PÉTRUS.

Seriez-vous assez bonne pour vous tourner un peu plus à droite, mademoiselle? Je voudrais voir l'œil gauche.

SUZANNE.

N'oubliez pas mon signe, c'est ce que j'ai de mieux dans le visage.

PÉTRUS.

Vous faites bon marché du reste !

LORÉDAN.

Ils sont charmants, les vers de M. Jean Robert !

JEAN ROBERT.

Seulement, vous saurez qu'ils ne sont pas de moi.

SUZANNE.

Et de qui sont-ils?

JEAN ROBERT.

De Gœthe. Connaissez-vous le roman de *Wilhelm Meister?*

SUZANNE.

Une jeune fille qui s'appelle mademoiselle de Valgeneuse, et qui est en pension chez madame Desmarest, ne lit pas de romans, monsieur, et ne connaît pas *Wilhelm Meister*. Est-ce que c'est la chanson de Mignon, par hasard, que vous traduisez?

JEAN ROBERT.

Justement! mais, si vous ne connaissez pas le roman, comment connaissez-vous la chanson?

SUZANNE.

Qui ne connaît pas la chanson *Kennst du das Land?*... Lisez-nous votre traduction, monsieur Jean Robert, que je voie si elle est exacte.

JEAN ROBERT.

Je ne demanderais pas mieux; mais il s'en faut des quatre derniers vers qu'elle ne soit finie.

SUZANNE.

Finissez vos quatre derniers vers, et, pendant ce temps, M. Pétrus m'expliquera pourquoi il ne peut aujourd'hui m'accorder que l'honneur d'une demi-séance.

PÉTRUS.
Parce que j'attends, à une heure, cette même bohémienne pour laquelle Jean Robert fait des vers...

SUZANNE.
Une vraie bohémienne?

PÉTRUS.
Oh! quant à cela, il n'y a pas à s'y tromper?

SUZANNE.
Y a-t-il un roman là-dessous, et faut-il y prendre intérêt?

PÉTRUS.
Pour nous, jusqu'aujourd'hui, l'histoire, ou plutôt ce que nous en savons, est très-simple.

SUZANNE.
On peut la connaître?

PÉTRUS.
Parfaitement.

SUZANNE.
Dites; j'écoute... Quel malheur que M. Jean Robert n'ait pas fini sa chanson! Il nous eût fait en un instant, de cette histoire très-simple, un drame très-compliqué.

JEAN ROBERT.
Pétrus, donne-moi une rime à *bien-aimé*; je suis stupide, aujourd'hui.

SUZANNE.
Charmé.

JEAN ROBERT.
Merci, mademoiselle.

PÉTRUS.
Il faudra, vous le voyez, que vous vous contentiez de ma narration.

SUZANNE.
Avez-vous remarqué que, si le roi Louis XIV avait failli attendre, moi, j'attends...

PÉTRUS.
Imaginez-vous que, mardi, au beau milieu du bal de l'Opéra, il nous a pris, à Ludovic, à Jean Robert et à moi, la sotte idée d'aller souper dans un cabaret de la Halle.

SUZANNE.
Comment dites-vous cela?

PÉTRUS.
Dans un cabaret.

SUZANNE.

De la Halle?

PÉTRUS.

De la Halle.

SUZANNE.

Je vous en fais mon compliment.

LORÉDAN.

C'était très-bien porté du temps de la Régence.

SUZANNE.

Oui; mais, l'an de grâce 1827, sous Sa Majesté Charles X...

LORÉDAN.

Je suis bien fâché de n'avoir pas su cela, j'y serais allé avec vous.

SUZANNE.

Fi donc!... Et dans ce cabaret?

PÉTRUS.

D'après l'opinion que vous manifestez, je ne sais si je dois continuer.

SUZANNE.

Allez donc! mais cela m'intéresse infiniment. Seulement, je trouve qu'il y a des longueurs dans votre histoire...

PÉTRUS.

Je me hâte vers le dénoûment. Dans ce cabaret, nous avons rencontré une petite bohémienne ravissante.

SUZANNE.

Les bohémiennes sont toujours ravissantes pour les peintres; il n'y a que les femmes du monde qui soient laides.

PÉTRUS.

Vous ne pouvez pas dire cela pour moi, mademoiselle; depuis que j'essaye de faire votre portrait, je ne me plains que d'une chose, c'est que vous soyez trop jolie!

SUZANNE.

Dois-je me lever et vous faire la révérence?

PÉTRUS.

On ne fait la révérence qu'aux mensonges.

SUZANNE.

Donc, vous avez rencontré une petite bohémienne ravissante?

PÉTRUS.

Qui chantait, qui dansait, qui disait des vers; le vrai type de Mignon.

SUZANNE.

Et cela vous a monté la tête, et vous avez résolu de faire un tableau?

PÉTRUS.

Justement!

SUZANNE.

Et c'est elle qui vient poser aujourd'hui?

PÉTRUS.

C'est elle!

SUZANNE.

De sorte que c'est tout simplement cette petite vagabonde qui m'écorne ma séance?

PÉTRUS.

La pauvre enfant y gagnera un louis, plus peut-être qu'elle ne gagne en un mois.

SUZANNE.

Et elle vient toute seule comme cela, chercher son louis?

PÉTRUS.

Non pas, au contraire! elle est cousue à la jupe de madame sa mère, une horrible sorcière, nommée la Brocante, qui tire les cartes et qui dit la bonne aventure, sans compter un jeune frère qui nourrit l'ambitieuse perspective d'être un jour clown chez Franconi.

SUZANNE.

Tiens! tandis que vous peindrez la fille, je me ferai dire la bonne aventure par la mère.

LORÉDAN.

C'est une idée, cela!

PÉTRUS.

Eh bien, mais que dira madame Desmarest, qui ne veut pas que l'on interroge même les marguerites?

SUZANNE.

Je ne suis pas ici en pension; je suis sous la garde et la responsabilité de monsieur mon frère.

LORÉDAN.

Et je permets la bonne aventure.

(On frappe à la porte.)

SUZANNE.

Est-ce votre bohémienne?

PÉTRUS.

Je ne crois pas. C'est la manière de frapper de Ludovic. Peut-il entrer?

SUZANNE.

Je le crois bien!... Entrez!

SCÈNE II

Les Mêmes, LUDOVIC.

LUDOVIC, entrant et s'avançant vers Suzanne.

Mademoiselle, quoique je n'espérasse point vous rencontrer ici, je vais vous prouver que j'avais exécuté vos ordres. Voici de la poudre pour vos dents et de l'opiat pour vos lèvres.

SUZANNE.

Monsieur Ludovic, je vous promets d'être votre cliente tant que je me porterai bien.

LUDOVIC.

Et si vous tombez malade?

SUZANNE.

Les convenances exigeront que l'on aille chercher un vieux docteur de soixante et dix ans qui me tuera, ces mêmes convenances ne permettant pas qu'un médecin de vingt-cinq ans soigne une malade de dix-neuf.

LUDOVIC.

Bon! vous ferez enrager les convenances en vous portant bien. (A Pétrus.) Mon cher Pétrus, j'ai vu venir de loin et je viens d'entendre s'arrêter à la porte, un fiacre qui m'a bien l'air d'avoir l'honneur de voiturer mademoiselle Rose-de-Noël et sa respectable famille.

SUZANNE.

Elle s'appelle Rose-de-Noël?

PÉTRUS.

Oui; vous ne trouvez pas le nom joli?

SUZANNE.

Si fait.

PÉTRUS.

C'étaient bien eux; je les entends qui montent. Excusez-moi, mademoiselle.

SUZANNE.

Vous n'allez pas nous priver, je l'espère, de la ravissante personne ?

PÉTRUS.

Au contraire, je lui ai fait faire un costume à mon goût, lequel costume l'attend dans la chambre voisine, et je vais vous la montrer dans toute sa splendeur.

SCÈNE III

Les Mêmes, hors PÉTRUS.

SUZANNE.

Eh bien, ces vers, sont-ils enfin terminés, monsieur Jean Robert?

JEAN ROBERT.

Hélas! oui, mademoiselle.

SUZANNE.

Pourquoi *hélas ?*

JEAN ROBERT.

Parce qu'ils ne sont pas bons.

LORÉDAN.

Taisez-vous! ils sont charmants.

LUDOVIC.

Auquel des deux croire ?

SUZANNE.

Donnez ! et je vous promets un jugement qui, en impartialité, égalera ceux du roi Salomon.

LUDOVIC.

Nous écoutons !

JEAN ROBERT.

Vous savez, c'est la chanson de Mignon.

SUZANNE.

Nous savons. (Lisant.)

Connais-tu le pays où les citrons fleurissent,
Où l'orange jaunit sous son feuillage vert,
Où les jours sont de flamme, où les nuits s'attiédissent,
Où règne le printemps en exilant l'hiver ?...
Ce doux pays où croît le myrte solitaire,
Où le laurier grandit dans un air embaumé,

Dis-moi, le connais-tu ? Non ? Eh bien, c'est la terre
Où je veux retourner avec toi, bien-aimé !

Connais-tu la maison où s'ouvrit ma paupière,
Où ces dieux de granit qui faisaient mon effroi,
En me voyant rentrer, de leurs lèvres de pierre,
Murmurèrent : « Enfant, qu'avait-on fait de toi ? »

(Rose-de-Noël, dans le costume de Mignon, ouvre la porte et entre, poussée par Pétrus, puis s'arrête, écoutant ; Suzanne ne l'a point vue, et continue. Babolin et la Brocante entrent aussi.)

Chaque nuit, comme un phare, en mon rêve étincelle
Sa vitre qui s'allume au couchant enflammé.
Cette maison, dis-moi, la connais-tu ? C'est celle
Où j'aurais voulu vivre avec toi, bien-aimé !

Connais-tu la montagne où l'avalanche brille,
Où la mule chemine en un sentier brumeux,
Où l'antique dragon rampe avec sa famille,
Où bondit sur les rocs le torrent écumeux ?
Cette montagne, il faut la franchir dans la nue ;
Car c'est de son sommet que le regard charmé
Découvre à l'horizon la terre bien connue
Où je voudrais mourir avec toi, bien-aimé !

SCÈNE IV

Les Mêmes, ROSE-DE-NOEL, LA BROCANTE, BABOLIN.

ROSE-DE-NOEL.

Oh ! c'est Mignon ! c'est la chanson de Mignon !... Oh ! mademoiselle, pour l'amour de Dieu, donnez-la-moi ; je l'ai entendu chanter en Allemagne, quand j'étais toute petite, et je n'ai jamais pu la retrouver depuis.

(Suzanne la lui donne.)

PÉTRUS.

Maintenant, ma gentille Rose-de-Noël, voulez-vous venir poser pour Mignon ?

ROSE-DE-NOEL.

Pour Mignon ? Je crois bien que je le veux !

(Pétrus lui fait prendre une pose convenable.)

BABOLIN.

Ah! je veux que l'on me fasse mon portrait aussi, moi!

LA BROCANTE.

Monsieur Babolin, la société où nous nous trouvons n'étant point de celles que vous avez l'habitude de fréquenter, vous allez me faire le plaisir d'aller m'attendre sur le carré.

BABOLIN.

Mais puisque Rose-de-Noël y reste, dans votre société, pourquoi donc que je ne puis pas y rester, moi?

LA BROCANTE.

Parce que Rose-de-Noël est une artiste!

BABOLIN.

Je ne suis donc pas un artiste?... En voilà du nouveau!

(Il sort en grommelant.)

SCÈNE V

Les Mêmes, hors BABOLIN.

LORÉDAN, à sa sœur.

Sais-tu qu'elle est vraiment charmante, cette enfant?

SUZANNE.

Ne vas-tu pas en devenir amoureux, toi aussi?

LORÉDAN.

Pourquoi pas?

SUZANNE.

Dites-donc, madame Brocante!... C'est votre nom, n'est-ce pas, je crois?

LA BROCANTE.

Pour vous servir, ma belle demoiselle.

SUZANNE.

On m'assure que vous dites la bonne aventure.

LA BROCANTE.

C'est mon état.

SUZANNE.

Et de quelle façon dites-vous la bonne aventure?

LA BROCANTE.

De toutes les façons: avec les cartes, au marc de café, dans la main, et infaillible! Mademoiselle Lenormand était ma tante; vous savez celle qui a prédit à madame de Beauharnais...

LORÉDAN.

Qu'elle monterait sur le trône, connu !

PÉTRUS, satisfait de la pose de Rose-de-Noël.

C'est charmant comme cela, n'est-ce pas, Jean Robert ?

JEAN ROBERT.

Charmant !...

SUZANNE, qui a tiré son gant.

Voici ma main, bonne femme.

LUDOVIC, à Suzanne.

Est-il permis d'écouter ?

SUZANNE.

Oui, à ceux qui, comme moi, veulent perdre leur temps.

LA BROCANTE.

Que désirez-vous savoir ? le passé, le présent ou l'avenir ?

LUDOVIC.

Vous voyez, vous avez le choix...

SUZANNE.

Que me conseillez-vous ?

LUDOVIC.

L'avenir ! A votre âge, on n'a point de passé.

SUZANNE.

C'est ce qui vous trompe, j'en ai un, et je veux qu'on me le dise. Voyons mon passé.

LA BROCANTE.

Hum ! main aristocratique, longue, fine, sans nœuds aux phalanges, ongles étroits, main de duchesse, main oisive, main prodigue !

SUZANNE.

Dois-je prendre tout cela pour des compliments ?

LA BROCANTE.

Je croyais que vous demandiez des vérités.

SUZANNE.

Continuez.

LA BROCANTE.

Vous êtes riche, très-riche...

SUZANNE.

La belle nouvelle ! vous avez vu mon cocher et ma voiture à la porte.

LA BROCANTE.

Quoique riche, vous êtes ambitieuse de fortune; quoique noble, vous êtes ambitieuse d'honneurs.

SUZANNE.

Eh! ceci est assez vrai.

LUDOVIC.

Vous avouez l'ambition?

SUZANNE.

Ah! je suis très-franche.

LA BROCANTE.

Vous avez, il y a un an ou dix-huit mois, perdu un grand parent.

SUZANNE.

Ceci est vrai tout à fait! (Montrant son frère.) C'est alors que j'épousai monsieur, n'est-ce pas?

LA BROCANTE, à Lorédan.

Donnez-moi votre main, s'il vous plaît, jeune homme. (Elle tire une loupe de sa poche et regarde la main à la loupe.) Main semblable, ligne de famille. Vous voulez me tromper, mademoiselle : monsieur n'est point votre mari; monsieur est un parent très-proche, votre frère, probablement!

LORÉDAN.

Que dis-tu de cela, Suzanne?

LUDOVIC.

Voilà qui devient intéressant, ce me semble.

SUZANNE.

C'est justement pour cela que je vous rends votre liberté, messieurs.

LUDOVIC.

Vous nous chassez?

SUZANNE.

Mais à peu près.

(Ludovic salue et s'éloigne.)

LORÉDAN.

Est-ce que, par hasard, la Brocante serait une véritable sorcière? Continuez...

LA BROCANTE.

Dois-je dire tout ce que je vois dans la main?

SUZANNE.

Tout.

LA BROCANTE.

Mais si vous vous fâchez?...

SUZANNE.

Je ne me fâcherai pas.

4.

LA BROCANTE.

Je vous disais que, quoique riche, vous étiez ambitieuse de fortune; que, quoique noble, vous étiez ambitieuse d'honneurs, et j'allais ajouter que, quoique jeune et belle, vous n'aviez jamais aimé... et probablement...

SUZANNE.

Probablement?...

LA BROCANTE.

N'aimeriez jamais?

SUZANNE.

A quoi voyez-vous cela?

LA BROCANTE.

La ligne du cœur est, à peine indiquée... et celle de tête coupe la main en deux.

LORÉDAN, riant.

Allez, allez, la mère! Vous êtes dans le vrai.

SUZANNE, à Lorédan.

Attends! (A la Brocante.) Mais peut-être n'ai-je pas aimé parce que je n'ai pas été aimée?

LA BROCANTE.

Vous avez été aimée, au contraire, et beaucoup! Vous avez été aimée... trop!

SUZANNE.

Est-ce que l'on est jamais trop aimée?

LA BROCANTE.

Voulez-vous que nous passions au présent?

LORÉDAN.

Non pas; le passé est trop intéressant. Je ne savais rien de tout cela, moi : j'étais en voyage, avec mon précepteur, et j'y suis resté cinq ans... Ma sœur donne raison à la maxime de la Rochefoucauld ou de la Bruyère, je ne sais plus lequel : « Les hommes gardent mieux les secrets des autres, mais les femmes gardent mieux les leurs. »

LA BROCANTE.

Je préférerais ne pas continuer, ma belle demoiselle.

SUZANNE.

Et pourquoi cela?

LA BROCANTE.

La science peut se tromper, et, alors, on dit des choses qui déplaisent aux personnes.

SUZANNE.

Allons, finissons-en ! J'ai été aimée trop ; et qu'est-il résulté de cet amour?

LA BROCANTE.

Un grand malheur ! (Le frère et la sœur se regardent.) Une mort ! Voici une étoile à côté de la ligne de vie.

SUZANNE.

Eh bien, que veut dire cette étoile?

LA BROCANTE.

Je puis me tromper, mademoiselle, songez-y bien.

LORÉDAN.

Ma sœur te demande ce que veut dire cette étoile?

LA BROCANTE.

Cela veut dire...

SUZANNE.

Parle donc !

LA BROCANTE.

Eh bien, puisque vous le voulez absolument, mademoiselle, cela veut dire que quelqu'un qui vous aimait s'est tué pour vous !

SUZANNE, se levant.

Assez !

LORÉDAN.

Qu'en dis-tu?

SUZANNE.

Je dis que cette femme est probablement de la police. Donne-lui un louis, et qu'elle s'en aille.

LA BROCANTE.

Sauf votre respect, mademoiselle, je ne puis m'en aller que quand M. Pétrus aura fini avec la petite Rose-de-Noël.

SUZANNE, lui donnant un louis.

Tenez.

LORÉDAN, bas, à Suzanne.

Voudrait-elle parler de notre cousin Conrad?

SUZANNE.

Je ne sais de qui elle veut parler.

(Elle va appuyer son front au carreau de la fenêtre.)

SCÈNE IV

Les Mêmes, BABOLIN, ouvrant la porte, et passant sa tête par l'entre-bâillement.

BABOLIN.

Pardon, la société!... Lequel de tous ces messieurs s'appelle Jean Robert?

JEAN ROBERT.

Moi.

BABOLIN.

C'est le commissionnaire de la rue aux Fers qui a une lettre pour vous.

JEAN ROBERT.

Salvator?

BABOLIN.

Oui.

TOUS.

Salvator!

ROSE-DE-NOEL, joyeuse.

M. Salvator!

JEAN ROBERT, à Suzanne.

Mademoiselle, vous me demandiez un roman tout à l'heure. J'ai mieux qu'un roman à vous offrir : j'ai une énigme! un commissionnaire qui, avant-hier au soir, dans le cabaret de la Halle dont vous parlait Pétrus, nous a sauvé la vie, ou à peu près, qui a des façons de gentilhomme, et qui fait des vers comme Lamartine! Voulez-vous qu'il entre?

SUZANNE.

Bien volontiers! J'aime assez les énigmes, quand je ne suis pas forcée de les deviner.

PÉTRUS, sans quitter sa palette et son pinceau.

Cher monsieur Salvator, faites-nous donc le plaisir d'entrer.

SCÈNE V

Les Mêmes, SALVATOR.

SALVATOR, de la porte.

Monsieur Jean Robert, je n'ai qu'une lettre à vous remettre; seulement, on m'a fort recommandé de ne la remettre qu'à vous-même. La personne viendra chercher la réponse chez vous, à cinq heures, ce soir, rue de l'Université. Maintenant que ma commission est faite et le port payé...

SUZANNE.

C'est étrange ! cette voix...

PÉTRUS.

Mais non, non, non ; nous ne vous tenons pas quitte ainsi. Entrez, entrez donc !

LORÉDAN, à demi-voix.

Voilà bien des embarras pour un commissionnaire !

SUZANNE, à part, en apercevant Salvator.

Conrad !...

SALVATOR, de même, en apercevant Suzanne.

Suzanne !...

ROSE-DE-NOEL.

Bonjour, monsieur Salvator !

SALVATOR.

Bonjour, mon enfant.

JEAN ROBERT.

Vous ne savez pas de qui est cette lettre ?

SALVATOR.

Elle ne renferme rien de fâcheux, j'espère ?

JEAN ROBERT.

Non. (A Ludovic.) Elle est de ce pauvre moine dominicain qui a été en pension avec nous.

LUDOVIC.

Dominique ?

PÉTRUS.

Dominique ! celui au père duquel est arrivé cette étrange et terrible affaire !... Comment s'appelait-il donc, de son nom de famille ?

LUDOVIC.

Attends, attends...

JEAN ROBERT.

Sarranti, pardieu !

ROSE-DE-NOEL.

Sarranti !

SALVATOR.

Qu'as-tu ?

ROSE-DE-NOEL.

Rien ! je n'ai rien !

LUDOVIC.

Et il t'écrit?...

JEAN ROBERT.

Pour me dire qu'il sera chez moi aujourd'hui, à cinq heures du soir.

SALVATOR.

Comme il y avait *pressée* sur la lettre, et que j'ai su que vous étiez ici, je suis venu.

JEAN ROBERT.

Il aura besoin, dit-il, de toute mon amitié.

LORÉDAN, cherchant à son tour.

Sarranti! Sarranti!... J'ai entendu parler de cela; c'est un bonapartiste qui a été accusé d'avoir volé cent mille écus et tué deux enfants, les neveux d'un certain M. Gérard!

ROSE-DE-NOEL, mettant la main sur son cœur.

Ah!...

LORÉDAN.

L'affaire a fait assez de bruit pour qu'on s'en souvienne.

SUZANNE.

M. Gérard? Je le connais! un saint homme qui concourt pour le prix Montyon.

ROSE-DE-NOEL, chancelant.

Monsieur Pétrus, si vous permettiez...

PÉTRUS.

Qu'avez-vous, mademoiselle?

LA BROCANTE.

Qu'as-tu?

ROSE-DE-NOEL.

Je ne sais si c'est cette séance qui me fatigue, mais...

PÉTRUS.

Brocante, emmenez votre fille dans la chambre où elle s'est habillée, vous y trouverez de l'eau, du sucre, de l'eau de fleur d'oranger...

ROSE-DE-NOEL, avec prière.

Ne vous en allez pas, monsieur Salvator.

SALVATOR.

Non, sois tranquille, mon enfant!

BABOLIN, ébahi.

Ah! Rose-de-Noël qui se trouve mal! (S'asseyant sur le fauteuil que Rose-de-Noël vient de quitter.) Moi, je ne me trouve pas mal... au contraire !

(Rose-de-Noël sort avec la Brocante.)

SCÈNE VI

Les Mêmes, hors ROSE-DE-NOËL et LA BROCANTE.

SALVATOR.

Avez-vous remarqué que cet enfant a répété le nom de M. Sarranti ?

JEAN ROBERT.

Oui.

SALVATOR.

Et qu'elle a pâli, à celui de M. Gérard ?

LUDOVIC.

Oui.

LORÉDAN.

Mais, vous qui êtes ou qui paraissez être son confident, si la chose vous inquiète, elle vous mettra au courant.

SALVATOR, rêveur.

Peut-être...

BADOLIN.

Dites donc, monsieur Pétrus, on gratte à votre porte.

LUDOVIC.

Exactement comme chez le roi !

BABOLIN, entr'ouvrant la porte.

Oh ! un chien qui est gros comme l'éléphant de la Bastille.

(Il referme la porte.)

SALVATOR.

C'est Roland qui m'aura suivi ; je l'avais laissé dans la rue, mais quelqu'un sera entré, et il se sera glissé par la porte !

PÉTRUS.

Babolin, je te nomme introducteur des ambassadeurs. Fais entrer Roland ! Qui aime le maître, aime le chien.

BABOLIN, annonçant.

M. Roland !

JEAN ROBERT.

Oh ! la belle bête !

SALVATOR.

Vous pouvez même dire : « Oh! la bonne bête !... » Allez dire bonjour à ces messieurs, Roland !

LUDOVIC, tâtant les côtes du chien.

Dites donc, il a reçu une rude blessure, votre chien, monsieur Salvator, et je connais plus d'un chrétien qui n'en serait pas revenu... (Au chien.) Tu as donc fait la guerre, mon garçon ?

SALVATOR.

Il paraît.

PÉTRUS.

Comment, il paraît ?

SALVATOR.

Sur ce point, je n'en sais pas plus que vous, messieurs. Je chassais, il y a cinq ou six ans, dans les environs de Paris.

LORÉDAN, avec surprise.

Vous chassiez ?

SALVATOR.

Je braconnais, veux-je dire; un commissionnaire ne chasse pas. Je trouvai, dans un fossé, ce pauvre animal, ensanglanté, percé à jour par une balle, expirant! Sa beauté et sa souffrance excitèrent ma compassion; je le portai jusqu'à une fontaine, je lavai sa plaie avec de l'eau fraîche, dans laquelle j'avais versé quelques gouttes d'eau-de-vie; il parut renaître à ces soins que je lui donnais; je le mis sur une voiture de maraîcher, et je suivis la voiture. Le même soir, je le traitai comme j'avais vu traiter, au Val-de-Grâce, des hommes blessés de coups de feu; et, guéri par moi, Roland m'a voué une reconnaissance qui ferait honte à un homme... N'est-ce pas, Roland ?

(Roland vient se dresser contre Salvator et lui met les deux pattes sur la poitrine. La porte de la chambre s'ouvre.)

SUZANNE.

Ah! voici la demoiselle aux vapeurs qui va mieux, à ce qu'il paraît.

SCÈNE VII

Les Mêmes, ROSE-DE-NOEL, LA BROCANTE.

SALVATOR.
Eh bien, qu'as-tu donc, Roland ?
LA BROCANTE.
Qu'as-tu donc, Rose-de-Noël ?
ROSE-DE-NOEL, étouffant de joie.
Ah ! mon bon chien ! est-ce toi ?
(Roland échappe à Salvator et s'élance vers Rose-de-Noël.)
TOUS.
Roland ! Roland !
(Ils veulent arrêter Roland.)
ROSE-DE-NOEL.
Oh ! messieurs, ne faites pas de mal à Brésil !
SALVATOR.
Tu connais donc Roland ?
ROSE-DE-NOEL.
Il ne s'appelle pas Roland : il s'appelle Brésil.
SALVATOR.
Et où as-tu connu Brésil ? Dis-moi cela.
ROSE-DE-NOEL.
Où j'ai connu Brésil ?
SALVATOR.
Oui ; peux-tu me le dire ?
ROSE-DE-NOEL, avec égarement.
Non ! non ! non ! impossible !... Mon frère, mon pauvre frère !... Oh ! madame Orsola, madame Orsola ! ne me tuez pas !...
TOUS.
Madame Orsola !...
(Rose-de-Noël tombe évanouie. On se groupe autour d'elle.)

ACTE DEUXIÈME

QUATRIÈME TABLEAU

Le grenier de la Brocante. A droite, une soupente à laquelle on monte par une échelle. — Il est minuit.

SCÈNE PREMIÈRE

LA BROCANTE est en train de compter de l'argent; BABOLIN fait un paquet de hardes.

LA BROCANTE.

Voyons, que fais-tu donc à fouiller dans tous les coins, vagabond?

BABOLIN.

Je réunis mes hardes.

LA BROCANTE.

Et pour quoi faire?

BABOLIN.

Pour déménager, donc!

LA BROCANTE.

Comment! tu déménages?

BABOLIN.

Ce n'est pas l'époque du terme, je le sais bien; mais je suis pressé.

LA BROCANTE.

Tu t'en vas, malheureux?

BABOLIN.

Ah! bon! ne croyez-vous pas que je vais rester ici quand Rose-de-Noël n'y est plus? Jamais de la vie!

LA BROCANTE.

Mais, ingrat, n'es-tu pas logé, nourri et habillé?

BABOLIN.

Oui, parlons de cela! Logé dans la soupente, c'est-à-dire gelé l'hiver et rôti l'été; nourri de trognons de choux, de cosses de pois et de fanes de carottes. « Garçon! un cure-dents et la carte de M. Babolin, que nous revoyions ensemble l'addition. » Habillé! quand on pense que voilà mon habit des dimanches, cela donne une crâne idée de celui des autres jours, hein?... Quel malheur! quel malheur!

LA BROCANTE.

Ainsi, tu m'abandonnes?

BABOLIN.

Pourquoi pas? Vous voilà riche! vous avez négocié Rose-de-Noël : douze cents livres de rente viagère, et mille écus une fois payés; et cela, à la seule condition que vous n'aurez plus aucun droit sur elle, et que M. Salvator sera son tuteur. Rose-de-Noël est dans un grand pensionnat, où elle va devenir une belle dame, et d'où elle sortira pour épouser un millionnaire; son avenir est assuré, il est temps que je songe au mien.

LA BROCANTE.

Ton avenir, veux-tu que je te le prédise?

BABOLIN.

Connu, la mère! Je finirai aux galères! je mourrai sur l'échafaud! C'est-y ça?

LA BROCANTE.

Oui, c'est cela!

BABOLIN.

Eh bien, quittons-nous là-dessus, et sans rancune. Adieu, Brocante!

LA BROCANTE.

Mais, d'abord, qu'emportes-tu dans ce paquet?

BABOLIN.

N'avez-vous pas peur que ça ne soit votre argenterie? Je n'emporte rien qui ne soit à moi, entendez-vous! Mon tapis, pour faire le saut de carpe; mon chandelier, pour faire le poirier fourchu, et ma sébille, pour recueillir les offrandes de la société. Vous ne comptez faire ni le saut de carpe, ni le poirier fourchu, n'est-ce pas, la mère? Eh bien, je vous laisse votre établissement, laissez-moi le mien.

LA BROCANTE.

Va-t'en! je te donne ma malédiction!

BABOLIN.

Merci! c'est la première fois que vous me donnez quelque chose.

LA BROCANTE.

Que le diable te rompe les os!

BABOLIN, dans l'escalier.

Patatras! ne faites pas attention, c'est Babolin qui dégringole... (Rouvrant la porte.) Dites-donc, la Brocante, maintenant que vous avez des rentes, il faudra faire mettre le gaz dans l'escalier.

VOIX D'EN BAS, imitant l'accent anglais.

Holà, du grenier! pouvez-vous éclairer moa?

BABOLIN.

Ah! un Anglais! La Brocante qui reçoit des Anglais, à minuit! Ça va être drôle! Je ne m'en vas plus... Montez, milord!

SCÈNE II

Les Mêmes, GIBASSIER, déguisé en Anglais.

GIBASSIER.

N'est-ce point ici l'appartement de madame la Brocante?

LA BROCANTE.

Oui, monsieur.

BABOLIN, à part.

Faut-il être Anglais pour appeler cela un appartement!

GIBASSIER.

Oh! je voudrais faire tirer les cartes à moa.

LA BROCANTE.

C'est facile, milord; trois francs le petit jeu, six francs le grand.

GIBASSIER.

Oh! je croyé, moa, que c'était trente sous le petit et trois francs le grand?

BABOLIN.

Oui; mais, pour les Anglais, c'est le double... Donnez-vous la peine de vous asseoir, milord. (Il s'assied sur son paquet.) Va-t-elle lui en dire! va-t-elle lui en dire!

GIBASSIER.

Je ferai un sacrifice pour avoir le grand jeu.

BABOLIN.

Et milord a raison, il ne faut pas marchander avec les cartes.

GIBASSIER.
Milord ne vouloir rien de tout cela.
LA BROCANTE.
Que voulez-vous donc, milord ?
GIBASSIER, bas, et de sa voix naturelle.
Je veux d'abord que tu renvoies ce magot-là, qui me gêne.
BABOLIN, à part.
Je crois qu'il m'a appelé magot... Oh! si j'en étais sûr!
(Il vient à Gibassier, qu'il menace par derrière.)
GIBASSIER.
Well, my boy!
BABOLIN, de même.
C'était pas magot, c'était *my boy*... un compliment.
GIBASSIER, bas, à la Brocante.
Mais renvoie-le donc !
LA BROCANTE, à part, étonnée.
Je connais cette voix! je la connais!
BABOLIN, à part.
Il lui a parlé à l'oreille ; qu'est-ce qu'il lui a dit ?
GIBASSIER.
Il y a trois jours... non, il y a quatre jours, ou plutôt quatre nuits, au bal de l'Opéra, on m'a volé une somme considérable.
BABOLIN.
Ce n'était pas moi, je n'y étais pas ; j'étais chez Bordier à la Halle ; je peux prouver l'alibi.
GIBASSIER, bas, à la Brocante.
Renvoie-donc ce gamin, que je te dis.
BABOLIN, à part.
Il lui a encore parlé tout bas !
LA BROCANTE.
Babolin, tu vois bien cette porte-là ?
BABOLIN.
Certainement que je la vois.
LA BROCANTE.
Eh bien, tu comprends, quand on montre la porte à quelqu'un, c'est pour qu'il s'en aille.
BABOLIN.
C'est bien! On s'en va... Je serais déjà rue de Rivoli, si vous ne m'aviez pas retenu. (A part.) Ils ont des secrets en-

semble... Oh! c'est un faux Anglais : il n'a pas dit une seule fois : *Goddem!* (Haut.) On s'en va.
LA BROCANTE.
C'est bien ! et que je t'entende fermer la porte de la rue.
(Babolin sort.)

SCÈNE III

LA BROCANTE, GIBASSIER.

GIBASSIER.
En attendant (il regarde si Babolin n'écoute pas à la porte), fermons celle-ci... Deux précautions valent mieux qu'une. (Il ferme la porte, puis revenant à la Brocante.) Ah ! puisque tu as déjà reconnu la voix, j'espère que tu reconnaîtras le visage, maintenant.
LA BROCANTE.
Gibassier !... Ah ! je te croyais dans le Midi.
GIBASSIER.
J'y étais, en effet ; depuis trois jours, je suis à Paris. Je voyage !
LA BROCANTE.
Et que viens-tu faire, à Paris ?
GIBASSIER.
Je viens me mettre en garni chez la Brocante, pour une nuit et un jour. Demain, à la même heure, je prendrai congé de toi, ma belle hôtesse. Est-ce convenu ?
LA BROCANTE.
Tu sais que je n'ai rien à te refuser.
GIBASSIER.
Oui, je le sais. Mais, d'abord et avant tout, tu vas te bien souvenir d'une chose : c'est que je suis entré chez toi à dix heures et demie précises.
LA BROCANTE.
Mais puisque voilà minuit qui sonne à Saint-Sulpice.
GIBASSIER.
Raison de plus.
LA BROCANTE.
Je ne comprends pas.
GIBASSIER.
Tu n'as pas besoin de comprendre ; seulement, si par hasard quelqu'un avait l'envie de te demander : « Femme

Catherine Couturier, dite la Brocante, à quelle heure, le dimanche 28 février, Jean-Chrysostôme Gibassier est-il entré chez vous? » Tu lui répondras purement et simplement : « A dix heures et demie du soir. »

LA BROCANTE.

C'est-à-dire qu'à dix heures et demie du soir, tu faisais un coup?

GIBASSIER.

Peut-être.

LA BROCANTE.

Et un mauvais?

GIBASSIER.

C'est possible; mais j'étais sans inquiétude, je savais ton adresse, ma poule, et je me disais : « J'ai, rue Triperet, n° 8, une bonne amie chez laquelle on n'ira pas me chercher; attendu que nous sommes séparés depuis cinq ans et que l'on ne m'a jamais vu à Paris avec elle. » Sans quoi, tu comprends, il y a de par le monde, du côté des quais, un certain M. Jackal dont la devise est « Cherchez la femme!... » Chut!

LA BROCANTE

Quoi?

GIBASSIER.

Il me semble qu'on monte.

LA BROCANTE.

Je n'entends rien.

GIBASSIER.

J'entends l'échelle qui craque, moi.

LA BROCANTE.

Que veux-tu, Jean! je me fais vieille.

GIBASSIER.

Voudrais-tu pas nous faire accroire que tu as jamais été jeune?... Où peut-on se cacher?

LA BROCANTE.

Il y a la soupente.

GIBASSIER.

Une sortie?

LA BROCANTE.

Sur le toit, par le vasistas.

GIBASSIER, montant l'échelle.

Diable! de ce temps-là, les toits sont glissants; mais je puis ôter mes souliers.

(Il s'accommode dans la soupente. On frappe.)

LA BROCANTE.

Y es-tu?

GIBASSIER.

Oui... N'oublie pas dix heures et demie.

LA BROCANTE.

C'est convenu. (On frappe de nouveau.) On y va! Qui peut venir à cette heure-ci? (Elle ouvre la porte; M. Jackal entre, un rat-de-cave à la main.)

SCÈNE IV

Les Mêmes, M. JACKAL.

LA BROCANTE, stupéfaite.

M. Jackal!

M. JACKAL.

Oui, respectable Brocante, M. Jackal en personne, à une heure assez indue même. Mais, que veux-tu! les malfaiteurs me donnent tant d'occupation le jour, qu'il ne me reste que la nuit à consacrer aux honnêtes gens.

GIBASSIER.

M. Jackal!...

LA BROCANTE.

M. Jackal chez moi! c'est un si grand honneur, que je n'y puis croire.

M. JACKAL.

Et que cela te trouble, je conçois. (Il relève ses lunettes, regarde la Brocante, et prend une prise.) N'as-tu pas demandé hier que l'on renouvelât ta permission de tireuse de cartes?

LA BROCANTE.

Oui, monsieur Jackal.

M. JACKAL.

Eh bien, je l'ai signée, ta permission, et je te l'apporte moi-même.

GIBASSIER, à part.

Voilà qui n'est pas naturel... Garde à toi, Gibassier!

(Il soulève le vasistas.)

M. JACKAL.

Qui est-ce qui remue là-haut, dans la soupente?

LA BROCANTE.

Ce sont les rats.

M. JACKAL.

Tu as' des rats?

LA BROCANTE.

Beaucoup, monsieur Jackal.

M. JACKAL.

C'est étonnant, dans un appartement si bien tenu. Mais laissons les rats, et revenons à nos moutons. As-tu connu, il y a sept ou huit ans, à un quart de lieue d'Essonne, une certaine Catherine Couturier?

GIBASSIER, à part.

Diable! ça devient intéressant.

LA BROCANTE.

Monsieur Jackal...

M. JACKAL.

Réponds oui ou non!

LA BROCANTE.

Oui.

M. JACKAL.

Tu l'as connue, c'est bien. (Il prend une prise.) N'était-elle pas cuisinière chez d'anciens marchands de meubles du faubourg Saint-Antoine, retirés depuis deux ans?

LA BROCANTE.

Oui, monsieur Jackal.

M. JACKAL.

N'avait-elle pas un amant?

LA BROCANTE.

Oh! monsieur Jackal!...

M. JACKAL.

Réponds oui ou non... N'avait-elle pas un amant, et cet amant ne se nommait-il pas Jean-Chrysostôme Gibassier?

GIBASSIER, de même.

Ouais!

LA BROCANTE.

Hélas! oui, monsieur Jackal.

M. JACKAL.

Voilà un *hélas!* qui est de bon augure pour l'avenir.

5.

Continuons. Cet amant n'entrait-il pas dans la maison par une fenêtre du rez-de-chaussée?

LA BROCANTE.

Comment savez-vous tout cela?

M. JACKAL.

Je le sais, c'est l'important.

GIBASSIER, à part.

Est-il renseigné! est-il renseigné!

M. JACKAL.

Une nuit... c'était la nuit du vendredi au samedi... une nuit que les maîtres étaient absents, Catherine, comme d'habitude, ouvrit la fenêtre à son amant; seulement, cette fois, maître Jean-Chrysostôme Gibassier était suivi de trois amis, qui entrèrent derrière lui, garrottèrent Catherine, visitèrent toute la maison, recueillirent dans leur visite vingt-quatre couverts d'argent, douze d'entremets, plus ou moins de petites cuillers à café, et cinq mille francs : trois mille en billets de banque, le reste en monnaie d'or et d'argent. Tout cela est-il exact?

GIBASSIER, de même.

Il faut qu'il y en ait un, parmi les quatre, qui ait jacassé!

LA BROCANTE.

Tout cela est vrai, monsieur Jackal. Mais vous savez que je ne fus pour rien dans le vol.

M. JACKAL.

Ah! ah! c'était donc toi, Catherine Couturier?

(Il lève ses lunettes, regarde la Brocante, et prend une prise.)

LA BROCANTE.

Eh! vous le savez bien, que c'était moi; mais vous savez aussi que je ne suis pas une voleuse,

M. JACKAL.

Non; mais tu partis avec les voleurs. Te rappelles-tu la date de cette nuit-là?

LA BROCANTE.

C'était la nuit du 20 au 21 mai 1820.

M. JACKAL.

Allons, j'aime à voir que tu as bonne mémoire... Continuons. Vous vous mîtes en route vers neuf heures du soir, dans une carriole d'osier, avec un cheval marchant bien; de sorte que, vers onze heures, vous étiez déjà près de Juvisy.

La voiture fit halte; les hommes se dispersèrent pour aller aux provisions...

GIBASSIER, à part.

C'est qu'il n'y a pas moyen de dire non.

M. JACKAL.

Pendant que tu étais seule, tu vis accourir, à travers champs, une petite fille de huit à neuf ans, pâle, effarée, haletante, qui se jeta dans tes bras en criant : « Sauvez-moi! sauvez-moi! On veut me tuer! » Cette petite fille perdait son sang par une blessure qu'elle avait reçue au-dessus de la clavicule.

LA BROCANTE, montrant du doigt.

Ici, tenez, là ; la cicatrice y est toujours.

M. JACKAL.

Tant mieux!... Tu eus pitié d'elle, tu la pris, tu la cachas dans la paille de la voiture.

LA BROCANTE.

Ai-je eu tort, monsieur Jackal?

M. JACKAL.

On n'a jamais tort de faire une bonne action, Brocante! et c'est cette bonne action qui, aujourd'hui, te protége près de moi.

LA BROCANTE.

Ah! grand Dieu! monsieur Jackal, si je vous ai pour protecteur, je n'ai plus peur de personne, et cela va bien.

M. JACKAL.

Je ne t'ai jamais dit que cela allât mal, Brocante.

LA BROCANTE.

Ah! vous me réchauffez le cœur!

GIBASSIER, de même.

Où diable veut-il en venir?

M. JACKAL.

Vous avez gagné Étretat, vous vous y êtes embarqués sur un bateau pêcheur, vous êtes passés en Hollande; de Hollande, en Allemagne; d'Allemagne, en Bohême. C'est là que ton amant t'a abandonnée avec la petite Rose-de-Noël. Mais, comme elle avait des dispositions pour la musique et pour la danse, tu lui as fait apprendre à chanter, à danser, à jouer de la guitare.

Toi, de ton côté, dans tes relations avec les bohémiens, tu appris à tirer les cartes et à dire la bonne aventure, c'est-à-dire à vivre aux dépens des imbéciles. Je ne vois pas d'inconvénient à cela. Il faut bien que les imbéciles soient bons à quelque chose. Tant qu'il t'a convenu de rester hors de France, cela n'a pas été mon affaire. Mais voilà un an que tu es de retour à Paris, que tu dis la bonne aventure et tires les cartes chez toi et en ville; or, cela se passe sur le pavé du roi, cela me regarde. J'ai donc besoin de savoir, pour le moment, de qui Rose-de-Noël est fille, qui lui a donné le coup de couteau dont elle porte la cicatrice au cou, et de qui elle avait si grand'peur quand elle s'est enfuie de Viry-sur-Orge.

LA BROCANTE.

Dame, monsieur Jackal, il n'y a que Rose-de-Noël qui puisse vous dire tout cela.

M. JACKAL.

C'est pour elle que je suis chez toi. Où est Rose-de-Noël?

LA BROCANTE.

Rose-de-Noël n'est plus ici, monsieur Jackal.

M. JACKAL.

Comment, elle n'est plus ici?

LA BROCANTE.

Non.

M. JACKAL.

Et depuis quand?

LA BROCANTE.

Depuis avant-hier.

M. JACKAL.

Brocante! Brocante!

LA BROCANTE.

Quand je vous dis qu'elle n'y est plus.

M. JACKAL.

Et où est-elle?

LA BROCANTE.

Je n'en sais rien.

M. JACKAL.

Prends garde, Brocante! prends garde!

LA BROCANTE.

Mon bon monsieur Jackal, je vous jure que je vous dis la

vérité, la sainte vérité, la vérité du bon Dieu ! Voici comment la chose s'est passée : Pendant la nuit du mardi gras, trois jeunes gens qui soupaient chez Bordier, à la Halle, ont demandé Rose-de-Noël...

M. JACKAL.

Je sais cela.

LA BROCANTE.

Ils lui ont fait dire des vers...

M. JACKAL.

Je sais cela.

LA BROCANTE.

Et ils lui ont donné deux louis.

M. JACKAL.

Non, trois.

LA BROCANTE.

Comment! vous y étiez donc?

M. JACKAL.

Continue.

LA BROCANTE.

Après que Rose-de-Noël eut dit les vers, un des trois jeunes gens, un peintre...

M. JACKAL.

M. Pétrus.

LA BROCANTE.

Oui! il m'a offert un louis par séance, si Rose-de-Noël voulait aller poser dans son atelier; je n'y ai pas vu d'inconvénient; et, le lendemain, nous y étions en effet. Il y avait les deux amis de M. Pétrus, et un autre monsieur, avec sa sœur. M. Salvator y est venu pour apporter une lettre à M. Jean Robert. Il était accompagné de son chien; Rose-de-Noël a eu peur du chien, elle s'est évanouie... Je ne sais pas ce qui s'est passé entre ces messieurs et cette dame, qui se sont réunis en une espèce de comité; tant il y a que, quand Rose-de-Noël a repris ses sens, on m'a dit que Rose-de-Noël ne pouvait plus rester avec moi, qu'elle était trop faible pour le métier que je lui faisais faire, qu'on se chargeait d'elle, qu'on allait la mettre dans une pension, où elle serait élevée à frais communs, et où M. Salvator veillerait sur elle. Quant à moi, pour mettre un peu de baume sur mon pauvre cœur, on m'a fait une pension de douze cents livres de rente, dont

M. Salvator a répondu au nom de la société, et l'on a emmené Rose-de-Noël.

M. JACKAL.

Où?...

LA BROCANTE.

Mais puisque je vous dis que je n'en sais rien.

M. JACKAL.

Tu penses bien que je ne te croirai pas comme cela sur parole.

(Il allume son rat-de-cave.)

LA BROCANTE.

Qu'allez-vous donc faire?

M. JACKAL.

Une petite visite domiciliaire, pour voir si tu n'as pas caché l'enfant dans quelque coin.

LA BROCANTE.

Monsieur Jackal, quand je vous jure...

M. JACKAL.

Tu sais que plus tu jureras, moins je te croirai...

GIBASSIER, à part.

Il me semble qu'il est temps de déguerpir.

M. JACKAL.

Voyons d'abord dans ce cabinet.

LA BROCANTE.

Vous y verrez son pauvre lit, que l'on m'a laissé, comme ne valant pas la peine d'être emporté.

M. JACKAL.

Rien!... Visitons un peu cette soupente.

GIBASSIER, défaisant ses souliers et se hissant sur le toit à travers le vasistas.

A-t-il un nez!

LA BROCANTE, toussant.

Hum! hum!

M. JACKAL.

Tu t'enrhumes, Brocante, je t'en préviens... Ce n'est point étonnant, le vasistas est ouvert... Tiens! à qui donc ces jambes-là?

GIBASSIER.

A quelqu'un qui sait s'en servir, heureusement!

(Il disparaît sur le toit.)

M. JACKAL, sortant la moitié du corps par le vasistas.

Monsieur! monsieur!... Ma foi, bon voyage! (Il referme le vasistas.) Tiens, il a laissé ses souliers... (Il prend un soulier et l'examine.) Si ce brigand de Gibassier n'était pas au bagne, je dirais que c'est son pied. Gardons toujours cet échantillon comme pièce de conviction. Il est probable que j'aurai, un jour ou l'autre, maille à partir avec ce gaillard-là... (Il tire une gazette de sa poche.) *L'Étoile, journal du soir...* (Enveloppant les souliers.) Que l'on vienne nier l'utilité des journaux! (Il met les souliers dans sa poche.) Maintenant, à nous deux, Brocante! Tiens, on monte l'escalier...

BABOLIN, dans l'escalier.

Brocante! Eh! la Brocante!

LA BROCANTE.

Que vient donc encore faire ici ce polisson-là, à une pareille heure?

BABOLIN, plus rapproché.

En voilà un événement, et un terrible!

M. JACKAL.

Pas un mot de moi, tu entends, Brocante?

LA BROCANTE.

Oh! mon Dieu! mon Dieu! quelle nuit!

SCÈNE V

LA BROCANTE, BABOLIN, M. JACKAL, dans la soupente.

BABOLIN, entrant.

Une chaise, un fauteuil, un tabouret!... C'est moi qui vais me trouver mal, comme Rose-de-Noël!

LA BROCANTE.

Voyons, qu'as-tu? Parle, imbécile! Je croyais être débarrassée de toi.

BABOLIN.

Vous n'avez pas la moindre goutte de n'importe quoi?... de cognac, de kirsch, ou de parfait-amour?

LA BROCANTE, le secouant par le bras.

Parleras-tu?

BABOLIN.

Oh la la! oh la la!

M. JACKAL, *qui écoute du haut de la soupente.*

Il était à merveille pour entendre tout ce que nous avons dit, ce monsieur !

LA BROCANTE.

Mais qu'y a-t-il ? Voyons.

BABOLIN.

Eh bien, il y a que Rose-de-Noël est enlevée.

LA BROCANTE.

Comment, enlevée ? et par qui ?

M. JACKAL, *à lui-même.*

Enlevée ?... Ça se complique !...

LA BROCANTE.

Par qui, je te demande.

BABOLIN.

Par un des quatre messieurs de l'autre jour, probablement.

LA BROCANTE.

Et comment sais-tu qu'elle est enlevée ?

BABOLIN.

Un hasard, un pur hasard !

LA BROCANTE.

Mais achèveras-tu ?

BABOLIN.

Oh ! ne vous mangez pas le sang, on va vous le dire en deux mots. Je traversais la place Maubert, je croise un fiacre, une glace se brise, j'entends : « Babolin ! Babolin !... » Je reconnais la voix de Rose-de-Noël ; je me retourne, un papier tombe à mes pieds, je le ramasse et je me sauve. Un monsieur saute sur le pavé, veut courir après moi, je fais deux ou trois crochets, le voilà distancé. Rose-de-Noël criait au secours ; mais, vous comprenez, Brocante, à deux heures du matin, sur la place Maubert, il n'y a pas foule... Le monsieur remonte dans la voiture, et fouette cocher du côté de la rue Saint-Jacques ! Voyant que personne ne court plus après moi, je m'arrête, je grimpe à un réverbère et je lis : « **On m'enlève ! Monsieur Salvator, sauvez-moi !** Rose-de-Noel. » Écrit au crayon sur un morceau de papier. Je cours rue Mâcon, n° 4, chez M. Salvator, je le fais lever ; ça n'a pas été long, allez ! il a été vite habillé. « Rose-de-Noël enlevée ?

s'est-il écrié. Et vite! et vite! — Où allez-vous? lui ai-je demandé. — Chercher M. Jackal; il n'y a que lui qui puisse la retrouver, » qu'il a dit.

M. JACKAL, à part.

Voilà qui est flatteur...

BABOLIN.

Bon! voilà que M. Jackal n'y était pas! Tu sais, Brocante, il est comme les chauves-souris, il sort le soir et ne rentre que le matin.

LA BROCANTE.

Veux-tu te taire, malheureux!

BABOLIN.

Pourquoi donc que je me tairais? « Alors, a dit M. Salvator, allons chez la Brocante. Elle saura peut-être quelque chose, elle. » Je lui ai répondu : « Je ne crois pas... Mais cela ne fait rien, venez toujours. Je cours devant pour éclairer. »

M. JACKAL, qui est descendu de la soupente.

Alors, éclaire-le donc, imbécile! puisque tu es venu pour cela.

BABOLIN, à part.

Monsieur Jackal! Où me fourrer?

M. JACKAL prend la chandelle.

Par ici, monsieur Salvator! par ici!

SCÈNE IV

Les Mêmes, SALVATOR.

SALVATOR.

Monsieur Jackal, je vous cherchais!

M. JACKAL.

Je le sais.

SALVATOR.

Rose-de-Noël est enlevée.

M. JACKAL.

Je le sais.

SALVATOR.

Que faire?

M. JACKAL.

Où était-elle ?...

SALVATOR.

Au pensionnat de madame Desmarest, à Vanvres.

M. JACKAL.

Allons au pensionnat de madame Desmarest.

SALVATOR.

Ah! monsieur Jackal, si vous la retrouvez...

M. JACKAL.

J'espère bien que je la retrouverai! il faut que je la retrouve! Où prendrons nous une voiture?

SALVATOR.

J'en ai une en bas.

M. JACKAL.

En ce cas, en route!

(Il allume son rat-de-cave.)

BABOLIN, sortant de dessous la table et les suivant.

Bon! Je monterai derrière vous!... Vous n'aviez pas vu celle-là dans vos cartes, la mère!

(Il sort derrière Salvator et M. Jackal.)

SCÈNE VII

LA BROCANTE, seule.

Ah! quelle nuit, quelle nuit!... Pourvu qu'ils me continuent ma rente!

ACTE TROISIÈME

CINQUIÈME TABLEAU

La cour de la pension de madame Desmarest. — A droite, une grande porte avec un mur de prolongement qui se perd dans les massifs. A gauche, le pavillon où se trouve la chambre de Rose-de-Noël, visible au public : porte de cette chambre en face de la grille d'entrée ; fenêtre au fond ; petit lit de pensionnaire, pantoufles au pied du lit, bougie sur une table, au chevet. Au fond, une maison dont les fenêtres donnent sur le jardin de la pension. — Il est environ sept heures du matin.

SCÈNE PREMIÈRE

SALVATOR et BABOLIN, hors du théâtre.

SALVATOR, secouant la grille.

Holà ! quelqu'un ! holà ! holà !

BABOLIN.

Attendez, monsieur Salvator, je vais monter sur un arbre... J'y suis, je vois l'intérieur de la maison.

SALVATOR.

Eh bien ?

BABOLIN.

On dirait le château de la Belle au bois dormant, personne ne bouge ! Cognez, ne vous lassez pas ; il faudra bien que l'on vienne.

SALVATOR, frappant.

Holà ! holà !

BABOLIN.

Voulez-vous que je descende par le mur et que je vous ouvre ?

SALVATOR.

Eh ! malheureux ! c'est de l'escalade que tu me proposes.

BABOLIN.

Alors, cognez. (Salvator frappe.) Ah ! voilà une porte qui s'ouvre.

SCÈNE II

Les Mêmes, PIERRE.

BABOLIN.

Ah! la bonne tête!... Bonjour, monsieur!

SALVATOR.

Madame Desmarest! madame Desmarest!

BABOLIN, du haut de son arbre.

Madame Desmarest!

PIERRE.

Eh! là-haut! que lui voulez-vous, à une pareille heure, à madame Desmarest?

BABOLIN.

Ouvrez la porte, on va vous le dire.

SALVATOR.

Ouvrez! ouvrez!

PIERRE.

Qui êtes vous, d'abord?

SALVATOR.

Je suis Salvator, le tuteur de la jeune fille que l'on a mise avant-hier en pension ici.

BABOLIN.

Ah! monsieur Salvator, voilà une fenêtre de la maison, qui clignote, elle s'ouvre... J'entrevois une femme d'âge.

SCÈNE III

Les Mêmes, MADAME DESMAREST, de sa fenêtre.

MADAME DESMAREST.

Qu'y a-t-il donc, Pierre?

PIERRE.

Madame, c'est le tuteur de mademoiselle Rose-de-Noël qui veut absolument vous parler.

SALVATOR.

A l'instant même, madame! et pour une affaire de la plus haute importance.

MADAME DESMAREST.

Ouvrez, Pierre; je descends.

SALVATOR, entrant.

Merci, mon ami.

PIERRE.

Faut-il refermer la porte ?

SALVATOR.

Inutile ; j'attends quelqu'un ; mais vous pouvez rentrer chez vous, mon ami : je veillerai, à ce que personne n'entre ni ne sorte.

BABOLIN.

Et moi, je crierai qui vive !

SCÈNE IV

Les Mêmes, MADAME DESMAREST.

MADAME DESMAREST.

Vous demandez, Rose-de-Noël, monsieur ?

SALVATOR.

C'est-à-dire, madame, que je viens à cause d'elle.

MADAME DESMAREST.

Faut-il la faire éveiller ?

SALVATOR.

Elle n'est plus ici.

MADAME DESMAREST.

Que voulez-vous dire ?

SALVATOR.

Que, cette nuit, madame, elle a été enlevée.

MADAME DESMAREST.

Impossible ! je l'ai conduite hier soir à neuf heures jusqu'à sa chambre, où je l'ai laissée avec mademoiselle Suzanne de Valgeneuse.

SALVATOR.

Eh bien, je vous le répète, madame, elle n'est plus dans la chambre où vous l'avez conduite.

MADAME DESMAREST.

En êtes-vous bien sûr ?

SALVATOR.

Lisez ce billet, que j'ai reçu à trois heures du matin.

MADAME DESMAREST, après avoir lu.

Oh ! monsieur, que faire ?

SALVATOR.

Attendre et veiller à ce que personne ne pénètre ni dans la chambre, ni dans la cour, ni dans le jardin.

MADAME DESMAREST.

Attendre qui?

SALVATOR.

L'agent de l'autorité, qui s'est arrêté chez le maire pour le prévenir de se tenir prêt à la première réquisition.

MADAME DESMAREST.

Eh quoi! monsieur, la justice va venir?

SALVATOR.

Sans aucun doute.

MADAME DESMAREST.

Ici?

SALVATOR.

Ici.

MADAME DESMAREST.

Mais, si pareille chose arrive, ma maison est perdue.

SALVATOR.

Que voulez-vous que j'y fasse? C'était à vous de veiller sur vos pensionnaires.

MADAME DESMAREST.

Mais, monsieur, cet enlèvement est impossible; les murs sont hauts, les fenêtres solidement fermées; si Rose-de-Noël avait été enlevée malgré elle, elle eût crié; moi qui loge au-dessus d'elle, je l'eusse entendue.

SALVATOR.

Eh! madame, il y a des échelles pour tous les murs, des pinces pour toutes les fenêtres, des bâillons pour toutes les bouches.

MADAME DESMAREST.

Entrons dans la chambre de Rose-de-Noël, monsieur?

SALVATOR.

Au contraire, madame, gardons-nous d'y entrer, de peur de faire disparaître les traces du rapt.

MADAME DESMAREST.

Voyons au jardin, alors; peut-être apercevra-t-on quelque chose à travers la fenêtre.

SALVATOR.

Pardon, madame, mais l'entrée du jardin est interdite à tout le monde.

MADAME DESMAREST.

Même à moi?

SALVATOR.

A vous comme aux autres, madame.

MADAME DESMAREST.

Mais enfin, monsieur, je suis chez moi!

SALVATOR.

Vous vous trompez, madame : en ce moment, c'est la loi qui est chez vous, et, partout où elle est, la loi est chez elle.

BABOLIN, du haut du mur.

Monsieur Jackal! voilà M. Jackal!

MADAME DESMAREST.

Qu'est-ce que M. Jackal?

SALVATOR.

C'est l'agent de l'autorité que nous attendons, madame.

M. JACKAL, du dehors.

Veux-tu descendre de ton perchoir, maroufle!

BABOLIN.

A l'instant, monsieur Jackal, à l'instant!

SCÈNE V

Les Mêmes, M. JACKAL.

Il entre en chantonnant, *Où peut-on être mieux* : sans faire attention à personne, et fait le tour de la cour. Babolin se cache dans l'angle de la porte.

MADAME DESMAREST.

Monsieur...

M. JACKAL.

Madame Desmarest, je suppose? Très-bien. (Il continue de chanter son petit air.) Où est la chambre de mademoiselle Rose-de-Noël?

MADAME DESMAREST.

La voilà, monsieur.

M. JACKAL.

Quelle est cette maison qui donne sur votre jardin?

MADAME DESMAREST.

Celle de M. Gérard.

M. JACKAL.

Ah! ah! de M. Gérard, l'honnête homme. N'est-ce point sous cette désignation qu'il est connu?

MADAME DESMAREST.

Ah! monsieur, il le mérite bien!

M. JACKAL.

Qui, avant de venir à Vanvres, habitait à Viry-sur-Orge.

MADAME DESMAREST.

Je crois.

M. JACKAL.

Et moi, j'en suis sûr.

(Il reprend son petit air.)

SALVATOR.

Gérard! c'est le nom qui a fait tant d'effet sur Rose-de-Noël, l'autre jour... (A madame Desmarest.) M. Gérard est-il marié?

MADAME DESMAREST.

Non, monsieur.

SALVATOR.

Connaissez-vous quelqu'un, près de M. Gérard, qui porte le nom d'Orsola?

M. JACKAL, passant.

Morte depuis sept ans, étranglée par un chien... Revenons à notre affaire. Sur quoi donne ce mur?

MADAME DESMAREST.

Sur une ruelle déserte.

M. JACKAL.

Sortez, monsieur Salvator; longez ce mur, et voyez si vous ne trouvez pas, à sa base, quelque morceau de plâtre tombé du faîte; si vous en trouvez, remarquez bien la place?

SALVATOR.

Soyez tranquille.

BABOLIN.

Voulez-vous que j'aille avec vous, monsieur Salvator?

SALVATOR.

Viens!

SCÈNE VI

M. JACKAL, MADAME DESMAREST.

M. JACKAL.
Maintenant, à nous deux, madame.
MADAME DESMAREST.
Interrogez-moi, monsieur, je suis prête à répondre.
M. JACKAL.
A quelle heure se couchent vos pensionnaires ?
MADAME DESMAREST.
A huit heures, en hiver.
M. JACKAL.
Et les sous-maîtresses ?
MADAME DESMAREST.
A neuf heures.
M. JACKAL.
Et vous, madame, à quelle heure vous êtes-vous couchée, hier ?
MADAME DESMAREST.
A dix heures, monsieur.
M. JACKAL.
Et vous n'avez rien vu, rien entendu ?
MADAME DESMAREST.
Rien vu, rien entendu.
M. JACKAL.
Enfin, vous n'avez rien remarqué d'extraordinaire
MADAME DESMAREST.
Rien d'extraordinaire.
M. JACKAL.
Rien d'extraordinaire !... C'est extraordinaire !...

SCÈNE VII

Les Mêmes, SALVATOR, BABOLIN.

SALVATOR, montrant un morceau de l'enfaîteau du mur.
Voilà votre affaire.
M. JACKAL.
Ma foi, oui. Vous avez bien remarqué la place ?

SALVATOR.

Parfaitement.

BABOLIN.

Et puis, moi, j'ai jeté une pierre de ce côté-ci du mur.

M. JACKAL.

Allons-y, ou plutôt, laissez-moi d'abord y aller tout seul... Ah! ah! voici des traces de souliers exactement de la même longueur et de la même largeur... Un seul homme aurait-il fait le coup?

SALVATOR.

Non!

M. JACKAL.

A quoi voyez-vous cela?

SALVATOR.

Aux clous disposés différemment; puis l'un des deux hommes boite du pied droit : le soulier du côté du pied droit a le talon plus haut que celui du côté gauche.

M. JACKAL.

Est-ce que vous avez été du métier, monsieur Salvator?

SALVATOR.

Non; mais j'ai été chasseur.

M. JACKAL.

Attendez donc!

SALVATOR.

Quoi?

M. JACKAL.

Un trait de lumière!

(Il tire de sa poche les souliers de Gibassier.)

SALVATOR.

Qu'est-ce que cela?

BABOLIN.

Un homard, je parie!

M. JACKAL, mesurant les empreintes.

La mesure exacte! juste la même disposition de clous! Il n'y a plus besoin de nous occuper de celui-là, je le tiens.

PIERRE.

C'est-à-dire que vous tenez ses souliers.

M. JACKAL.

Tu sauras, mon bon ami, que, quand je tiens le soulier, je tiens le pied, et que, quand une fois je tiens le pied, je tiens le reste... Aux autres! aux autres!... Ah! ah! voici une troisième trace... un pied tout particulier qui n'a aucune ressemblance avec ceux que nous venons d'examiner ; un pied de grand seigneur ou d'abbé.

SALVATOR.

D'homme du monde, monsieur Jackal.

M. JACKAL.

Pourquoi insistez-vous sur l'homme du monde ?

SALVATOR.

Parce que, de nos jours, les abbés ne portent pas d'éperons, et voilà ici, derrière la botte, la petite tranchée que creuse l'éperon.

M. JACKAL.

Vous avez, par ma foi, raison ! Maintenant, voyons où vont et d'où viennent ces pas... Ah! voilà! ils vont du mur à la fenêtre et de la fenêtre au mur, aller et retour.. Les ravisseurs étaient bien renseignés, à ce qu'il paraît... Ah! venez donc, monsieur Salvator! Regardez.

SALVATOR.

Deux trous dans la terre, réunis par une ligne transversale.

M. JACKAL.

Vous reconnaissez les deux montants d'une échelle...

SALVATOR.

Et le dernier échelon, qui s'est enfoncé d'un demi-pouce dans la terre, à cause de l'humidité.

M. JACKAL.

Il y a du plaisir à travailler avec vous, monsieur Salvator ! Maintenant, il s'agit de savoir combien d'hommes ont pesé sur l'échelle pour en arriver à faire entrer dans le sol les montants d'un demi-pied et la traverse d'un demi-pouce. Y a-t-il une échelle dans la maison, madame Desmarest?

MADAME DESMAREST.

Demandez-cela à Pierre.

SALVATOR.

Monsieur Pierre, avez-vous une échelle ?

PIERRE.

Ah ! la bonne question !

M. JACKAL.

Répondez-y.

PIERRE.
Certainement que j'ai une échelle !
M. JACKAL.
Et où est-elle, cette échelle ?
PIERRE.
Elle est près de la serre.
M. JACKAL, montrant une échelle appuyée à la maison de Gérard.
Vous devez vous tromper, mon ami... Ne serait-ce pas celle-ci, par hasard ?
PIERRE.
Tiens, oui ! Qui diable a mis mon échelle sous la fenêtre de M. Gérard ?... Enfin, la voulez-vous ? Je vais vous l'aller chercher.
M. JACKAL.
Non ; j'y vais moi-même... Voilà qui complique la chose... Il passe pour riche, votre M. Gérard, n'est-ce pas ?
MADAME DESMAREST.
On le dit millionnaire.
M. JACKAL.
Est-ce que mes drôles auraient fait d'une pierre deux coups ? Ce sera à examiner plus tard... (Essayant l'échelle.) Nous tenons déjà une pièce de conviction : les montants et les trous sont d'accord.
SALVATOR.
Et cela est d'autant plus remarquable que l'échelle n'est pas de mesure ordinaire.
M. JACKAL.
Vous avez un fils, monsieur Pierre ?
PIERRE.
Oui ! Qui vous a dit cela ?
M. JACKAL.
De douze à quinze ans ?
PIERRE.
Il en aura quatorze aux melons.
M. JACKAL.
Aux melons !... C'est bien son fils !
PIERRE.
Qu'est-ce que ça veut dire, c'est bien son fils ?
M. JACKAL.
Il se fait aider par l'enfant, pour lui montrer son métier, et il a acheté une échelle plus large, afin que l'enfant puisse y monter en même temps que lui.

PIERRE.

Eh bien, après? y a-t-il du mal à cela?

M. JACKAL.

Non, au contraire! Venez ici, mon ami... Combien y a-t-il de temps que vous n'avez travaillé au jardin?

PIERRE.

Pas depuis trois jours.

M. JACKAL.

Ainsi, depuis trois jours, votre échelle est près de la serre?

PIERRE.

Elle n'est pas près de la serre, puisque vous êtes monté dessus.

M. JACKAL.

Ce garçon est plein d'intelligence! Mais il y a une chose dont je suis sûr, c'est qu'il ne pratique pas l'enlèvement. Montez avec moi, mon ami!

(Pierre interroge du regard madame Desmarest.)

MADAME DESMAREST.

Faites ce que monsieur vous dit, Pierre.

(Pierre monte.)

M. JACKAL.

Encore... (A Salvator.) Eh bien?

SALVATOR.

Elle s'enfonce, mais pas jusqu'à la traverse.

M. JACKAL, à Pierre.

Descendez, mon ami.

(Pierre descend.)

PIERRE.

Me voilà descendu!

M. JACKAL.

Remarquez comme cet homme dit peu de choses, mais comme tout ce qu'il dit est bien dit!... Maintenant, mon ami, prenez madame Desmarest dans vos bras.

PIERRE.

Ah! fi donc, monsieur!

M. JACKAL.

Prenez madame Desmarets dans vos bras.

MADAME DESMAREST.

Mais que dites-vous là?

PIERRE.

Je n'oserai jamais, monsieur.

MADAME DESMAREST.

Je vous le défends, Pierre.

M. JACKAL, descendant de l'échelle.

Montez où j'étais, mon ami...

(Il veut enlever madame Desmarest.)

MADAME DESMAREST.

Mais, monsieur! mais monsieur, que faites vous?

M. JACKAL.

Supposez, madame, que je sois amoureux de vous.

PIERRE.

Ah! en voilà une supposition!

MADAME DESMAREST.

Mais, monsieur!

M. JACKAL.

Tranquillisez-vous, madame; ce n'est, comme le dit notre ami Pierre, qu'une supposition... Je vous enlève... c'est-à-dire, non, je ne vous enlève pas... Je vais vous aider à monter, j'aime mieux ça... Ne craignez rien. (Ils montent. — A Salvator.) S'enfonce-t-elle jusqu'à la traverse?

SALVATOR.

Pas tout à fait.

M. JACKAL, à Babolin.

Viens ici pour faire l'appoint.

BABOLIN.

Moi?

M. JACKAL.

Oui, toi... Monte sur le second échelon.

BABOLIN, montant et faisant le Mercure.

Voilà!

SALVATOR.

L'échelle est exactement au même point que l'autre!

M. JACKAL.

Alors, le tour est fait... Descendons.

(On descend.)

MADAME DESMARETS.

Je ne comprends pas.

M. JACKAL.

C'est bien simple, cependant! Vous êtes nécessairement plus lourde que Rose-de-Noël... (A Babolin.) Combien pèses-tu?

BABOLIN.

Soixante-cinq livres... Je me suis fait peser, il y a trois jours, aux Champs-Élysées.

M. JACKAL.

Les deux hommes qui emportaient Rose-de-Noël étaient de soixante-cinq livres plus lourds que Pierre et moi.

BABOLIN.

Est-il fort, ce monsieur Jackal ! est-il fort !

PIERRE.

Ah ! je comprends, maintenant : on a enlevé une des pensionnaires.

M. JACKAL.

Madame Desmarest, ne vous défaites jamais de ce garçon là : c'est un trésor de pénétration... Occupons-nous maintenant de l'intérieur de la chambre. (A madame Desmarets.) Vous avez une double clef des cellules de vos pensionnaires ?

MADAME DESMARETS.

Voici celle de mademoiselle Rose-de-Noël.

(M. Jackal ouvre la porte. On veut entrer.)

JACKAL.

Doucement ! tout dépend d'un premier examen... Ah ! ah ! des traces de pas de la porte au lit, et du lit à la fenêtre... Monsieur Salvator, regardez avec vos yeux de chasseur.

SALVATOR.

Ah ! ah ! du nouveau ! un pied de femme... Il est dessiné par le sable du jardin.

M. JACKAL.

Que dis-je toujours, monsieur Salvator ? « Cherchez la femme ! » Cette fois, la femme est trouvée.

MADAME DESMAREST.

Comment, la femme est trouvée ? vous croyez qu'il y a une femme dans cette affaire ?

M. JACKAL.

Il y a une femme dans toutes les affaires ; aussitôt qu'on me fait un rapport, je dis : « Cherchez la femme ! » On cherche la femme, et, quand la femme est trouvée...

MADAME DESMAREST.

Eh bien ?

M. JACKAL.

On ne tarde pas à trouver l'homme. Un jour, un couvreur

tombe d'un toit, et se casse les deux jambes; on me fait le rapport, je dis : « Cherchez la femme ! » On se met à rire. J'interroge le blessé; l'imbécile s'était amusé à regarder une grisette qui se déshabillait dans sa mansarde, le pied lui avait manqué, et il était tombé !... Cherchons la femme, monsieur Salvator, cherchons la femme !

SALVATOR.

Celle-ci est coquette; elle a suivi les allées du jardin de peur de salir ses brodequins : sable jaune sans aucun mélange de boue.

M. JACKAL.

Quand vous vous lasserez d'être commissionnaire, monsieur Salvator, venez me dire deux mots. Et maintenant, madame Desmarest, voici comment les choses se sont passées. Vous avez vous-même conduit mademoiselle Rose-de-Noël à sa chambre.

MADAME DESMAREST.

Moi-même, monsieur.

M. JACKAL.

Elle était fort triste.

MADAME DESMAREST.

Comment savez-vous cela?

M. JACKAL.

Ce n'est pas difficile à deviner, voilà son mouchoir, tout humide; elle s'est couchée en pleurant. On a frappé à la porte.

MADAME DESMAREST.

Qui cela ?

M. JACKAL.

La femme, problablement. Rose-de-Noël s'est levée et a été ouvrir.

MADAME DESMAREST.

Sans savoir qui frappait ?

M. JACKAL.

Qui vous dit qu'elle ne sût point qui frappait? Derrière la femme venait le jeune homme aux petites bottes et aux éperons : derrière le jeune homme venaient les hommes aux gros souliers; on l'a saisie, elle s'est débattue. On lui a mis un mouchoir sur la bouche, on lui a jeté par-dessus son peignoir de lit, on l'a enveloppée dans sa couverture, et on l'a enlevée ainsi. Voyez, on l'a emportée par la fenêtre, et preuve

qu'elle y est passée, par la fenêtre, et pas de bonne volonté même...
SALVATOR.
C'est qu'elle s'est cramponnée au rideau, et que le rideau est déchiré.
M. JACKAL.
Le reste va tout seul, on l'a passée par-dessus le mur. La femme est revenue dans la chambre, elle a fermé la fenêtre tout naturellement, puis la porte, et elle est allée se recoucher.
SALVATOR, saisissant la main de M. Jackal.
Je tiens tout, laissez-moi faire. Madame Desmarest, pourriez-vous, sans qu'elle le sût, nous procurer un brodequin de mademoiselle Suzanne de Valgeneuse?
MADAME DESMAREST.
Problablement... Elle aura mis, comme d'habitude, hier au soir, ses chaussures à sa porte, pour que sa femme de hambre les nettoie.
SALVATOR.
Alors, madame Desmarest, un brodequin de mademoiselle Suzanne, et pas un mot!
M. JACKAL.
Vous entendez, madame, pas un mot!
MADAME DESMAREST.
J'y vais moi-même.
(Elle sort.)
SALVATOR.
Monsieur Pierre, si vous voulez rentrer dans votre maison, nous n'avons plus besoin de vous. Babolin, si tu veux aller jouer à la toupie, tu nous feras plaisir.
BABOLIN.
Je n'ai pas de toupie, monsieur Salvator.
SALVATOR.
Tiens, voilà pour en acheter une.
(Il lui donne cinq francs.)
BABOLIN.
Oh! une pièce de cinq francs!
(Babolin sort, mais Pierre reste sur sa porte.)
PIERRE.
Pourquoi donc que je rentrerais dans ma maison? Je n'ai d'ordres à recevoir que de madame Desmarest.

SCÈNE VIII

SALVATOR, M. JACKAL, PIERRE, sur sa porte.

SALVATOR.

La femme, c'est mademoiselle Suzanne de Valgeneuse; l'homme aux petites bottes, c'est son frère !

M. JACKAL.

Vous croyez ?

SALVATOR.

J'en suis sûr. C'est elle qui, chez M. Pétrus, quand il s'est agi de mettre Rose-de-Noël en pension, a offert le pensionnat de madame Desmarest; c'est elle qui a combattu mes objections à l'instigation de son frère. Dès cette heure, le plan de l'enlèvement était arrêté... Ah! ma belle cousine ! ah !. mon cher cousin !

M. JACKAL.

Que dites-vous là ?

SALVATOR.

Rien... Je dis que vous êtes un grand homme, monsieur Jackal, et que votre maxime « Cherchez la femme » passera à la postérité !

SCÈNE IX

Les Mêmes, MADAME DESMAREST.

MADAME DESMAREST.

Voici un brodequin de mademoiselle Suzanne, messieurs.

SALVATOR, mesurant à la trace.

Voyez ! Eh bien, qu'en dites-vous ?

M. JACKAL.

Je dis que c'est mademoiselle Suzanne qui a fait l'affaire... Madame Desmarest, appelez mademoiselle Suzanne.

MADAME DESMAREST.

Tenez, monsieur, la voici.

M. JACKAL.

Où cela ?

MADAME DESMAREST.

Elle se promène au jardin.

M. JACKAL.
Faites-lui signe de venir.
MADAME DESMAREST.
Je ne sais pas si elle viendra.
M. JACKAL.
Et pourquoi ne viendrait-elle pas?
MADAME DESMAREST.
Parce que mademoiselle Suzanne est bien fière.
M. JACKAL.
Appelez-la toujours ; si elle ne vient pas, j'irai la chercher!
MADAME DESMAREST.
Mademoiselle Suzanne ! mademoiselle Suzanne !
SUZANNE.
Madame me fait l'honneur de m'appeler, je crois?
(M. Jackal est dans la cour ; Salvator reste dans le pavillon, invisible à Suzanne.)
MADAME DESMAREST.
Oui, mon enfant ; car voici monsieur qui désire vous adresser quelques questions.
SUZANNE.
Des questions, à moi ? Mais je ne connais pas monsieur.
MADAME DESMAREST.
Monsieur est le représentant de l'autorité.
SUZANNE.
Qu'ai-je à faire avec l'autorité, moi ?
MADAME DESMAREST.
Calmez-vous, mon enfant ; il s'agit de Rose-de-Noël.
SUZANNE.
Eh bien, après ?
JACKAL.
Après? Veuillez nous laisser, madame Desmarest, et prier M. Pierre de rentrer chez lui.
(Pierre et madame Desmarest rentrent chacun chez eux.)

SCÈNE X

M. JACKAL, SUZANNE, SALVATOR, dans le pavillon.

M. JACKAL.
Après, mademoiselle, nous désirons avoir quelques renseignements sur votre amie ?

SUZANNE.

Quelle amie ?

M. JACKAL.

Mademoiselle Rose-de-Noël.

SUZANNE.

Je choisis mes amies ailleurs que sur les grands chemins, monsieur. Mademoiselle Rose-de-Noël était peut-être ma protégée, mais elle n'était pas mon amie.

M. JACKAL.

Alors, je vais tout simplement vous interroger.

SUZANNE.

M'interroger, moi ? et sur quoi ?

M. JACKAL.

Sur l'enlèvement de mademoiselle Rose-de-Noël.

SUZANNE.

Ah ! pauvre petite, elle a été enlevée ?

M. JACKAL.

Vous le savez mieux que personne, mademoiselle, attendu que vous avez participé à l'enlèvement.

SUZANNE.

Vous êtes fou, monsieur !

M. JACKAL.

Non, mademoiselle ; je suis...

(Il ouvre sa redingote et montre son écharpe.)

SUZANNE.

Que ne le disiez-vous tout de suite ? On vous aurait répondu avec les honneurs dus à votre rang.

M. JACKAL.

Abrégeons, mademoiselle. Votre nom, vos qualités, votre état dans le monde ?

SUZANNE.

Alors, c'est un interrogatoire ?

M. JACKAL.

Oui, mademoiselle.

SUZANNE.

Mon nom ? Je me nomme Aimée-Adélaïde-Suzanne de Valgeneuse. Mes qualités ? Je suis fille de M. le marquis Denis-René de Valgeneuse, pair de France, nièce de Louis-Clément de Valgeneuse, cardinal en cour de Rome, et sœur de M. le comte Lorédan de Valgeneuse, lieutenant aux gardes. Mon état? Je suis héritière de cinq cent mille livres de rente. Voilà mes noms, mes qualités, mon état.

M. JACKAL, faisant un pas en arrière et reboutonnant sa redingote.

Pardon, mademoiselle, j'ignorais...

SUZANNE.

Oui, je comprends, vous ignoriez que je fusse la fille de mon père, la nièce de mon oncle, la sœur de mon frère; eh bien, maintenant que vous le savez, monsieur, ne l'oubliez plus.

(Elle fait de la main un signe dédaigneux, et va pour sortir.)

M. JACKAL.

Pardon, mademoiselle... Un mot encore, je vous prie... Vous êtes fière et orgueilleuse de votre fortune; mais cette fortune vous vient de la succession d'un oncle dont le testament s'est, dit-on, égaré... Réduit à la misère par la disparition de ce testament, M. Conrad de Valgeneuse s'est tué; mais supposons un instant que votre cousin ne soit pas mort et que le testament se retrouve : vous êtes ruinés, vous et votre frère!

SUZANNE.

Est-ce une menace que vous me faites?

M. JACKAL.

Non, mademoiselle, c'est un avis que je vous donne.

SUZANNE.

Où voyez-vous un avis là dedans?

M. JACKAL.

L'avis est non pas dans ce que je vous ai dit, mais dans ce qui me reste à vous dire. Écoutez-moi donc, mademoiselle, et, quoique je vous parle bas, ne perdez pas une de mes paroles, car ce sont les paroles d'un ami.

SUZANNE, méprisante.

Vous, un ami?

M. JACKAL.

Vous allez en juger... La jeune fille que votre frère a enlevée et qu'il croit une bohémienne, n'est point une bohémienne : elle est la nièce de M. Gérard, et, le jour où son oncle mourra, elle héritera de cinq millions... Ce n'est donc point sa maîtresse qu'il faut que votre frère en fasse, c'est sa femme... Direz-vous encore que le conseil ne vient pas d'un ami?

XXIV. 7

SUZANNE,

Je ne sais ni de qui il vient, ni par quel motif il est donné; mais, comme il est bon, dans une heure je pars pour rejoindre mon frère, et je vous jure que Rose-de-Noël ne sera point sa maîtresse... Adieu, monsieur!

M. JACKAL, saluant très-bas.

Votre humble serviteur, mademoiselle.

(Suzanne sort.)

SCÈNE XI

M. JACKAL, SALVATOR.

M. JACKAL.

Monsieur Salvator, je crois que nous n'avons plus grand'chose à faire ici; et, comme j'ai un motif différent du vôtre pour y rester, je ne vous retiens pas.

SALVATOR.

Si je vous demandais une explication, monsieur Jackal, me la donneriez-vous?

M. JACKAL.

Non, monsieur Salvator.

SALVATOR.

Eh bien, je vais la donner, moi. Vous avez eu peur de cette vipère, monsieur Jackal!

M. JACKAL.

Je n'ai peur de rien, monsieur Salvator.

SALVATOR.

Eh bien, monsieur Jackal, ce que vous ne voulez pas faire, je le ferai, moi.

M. JACKAL.

Vous?

SALVATOR.

Moi!... Seulement, un dernier mot: est-ce votre conscience qui vous force à vous abstenir?

M. JACKAL.

C'est mon devoir... Adieu, monsieur Conrad!

SALVATOR, se retournant vivement.

M. Conrad?

M. JACKAL.

Pardon, je me trompe... Adieu, monsieur Salvator!

SALVATOR.

Monsieur Jackal, avant huit jours, j'aurai retrouvé et repris Rose-de-Noël.

M. JACKAL.

Si cela arrive, tâchez de la garder.

SALVATOR.

Oh ! je vous réponds qu'une fois dans mes mains, elle n'en sortira plus !... Adieu, monsieur Jackal.

SCÈNE XII

M. JACKAL, seul.

L'homme propose, Dieu dispose... — En attendant, voyons un peu pourquoi cette échelle était dressée contre la fenêtre de M. Gérard... Si ce brigand de Gibassier n'était à Toulon, je jurerais que c'est lui qui a fait le coup ?

SIXIÈME TABLEAU

Intérieur de la chambre de Gérard, à Vanvres ; désordre le plus complet, chaises et fauteuils renversés, secrétaire forcé, lampe qui continue à brûler sur la table de nuit, couteau ensanglanté sous un meuble.

SCÈNE PREMIÈRE

M. JACKAL, UNE VOIX.

M. Jackal est en dehors, sur l'échelle ; on ne voit que son bras, qui passe à travers un carreau cassé, et qui cherche l'espagnolette ; l'espagnolette ouverte, la fenêtre s'ouvre aussi, et l'on voit M. Jackal.

VOIX, du côté de la porte.

Monsieur Gérard... monsieur Gérard !... Ouvrez, monsieur Gérard ! ouvrez !

M. JACKAL, à la fenêtre.

C'est assez imprudent, pour un millionnaire, de coucher au

premier étage, sans volets à ses fenêtres ; il est vrai que ses fenêtres donnent sur un pensionnat de jeunes demoiselles... Mais les brebis attirent les loups. (Il saute dans la chambre.) Ah ! voilà un beau désordre !... c'est peut-être un effet de l'art.

LA VOIX.

Monsieur Gérard, si vous ne répondez pas, on va aller chercher le commissaire de police.

M. JACKAL.

Allez-y sans perdre un instant, c'est ce que vous avez de mieux à faire.

LA VOIX, effrayée et s'éloignant.

Il y a quelqu'un dans la chambre de M. Gérard ! A la garde ! à la garde !

SCÈNE II

M. JACKAL, seul.

C'est bien cela ! un des trois hommes s'est détaché, celui dont j'ai les souliers dans ma poche ; il est venu avec l'échelle, l'a appuyée au-dessous de la fenêtre, a cassé un carreau et est entré... M. Gérard dormait ou ne dormait pas ; le lit est intact, quoiqu'il ne soit plus à sa place... Pourquoi le lit n'est-il plus à sa place ?... Ah ! c'est qu'ils l'ont dérangé pour forcer l'armoire qui est derrière... M. Gérard a entendu du bruit, il est arrivé ; M. Gérard a succombé, puisque voilà le secrétaire forcé, les tiroirs vides et... (Il aperçoit à terre une tache et met son mouchoir dessus.) C'est clair ! Pièce de conviction. Au greffe !... (En furetant, il aperçoit le couteau.) Qu'est ce que je vois donc briller, là-dessous ?... Ah ! ah ! voilà qui va nous mettre sur la trace de l'homme !... « Lardereau, à Valence. » Route de Toulon, ou à peu près. Gibassier est évadé du bagne ; ce sont ses jambes que j'ai vues chez la Brocante, ce sont ses souliers que j'ai dans ma poche, et c'est son couteau que je tiens à la main... Autre pièce de conviction. Au greffe !... (On entend du bruit.) Bon ! les voilà qui reviennent.

UNE VOIX, au dehors.

Au nom de la loi, ouvrez !...

M. JACKAL.

Belle voix !... Qui donc est commissaire à Vanvres ? C'est

Henri Bertin, un de mes protégés. Je suis charmé de voir que je place bien ma protection.

LE COMMISSAIRE.

Au nom de la loi, ouvrez !

M. JACKAL.

Que diable est devenu dans tout cela ce bon M. Gérard ? (Ouvrant la porte d'un cabinet.) Tiens, le voilà par ici ! l'assassin l'a caché là ; il a mis la clef dans sa poche, est sorti par cette porte, l'a fermée en dehors, et a gagné la rue par quelque fenêtre du rez-de-chaussée.

(Il entre dans le cabinet ; pendant ce temps, on enfonce la porte ; le Commissaire se précipite dans la chambre avec les Gendarmes et le Garde champêtre ; en ce moment, M. Jackal sort du cabinet, traînant par les épaules le corps de Gérard.)

SCÈNE III

Les Mêmes, le Commissaire, Gendarmes, etc.

LE COMMISSAIRE, montrant M. Jackal.

Arrêtez cet homme !

M. JACKAL.

Qui voulez-vous arrêter ?

LE COMMISSAIRE.

Vous, pardieu !

M. JACKAL.

Ah ! cher monsieur Henri, j'avais de vous une certaine opinion, et voilà que vous la détruisez vous-même.

LE COMMISSAIRE.

M. Jackal !

TOUS.

M. Jackal !

M. JACKAL.

Voyons, aidez-moi à mettre ce brave M. Gérard sur son lit. J'ai rendez-vous à la préfecture à huit heures ; il en est sept, et je voudrais, avant de m'en aller, savoir s'il est mort ou vivant... S'il n'est pas mort, il est bien malade... Y a-t-il un médecin dans le village ?

LE COMMISSAIRE.

Oui ; mais je l'ai vu partir ce matin dans son cabriolet.

M. JACKAL.

Alors, comme il n'y a pas de temps à perdre, faites venir le curé.

LE COMMISSAIRE.

C'est aujourd'hui dimanche, il dit une messe basse à la chapelle de M. de Lamotte-Houdan... Mais j'ai vu passer un moine qui a demandé le chemin de Meudon, où deux amants se sont asphyxiés, et je vais...

M. JACKAL.

Non, pas vous, quelqu'un de la société...

UN GENDARME.

J'y vais, monsieur...

M. JACKAL.

Si vous trouvez un médecin à Meudon, prévenez-le en même temps.

(Le Gendarme sort.)

SCÈNE IV

Les Mêmes, hors un des Gendarmes.

M. JACKAL.

Là! maintenant que vous avez bien vu tout ce qu'il y avait à voir, mes bons amis, faites-nous de l'air... Si M. Gérard est mort, vous n'avez pas besoin ici; s'il est vivant, c'est à nous et non à vous qu'il a affaire!

LES ASSISTANTS, à mesure qu'ils sortent.

Ah! tâchez de nous le rendre, monsieur Jackal! — Vous ne savez pas le bien qu'il faisait dans le pays : c'est le père des pauvres! — Nous allons prier le bon Dieu pour lui.

M. JACKAL.

Vous ferez bien !... Allez, mes amis, allez !...

SCÈNE V

M. JACKAL, LE COMMISSAIRE.

M. JACKAL, aux Gendarmes.

Tenez-vous à la porte et ne laissez entrer que le moine et le médecin. (Les Gendarmes sortent. — Au Commissaire.) Quant à vous, dressez votre procès-verbal!

LE COMMISSAIRE.

Voulez-vous me le dicter?

M. JACKAL.

Je n'ai pas le temps! je devrais déjà être sur la route de Paris.

(Le Commissaire se met à une table.)

LE COMMISSAIRE.

« Ce jourd'hui dimanche, etc., etc. »

M. JACKAL, au moment de sortir.

Chut!... il me semble que j'ai entendu un soupir. Venez donc m'aider, monsieur Henri! (Ils mettent des oreillers sous la tête de Gérard.) Ah!, ah! nous en appelons, à ce qu'il paraît?

GÉRARD.

Ah!...

M. JACKAL.

Bravo!... Sept heures dix minutes... Je pousserai le cheval, voilà tout!... (Il prend, dans le verre qui est sur la table, une petite cuiller en argent.) Il paraît que le secrétaire était bien garni... quoiqu'elle fût d'argent, on a méprisé la petite cuiller...
(Il verse dans la cuiller quelques gouttes d'une liqueur rouge contenue dans un flacon qu'il porte sur lui, et l'introduit dans la bouche de Gérard.)

GÉRARD, revenant à lui.

Grâce, monsieur le voleur! grâce!

M. JACKAL.

Honnête monsieur Gérard, il ne s'agit plus ici de voleur, la justice veille sur vous.

GÉRARD, ouvrant les yeux.

La... la... justice?...

M. JACKAL.

Voyez comme la justice le rassure!... Remettez-vous, cher monsieur Gérard; nous sommes d'anciennes connaissances, que diable! C'est moi qui ai reçu votre déposition lors de l'assassinat de Viry-sur-Orge, et qui ai suivi l'accusation contre M. Sarranti que vous avez fait condamner à mort... comme voleur et assassin.

GÉRARD.

Je n'ai rien à dire qu'à un confesseur!

M. JACKAL, bas.

Vous allez être servi à souhait : j'ai envoyé chercher un prêtre et un médecin.

GÉRARD.

Oh! le prêtre!... Le prêtre d'abord.

(Il retombe sur son lit.)

M. JACKAL.

Diable! et moi qui suis obligé de le quitter... Mon cher monsieur Henri, je doute que M. Gérard en revienne; mais, s'il en revient, faites-moi l'amitié de veiller sur lui, et de me tenir au courant de ses faits et gestes.

LE COMMISSAIRE, étonné.

Au courant des faits et gestes de M. Gérard, de l'honnête M. Gérard?...

M. JACKAL.

Oui, de l'honnête M. Gérard.

LE COMMISSAIRE.

Vous avez donc des intentions sur lui?

M. JACKAL.

Chut!... Je lui ménage une surprise... Ne lui en soufflez pas mot; seulement, s'il se trouvait plus mal, faites-lui boire une cuillerée de cette liqueur, cela le soutiendra quelques instants... Sept heures un quart! heureusement que j'en emporte assez pour excuser mon retard. Au revoir, monsieur Henri! au revoir!

SCÈNE VI

Les Mêmes, un Agent.

L'AGENT.

De la part de M. le préfet.

M. JACKAL.

De M. le préfet?

L'AGENT.

Oui; il paraît que c'est pour une affaire grave, car on m'a ordonné de ne revenir qu'avec vous.

M. JACKAL, lisant.

Tiens, tiens, tiens; en voilà bien d'un autre! M. Sarranti de retour en France! Lui que je croyais, l'autre jour, pouvoir arrêter chez Bordier, vient de se livrer lui-même! Comprend-on cet imbécile d'honnête homme, qui était bien tranquille dans l'Inde, qui pouvait y rester et qui revient pour purger sa coutumace? Pauvre diable, je le plains! (A l'Agent.) Venez!

venez! et vous, cher monsieur Henri, n'oubliez pas mes instructions. (Il regarde Gérard.) Décidément, je n'en donnerais pas cher !

(Il sort avec l'Agent.)

SCÈNE VII

Les Mêmes, hors M. JACKAL.

GÉRARD, rouvrant les yeux.

Il est parti ?... Cet homme m'épouvante ! Quelle est cette lettre qu'il a reçue ? Je lui ai entendu prononcer le nom de Sarranti... Oh! que je suis faible ! Au secours !... je meurs !

LE COMMISSAIRE.

Qu'avez-vous, cher monsieur Gérard ?

GÉRARD.

M. Henri Bertin... Croyez-vous qu'on trouve un prêtre, monsieur ?...

SCÈNE VIII

Les Mêmes, un Gendarme, entrant.

LE GENDARME.

Pardon, excuse, mon commissaire, c'est le moine... Mon camarade l'a rencontré sur la route de Meudon, et il nous l'envoie, en attendant le médecin.

GÉRARD, se soulevant.

Le moine !... quel moine ?...

LE COMMISSAIRE.

Le curé de Vanvres est absent... et, comme je savais qu'un moine était au Bas-Meudon, je l'ai envoyé chercher; il paraît qu'on l'a rencontré sur la route.

GÉRARD.

Alors... alors, ce moine est étranger au pays ?...

SCÈNE IX

Les Mêmes, DOMINIQUE.

DOMINIQUE, répondant à la question de Gérard.

J'arrive de Rome, où j'ai été recevoir les ordres des mains de Sa Sainteté elle-même.

7.

GÉRARD.

C'est Dieu qui vous envoie... Venant de Rome, peut-être avez-vous des pouvoirs plus grands... Approchez, approchez, mon père!...

DOMINIQUE.

Me voici.

GÉRARD.

Il me semble que vous êtes bien jeune!

DOMINIQUE.

Ce n'est point moi qui me suis offert, monsieur : j'ai été requis.

GÉRARD.

Je voulais dire qu'à votre âge, on n'avait peut-être point assez médité sur le côté sombre de la vie pour répondre aux questions que j'ai à vous faire.

DOMINIQUE.

Tout ce que je puis vous répondre, monsieur, c'est que, si vous m'interrogez avec la foi, je vous répondrai avec la foi, et que, si vous m'interrogez avec l'esprit, je vous répondrai avec l'esprit.

GÉRARD.

C'est bien, mon père... Messieurs, laissez-nous.

(Tout le monde sort.)

SCÈNE X

DOMINIQUE, GÉRARD.

GÉRARD.

Asseyez-vous, mon père, et approchez-vous de moi le plus possible... Je suis si faible, que je puis à peine parler... (Dominique s'assied.) Maintenant, au nom du ciel, ne vous scandalisez pas des demandes que j'ai à vous faire et surtout promettez-moi de ne pas m'abandonner avant que je vous aie dit tout ce que j'ai à vous dire!

DOMINIQUE.

Parlez avec confiance, monsieur, j'écoute.

GÉRARD.

Vous connaissez mieux que moi les dogmes de la religion à laquelle vous appartenez; dites-moi, y a-t-il un cas où les paroles d'un mourant puissent être revélées par le confesseur qui les a reçues?

DOMINIQUE.
Je n'en connais pas, monsieur.
GÉRARD.
Ainsi une fois ma confession reçue par vous, nul ne peut exiger que vous la rendiez publique ?
DOMINIQUE.
Qui que ce soit au monde !
GÉRARD.
Pas même un tribunal, pas même un ministre, pas même le roi !
DOMINIQUE.
Pas même le vicaire de Dieu qui siége à Rome.
GÉRARD.
Et que doit faire du secret qui lui a été confié ainsi, un prêtre qui se trouverait placé entre la mort et la révélation de ce secret !
DOMINIQUE.
Il doit mourir.
GÉRARD.
Alors, écoutez-moi, mon père !... écoutez-moi !
DOMINIQUE.
J'attends.
GÉRARD.
Et moi, j'hésite. Il me semble que j'ai encore des forces et que je puis attendre... Ne pouvez-vous revenir ce soir... demain ?
DOMINIQUE.
Impossible ! car il est probable que je quitte, non-seulement Paris, mais la France, peut-être demain, peut-être même ce soir, pour n'y jamais revenir !
GÉRARD, à part.
Il part !... mieux vaut celui-là qu'un autre ; il quitte Paris, il quitte la France pour n'y revenir jamais peut-être... Ah !... ah !...
DOMINIQUE.
Qu'avez-vous ?
GÉRARD.
Mon père ! mon père ! je crois que je vais mourir... A moi !... à l'aide !... Là, sur cette table, un flacon... Par grâce, une cuillerée de la liqueur qui est dans ce flacon.

DOMINIQUE.

Je comprends... (Il lui fait prendre une cuillerée de la liqueur. — Puis à part.) C'est singulier, il me semble que je connais cet homme!

GÉRARD.

Écoutez-moi maintenant... Je vais tout vous dire, le plus succinctement possible... J'ai peur de ne pouvoir aller jusqu'au bout!

DOMINIQUE, se rasseyant.

Parlez, j'écoute.

GÉRARD.

J'habitais une campagne à quelques lieues de Paris; je l'habitais avec une femme de trente ans, belle, trop belle pour mon salut!... Elle était née au milieu des montagnes des Pyrénées; elle avait une volonté âpre et obstinée, et elle m'avait courbé sous sa volonté! Mon frère, qui était parti pour l'Inde en me laissant ses deux enfants, un garçon et une fille, m'avait recommandé un de ses amis, Corse de nation... pour en faire le précepteur de ses enfants... (Dominique passe successivement de la curiosité à l'intérêt, et de l'intérêt à la terreur.) Mon frère mourut.

DOMINIQUE.

Le lieu que vous habitiez ne se nomme-t-il pas Viry-sur-Orge?

GÉRARD.

Oui.

DOMINIQUE.

Les enfants de votre frère ne s'appelaient-ils pas, le garçon, Victor, et la fille, Léonie?

GÉRARD.

C'étaient leurs noms, en effet.

DOMINIQUE.

Oh! je vous reconnais maintenant, quoique je ne vous aie vu qu'une fois et pendant quelques instants à peine; vous êtes M. Gérard!

GÉRARD.

Oui; mais vous, qui êtes-vous donc?

DOMINIQUE.

Vous ne me reconnaissez pas?

GÉRARD.

Non!

DOMINIQUE.

Regardez-moi bien !

GÉRARD.

Qui êtes-vous, au nom du ciel ?

DOMINIQUE.

Je suis Dominique Sarranti !

GÉRARD.

Oh !

DOMINIQUE.

Je suis le fils de Philippe Sarranti, que vous avez accusé d'assassinat et de vol, et que vous avez fait condamner à mort par contumace pendant que je faisais mon noviciat à Rome.

GÉRARD.

Mon Dieu ! mon Dieu !

DOMINIQUE.

Vous voyez bien que ce serait vous trahir que d'écouter plus longtemps votre confession, puisqu'au lieu de l'écouter avec la charité d'un prêtre et le pardon d'un chrétien, je l'écouterais avec la haine d'un fils dont vous avez déshonoré le père, et, par conséquent, avec la malédiction dans le cœur.

(Il s'avance vivement vers la porte.)

GÉRARD, désespéré.

Non, non, non! restez, au contraire, restez! c'est la Providence qui vous amène... Restez! c'est Dieu qui permet qu'avant de mourir, je répare le mal que j'ai fait.

DOMINIQUE.

Vous le voulez? prenez garde ! je ne demande pas mieux que de rester, moi... Il m'a fallu un effort surhumain pour vous dire qui j'étais et pour ne pas abuser du hasard qui m'a amené près de vous.

GÉRARD.

Non, pas le hasard, mais la Providence, mon frère, la Providence!... Oh! loin de vous fuir, loin de vous craindre, j'eusse été, avant de mourir, au bout du monde si j'eusse su vous trouver... Vous voilà! écoutez-moi... Mais non, je le sens, je n'aurai pas la force de vous raconter l'horrible action !

DOMINIQUE.

Mais mon père ? mon père ?

GÉRARD.

Eh bien, un des enfants fut tué par moi... L'autre...

DOMINIQUE.

Mon père, te dis-je?

GÉRARD.

Mais ne voyez-vous pas que je meurs?

DOMINIQUE.

Oh! ne meurs pas, malheureux!... il me faut l'innocence de mon père!

GÉRARD.

Oui, votre père est innocent!

DOMINIQUE.

Je le savais bien, moi, et cependant je l'eusse vu mourir! mourir sur l'échafaud, sans pouvoir le sauver! car, malgré l'aveu que vous me faites, monsieur, comme cet aveu est une confession, je ne puis le révéler, et l'accusation ne pèsera pas moins éternellement sur la tête de mon père... Ah! monsieur, vous êtes bien infâme!

GÉRARD.

Mais est-ce que je ne vais pas mourir?... est-ce que vous croyez que, si je ne me sentais pas atteint mortellement, l'horrible secret serait sorti de ma bouche?

DOMINIQUE.

Mais, vous mort, il me sera donc permis de tout révéler?

GÉRARD.

Tout, mon père, tout! N'est-ce pas pour cela que je remerciais le ciel de vous avoir conduit près de mon lit?

DOMINIQUE.

Mais croira-t-on à la déclaration d'un fils en faveur de son père?

GÉRARD.

Attendez! Là, là, dans l'épaisseur de la muraille, une armoire secrète... Suivez la moulure de la porte... Là! vous y êtes... Appuyez... Voyez-vous un manuscrit cacheté de trois cachets?

DOMINIQUE, prenant le manuscrit.

Un manuscrit?... Le voilà! le voilà! (Lisant.) « Ceci est ma confession générale devant Dieu et devant les hommes, pour être rendue publique après ma mort. *Signé :* GÉRARD. »

GÉRARD.

Ce papier contient mot pour mot le récit que ma faiblesse

m'a empêché de vous faire dans tous ses détails; mais, moi mort, disposez-en, je vous relève du secret de la confession.

DOMINIQUE.

Il sera fait selon votre volonté, je vous le jure devant Dieu !

GÉRARD.

Vous le voyez, je succombe à l'émotion ; ne me consolerez-vous pas par quelque parole d'espérance?

DOMINIQUE.

Monsieur, peut-être faudrait-il auprès du Seigneur une plus puissante intercession que la mienne; mais moi, comme homme, je vous pardonne. Maintenant, Dieu veuille ratifier ce pardon, que, comme prêtre, je le supplie de faire descendre sur votre tête!

GÉRARD, d'une voix presque inintelligible.

Et maintenant, que me reste-t-il à faire?

DOMINIQUE.

Priez!

(Il sort.)

SCÈNE X

GÉRARD, seul.

Seigneur! Seigneur! ayez pitié de moi! Seigneur! Seigneur! recevez-moi dans votre miséricorde!

SCÈNE XI

GÉRARD, UNE SERVANTE, LUDOVIC.

UNE SERVANTE, introduisant Ludovic.

Maintenant, monsieur, vous pouvez entrer, le prêtre est parti.

LUDOVIC.

C'est le contraire de ce qui se pratique d'habitude : après le médecin, le prêtre, tandis qu'aujourd'hui, après le prêtre, le médecin... Espérons que cela vous portera bonheur, monsieur Gérard !

GÉRARD, d'une voix affaiblie.

Qui m'appelle?...

LUDOVIC.

Eh! la voix n'est pas sifflante... Crachez-vous le sang? (Gérard fait signe que non.) Rien au poumon, par conséquent... Lividité, cela tient à l'énorme quantité de sang perdu. Voyons l'œil... Regardez-moi... Un peu d'égarement causé par la terreur... Les blessures maintenant...

GÉRARD.

Grand Dieu! si j'allais ne pas mourir!...

LUDOVIC.

Eh! eh! on en a vu revenir de plus loin!

GÉRARD.

Oh! le moine! le moine! courez après le moine, rappelez-le!... Non... (S'affaiblissant.) Si... (S'évanouissant.) Cette fois, je meurs...

LUDOVIC.

Eh bien, voilà un singulier malade! on dirait qu'il a peur de guérir!

ACTE QUATRIÈME

SEPTIÈME TABLEAU

Le parc de Viry, vu par une nuit à moitié obscure. A gauche, au dernier plan, le château, faisant, par sa façade, un immense pan coupé. On aperçoit le lac, qui brille à travers les arbres.

SCÈNE PREMIÈRE

SALVATOR, JEAN TAUREAU, SAC-A-PLATRE, de l'autre côté du mur à droite.

SALVATOR.

Allons, passe, Roland! (Roland saute par-dessus le mur. Derrière Roland, Salvator paraît sur le couronnement. A voix basse.) Tout beau, Roland!

JEAN TAUREAU, de l'autre côté du mur.

Eh bien, que voyez-vous, monsieur Salvator?

SALVATOR.

Un grand parc, et, au fond, une espèce de château.

JEAN TAUREAU, montrant sa tête.

Et personne?

SALVATOR.

Personne.

JEAN TAUREAU.

Vous êtes sûr?

SALVATOR.

Roland aboierait.

JEAN TAUREAU.

C'est juste; seulement, gare aux piéges à loup!

SALVATOR.

Descends, et dis à Sac-à-Plâtre de descendre à son tour.

JEAN TAUREAU.

Attendez-donc! Il n'est pas encore monté. Allons, viens, fainéant! (Il prend Sac-à-Plâtre par le collet de l'habit et le passe de l'autre côté du mur.) La! ça y est! A mon tour!

(Il saute.)

SALVATOR.

Viens ici, Roland!

(Le chien et les trois hommes se groupent derrière un arbre.)

SAC-A-PLATRE, à voix basse.

Mais, dites-donc, monsieur Salvator, je me reconnais, moi, ici!

SALVATOR.

Toi?

JEAN TAUREAU.

Il n'y a rien d'étonnant, il est du pays.

SAC-A-PLATRE.

Pas tout à fait : je suis de Savigny; mais ça ne fait rien.

SALVATOR.

Eh bien, où sommes-nous?

SAC-A-PLATRE.

Nous sommes dans le parc du château de Viry; j'y suis venu plusieurs fois, du temps de M. Gérard; je travaillais pour lui, pauvre cher homme!

SALVATOR.

Du temps de M. Gérard, as-tu dit?

SAC-A-PLATRE.

Oui.

SALVATOR.

Et, près de M. Gérard, as-tu connu une femme du nom d'Orsola ?

SAC-A-PLATRE.

Je crois bien! c'était sa gouvernante. Il allait l'épouser quand est arrivée la fameuse catastrophe.

SALVATOR.

Quelle catastrophe?

SAC-A-PLATRE.

Celle des enfants tués... Tenez, les pauvres enfants, je les vois encore là tous les deux, jouant sur la pelouse, au pied du perron! Le petit garçon s'appelait Victor et la petite fille Léonie.

SALVATOR.

Ce sont les deux enfants que M. Sarranti est accusé d'avoir tués... M. Sarranti, condamné à mort par coutumace, est rentré en France, et, hier, ne pouvant supporter l'accusation infamante qui pesait sur lui, il s'est livré de lui-même à la justice. Or, écoutez ceci, vous qui êtes d'honnêtes gens. M. Sarranti n'est point coupable; mais, comme, au lieu de le soumettre au jugement d'un jury qui l'eût acquitté, on l'a déféré à une cour prévôtale, dans vingt-quatre heures il sera jugé, dans quarante-huit exécuté, si nous ne trouvons pas la preuve de son innocence. Cette preuve, à tout hasard, je viens la chercher ici; je vais vous dire en deux mots quel espoir m'y amène. Vous connaissez tous deux Rose-de-Noël, n'est-ce pas ?

JEAN TAUREAU.

La petite bohémienne?

SAC-A-PLATRE.

Je crois bien que nous la connaissons!

SALVATOR.

Eh bien, Roland et elle se connaissent aussi, et ma conviction, à moi, est que Roland a joué son rôle dans le drame terrible du mois de mai 1820, et que Rose-de-Noël est un des deux enfants que M. Sarranti est accusé d'avoir tués.

JEAN TAUREAU.

Ça en serait une de providence!

SALVATOR.

Par malheur, Rose-de-Noël, que je voulais interroger, a été enlevée le surlendemain du jour où nous l'avions mise en pension à Vanvres, et, par malheur encore, je n'ai pu suivre son ravisseur?... Eh bien, ce matin, je me suis dit : « Fions-nous à l'intelligence de Roland, et au courage de mes bons amis Jean Taureau et Sac-à-Plâtre... » Je vous ai amenés à l'endroit où j'ai trouvé Roland, je lui ai dit : « Cherche ! » et il nous a conduits au pied de ce mur, qu'il a essayé d'escalader. Nous voici de l'autre côté de ce mur; Sac-à-Plâtre reconnaît ce jardin et ce château : c'était le château habité par Orsola et M. Gérard, c'est-à-dire par les deux personnes dont les noms seuls font évanouir Rose-de-Noël; c'était le jardin où il se rappelle avoir vu jouer les enfants. Roland le reconnaît aussi, puisqu'il veut absolument me quitter pour se mettre en quête. Maintenant, qu'allons-nous voir? qu'allons-nous trouver?... Il y a quelque chose de profondément funèbre dans l'aspect de tout ce que nous voyons. Je serais bien surpris, s'il ne s'était pas commis ici quelque crime épouvantable; en effet, l'ombre y est plus noire qu'autre part, la lumière y est plus blafarde qu'ailleurs! N'importe, à cause de cela même, continuons!

JEAN TAUREAU.

Silence! il me semble entendre le pas d'un cheval.

SAC-A-PLATRE.

Il va passer au pied de ce mur qui conduit à la petite porte du château.

SALVATOR.

Ne bouge pas, Roland! (S'approchant du mur.) Viens ici, Jean Taureau. (Jean Taureau s'appuie au mur et fait la courte échelle à Salvator, qui monte sur ses mains et qui dépasse le mur de sa tête.) Lorédan de Valgeneuse! le ravisseur de Rose-de-Noël! Que diable mon cher cousin vient-il faire ici? (Il se rejette pensif en arrière.) Où est Sac-à-Plâtre?

JEAN TAUREAU.

Je l'ai vu enfiler cette allée; il aura entendu ou vu quelque chose.

SALVATOR.

Rien d'inquiétant, en tout cas, puisque Roland n'a pas bougé.

JEAN TAUREAU.

Attendez! (Il s'avance vers l'allée et fait à Salvator signe de ne pas bouger.) Le voilà qui revient.

SAC-A-PLATRE, revenant.

J'avais entendu le bruit d'une voiture.

SALVATOR.

Eh bien?

SAC-A-PLATRE.

Elle s'est arrêtée à la grille. La grille s'est ouverte, deux dames en sont descendues et sont entrées dans le château.

SALVATOR.

En effet, voici les fenêtres qui s'éclairent...

JEAN TAUREAU.

Diable! cela va nous gêner pour nos recherches.

SALVATOR.

Il n'est pas probable qu'à cette heure, les habitants du château viennent se promener au jardin. N'importe! où est votre voiture, à vous?

SAC-A-PLATRE.

A cent pas d'ici, sous le pont Godeau, gardée par Toussaint.

SALVATOR.

Vous avez des cordes?

SAC-A-PLATRE et JEAN TAUREAU.

Oui.

SALVATOR.

Vos masques?

SAC-A-PLATRE et JEAN TAUREAU.

Oui.

SALVATOR.

Vous êtes convaincus que ce que nous faisons, nous le faisons pour le bien?

SAC-A-PLATRE et JEAN TAUREAU.

Oui.

SALVATOR.

Et, quelque chose que je vous commande, vous êtes disposés à m'obéir?

SAC-A-PLATRE et JEAN TAUREAU.

Aveuglément.

SALVATOR.

Alors, à la garde de Dieu !... Attendez ! que fait donc Roland ?

JEAN TAUREAU.

Il gratte la terre, là, voyez, derrière ce buisson au pied de cet arbre.

SAC-A-PLATRE.

Et il se plaint.

SALVATOR.

Qu'y a-t-il donc là, mon bon Roland ? (Roland gratte plus fort.) Cherche, mon chien ! cherche ! (Appelant.) Sac-à-Plâtre ! (Sac-à-Plâtre s'approche.) L'autre enfant était un petit garçon, n'est-ce pas ?

SAC-A-PLATRE.

Oui, qui s'appelait Victor.

SALVATOR.

Tu n'as jamais entendu dire qu'on eût retrouvé son cadavre.

SAC-A-PLATRE.

Non, monsieur Salvator ; la justice l'a pourtant bien cherché.

SALVATOR.

Eh bien, nous sommes plus heureux : le cadavre est là !... Roland, viens !

JEAN TAUREAU.

Monsieur Salvator, je suis un homme et qui n'en craint pas un autre ; eh bien, foi de Jean Taureau, je tremble comme un enfant.

SALVATOR.

Pourquoi pas ? je tremble bien, moi ! (On entend un cri.) Qu'est-ce encore ?

JEAN TAUREAU.

On a crié.

SAC-A-PLATRE.

Une femme !

ROSE-DE-NOEL, au fond.

A moi !... au secours !... à l'aide !...

SALVATOR.

C'est la voix de Rose-de-Noël !

ROSE-DE-NOEL.
A l'aide!... à moi !... je me meurs !
SALVATOR.
Rose, à moi!... par ici!... Tenez Roland, vous deux!!(Les deux hommes arrêtent Roland par son collier.) Par ici, Rose! c'est moi, Salvator!

SCÈNE II

Les Mêmes, ROSE-DE-NOEL, pâle, haletante.

ROSE-DE-NOEL.
Salvator, mon ami, à moi! défendez-moi! sauvez-moi!...
SALVATOR.
De qui? de quoi?... contre qui veux-tu que je te défende?
ROSE-DE-NOEL.
M. Gérard!... mon frère!... Orsola!... Ils m'ont ramenée dans la maison maudite!... Sauvez-moi!... sauvez-moi!...
LA VOIX DE LORÉDAN.
Rose!... chère Rose, qu'avez-vous?... Ne savez-vous pas que je vous aime et que je vous respecte?...
ROSE-DE-NOEL.
Il vient! il vient! Où me cacher ?
SALVATOR.
C'est lui! c'est Lorédan!... Ne crains rien. (A Sac-à-Plâtre et à Jean Taureau.) Attachez Roland; mettez vos masques, apprêtez les cordes, et obéissez comme vous avez promis de le faire !
SAC-A-PLATRE et JEAN TAUREAU.
Nous sommes prêts.
SALVATOR.
N'aie pas peur, Rose!
ROSE-DE-NOEL.
Oh! près de vous, je ne crains rien !

SCÈNE III

Les Mêmes, LORÉDAN.

LORÉDAN, cherchant.
Rose-de-Noël! ma chère Rose ! où êtes-vous donc ?

SALVATOR.

Par ici, monsieur !

LORÉDAN.

Salvator !... Que venez-vous faire ici ?

SALVATOR.

Vous le voyez, monsieur, je viens chercher Rose-de-Noël, que vous aviez enlevée.

LORÉDAN.

Je vous trouve là dans un jardin qui est ma propriété ; vous en avez escaladé les murs comme un bandit, je vous traite en bandit.

(Il tire un pistolet de sa poche et veut faire feu sur Salvator. Rose-de-Noë couvre celui-ci de son corps.)

SALVATOR.

Et moi, je vous traite en insensé... A vous cet homme ! (Jean Taureau et Sac-à-Plâtre se jettent sur lui.) Bâillonnez-le ! liez-le ! Est-ce fait ?

JEAN TAUREAU et SAC-A-PLATRE.

Oui.

LORÉDAN.

Ah ! misérable !...

SALVATOR.

Dans la maison que vous savez, près de la Cour-de-France; vous garderez monsieur à vue, et, de quarante huit heures, vous ne le laisserez sortir. Il y a des provisions pour trois jours. Allez !

JEAN TAUREAU, chargeant Lorédan sur épaules.

Venez, mon cher monsieur !

(Sac-à-Plâtre et Jean Taureau passent par-dessus le mur en emportant Lorédan.)

SCÈNE IV

SALVATOR, ROSE-DE-NOEL.

ROSE-DE-NOEL.

Salvator !

SALVATOR.

Chère enfant !

ROSE-DE-NOEL.

Oh! mon Dieu, comment êtes-vous ici? Qui vous y a conduit?

SALVATOR.

La Providence!... un miracle!... Dieu, qui ne veut pas que l'innocent périsse pour le coupable!... Mais ne perdons pas de temps; c'est à moi d'interroger, à toi de répondre.

ROSE-DE-NOEL.

Interrogez... A vous je dirai tout, tout, tout!

SALVATOR.

Là, sur ma poitrine, contre mon cœur, tu n'as pas peur, n'est-ce pas?

ROSE-DE-NOEL.

Non, et je suis bien heureuse!

SALVATOR.

C'est ici, dans ce château, que tu as été élevée, n'est-ce pas?

ROSE-DE-NOEL.

Oui, avec mon pauvre frère.

SALVATOR.

Tu es la nièce de M. Gérard?

ROSE-DE-NOEL, tremblante.

Oui.

SALVATOR.

N'aie pas peur, ne tremble pas; tu n'as plus rien à craindre maintenant. Il avait une gouvernante nommée Orsola?... Je te dis de ne pas avoir peur.

ROSE-DE-NOEL.

Oui.

SALVATOR.

Eh bien, maintenant, dans la journée du 20 mai 1820, que s'est-il passé?

ROSE-DE-NOEL.

Serrez-moi contre vous, Salvator!

SALVATOR.

Parle, voyons, mon enfant!... A chacune de tes paroles, tremble suspendue la vie d'un homme... Tu te souviens de tout, n'est-ce pas?

ROSE-DE-NOEL.

Oh! je le crois bien!... Je n'ai jamais su ce qui s'était

passé dans la matinée, sinon qu'on avait apporté une lettre cachetée de noir.
SALVATOR.
Elle annonçait la mort de ton père.
ROSE-DE-NOEL.
Vers quatre heures de l'après-midi, M. Sarranti est rentré, très-pâle, très-agité. Il a parlé un instant à M. Gérard; puis il est monté à cheval, avec Jean, et tous deux sont partis au galop.
SALVATOR.
Alors, il n'est pour rien dans le vol des cent mille écus et dans l'assassinat de ton frère?
ROSE-DE-NOEL.
Pour rien! ce sont les autres qui ont tout fait.
SALVATOR.
Gérard et Orsola?
ROSE-DE-NOEL.
Oui.
SALVATOR, levant les yeux au ciel.
Je le savais bien, moi! Continue.
ROSE-DE-NOEL.
On nous fit dîner, Victor et moi, sur la pelouse; puis on envoya le jardinier à Morsang. Après le dîner, M. Gérard prit son fusil et emmena mon frère à l'affût.
SALVATOR.
Continue.
ROSE-DE-NOEL.
Je voulais absolument aller avec lui, j'avais peur de rester seule avec Orsola, je lui avais vu prendre sur la table un couteau.
SALVATOR.
J'écoute.
ROSE-DE-NOEL.
Elle m'emmena de force; je criais, je pleurais... En passant devant une fenêtre donnant sur l'étang... Ah!
SALVATOR.
Du courage, voyons!
ROSE-DE-NOEL.
Oh! c'était si terrible, ce que je vis!
SALVATOR.
Tu vis M. Gérard qui noyait ton frère, n'est-ce pas?

ROSE-DE-NOEL, *l'œil fixe, comme si elle le voyait encore.*

Oui! oui!... là!... J'appelai au secours; en même temps, je sentis une douleur au cou, je fus aveuglée par mon sang. J'appelai Brésil... Brésil, par bonheur, cassa sa chaîne et accourut; il entra, je ne sais comment, à travers une porte, il sauta à la gorge d'Orsola, qui, à son tour, jeta un cri. Je sentis ses mains s'ouvrir. Je me sauvai. La grille du parc était fermée, mais je passai par une brèche...

SALVATOR.

La même sans doute par laquelle passa Roland?

ROSE-DE-NOEL.

Je courus, je courus! j'étais folle de terreur, je dus faire au moins deux ou trois lieues à travers les terres; puis j'arrivai à une grande route où il y avait une voiture arrêtée, c'était celle de la Brocante. Elle me vit couverte de sang, près de m'évanouir, mourante; je lui criai : « Cachez-moi! cachez-moi! » Elle me cacha dans sa voiture... Vous savez le reste, n'est-ce pas?

SALVATOR.

Jusqu'au jour où tu as été enlevée par M. de Valgeneuse. Maintenant, je comprends ta joie et ton étonnement, en retrouvant Roland ou plutôt Brésil; ton émotion au nom de M. Sarranti, ton effroi à ceux de M. Gérard et d'Orsola. Seulement, il te reste à me dire comment tu te trouves ici.

ROSE-DE-NOEL.

Je le sais à peine moi-même. La nuit de mon enlèvement, je fus prise d'une fièvre avec délire. M. Lorédan fut obligé de s'arrêter dans une ville, je ne sais laquelle : quand je revins à moi, c'était sa sœur qui était près de mon lit.

SALVATOR.

Suzanne?

ROSE-DE-NOEL.

Oui; elle me dit que je n'avais rien à craindre de son frère, qu'il fallait pardonner à la violence de la passion que je lui avais inspirée, qu'il ne voulait pas faire de moi sa maîtresse, mais sa femme. Je lui répondis que, femme ou maîtresse, je ne serais jamais à lui. M. de Valgeneuse n'avait pas reparu devant moi; seulement, chaque jour, sa sœur recevait une lettre qu'elle me lisait et qui n'était pleine que de sa passion pour moi. Succombant à la fatigue, croyant que l'on me ramenait à Paris, je m'étais endormie, lorsque la voiture s'arrêta à la porte de ce château. Je montai, réveillée à peine ; on me laissa dans une chambre. Cette chambre, je ne la reconnus pas d'abord, les tentures étaient changées. Je me trouvais au milieu d'une élégance qui m'était inconnue ; mais, peu à peu, mes souvenirs revinrent, et avec eux une indicible terreur. J'étais dans la maison du meurtre ! Après sept ans, le hasard me ramenait fatalement au point d'où j'étais partie. J'ouvris une porte, et je reconnus la chambre où Orsola avait voulu me tuer et était morte elle-même. J'ouvris l'autre porte, et je reconnus la chambre d'où M. Gérard était sorti avec son fusil. J'ouvris la fenêtre, et je reconnus le lac où avait péri mon pauvre frère !... Ce fut dans ce moment d'épouvante, qu'une troisième porte s'ouvrit et que je vis apparaître M. de Valgeneuse. Alors, ce ne fut plus de la crainte, de la terreur, de l'effroi ; ce fut de la folie... Je me précipitai par les degrés, criant : « A l'aide ! au secours ! » Vous m'entendîtes, votre voix me guida, je vins à vous, je me jetai dans vos bras ! Maintenant, vous voilà, je n'ai plus rien à craindre de personne... Que faut-il dire ? que faut-il faire ? où faut-il aller ? Mon cher sauveur, je vous écoute et je vous obéis.

SALVATOR.

Oh ! mon enfant bien-aimée, un athée qui écouterait ton histoire serait forcé de tomber à genoux et de dire : « Mon Dieu ! je crois en vous ! » Mais tu disais, je crois, que madame Suzanne de Valgeneuse t'accompagnait ?

ROSE-DE-NOEL.

Oui.

SALVATOR.

Où est-elle ?

ROSE-DE-NOEL, montrant le château.

Elle est là.

SALVATOR.

C'est bien ; j'ai un compte à régler avec elle, j'y vais.

ROSE-DE-NOEL.

Et moi ?

SALVATOR.

Tu vas rester ici.

ROSE-DE-NOEL.

Je n'oserai jamais.

SALVATOR.

Et si je te donne un gardien aussi sûr que moi-même?

ROSE-DE-NOEL.

Qui?

SALVATOR.

Brésil.

ROSE-DE-NOEL.

Où est il?

SALVATOR.

Là.

ROSE-DE-NOEL.

Brésil!

SALVATOR, vivement.

Ne va pas de ce côté; assieds-toi là, au pied de cet arbre... Brésil!

ROSE DE-NOEL.

Brésil!

(Brésil vient lentement.)

SALVATOR.

Brésil, garde Léonie, et songe que tu me réponds d'elle. (Le chien se couche aux pieds de Léonie, la tête sur ses genoux.) Attendez-moi là tous les deux, innocence et fidélité, sous la garde du Seigneur!

ROSE-DE-NOEL, tendant les bras vers lui.

Salvator!

SALVATOR.

Je reviens, ou je t'appelle.

ROSE-DE-NOEL.

Et nous, nous attendons.

(Salvator s'éloigne; Rose-de-Noël appuie sa tête sur celle du chien.)

HUITIÈME TABLEAU

Même décoration qu'au prologue; seulement, des meubles et des tapisseries nouvelles.

SCÈNE PREMIÈRE

SUZANNE, seule, sur le balcon.

Je ne vois rien, je n'entends rien. Décidément, jamais on n'apprivoisera cette petite sauvage ! mais j'espère que Lorédan ne se rebutera pas... Cela en vaut bien la peine : une fortune de quatre ou cinq millions ! A coup sûr, cette petite fille aime quelqu'un... Qui peut-elle aimer ? Un individu de sa classe, quelque bohémien... Ah ! j'entends des pas. Est-ce toi, mon frère ?

SCÈNE II

SUZANNE, SALVATOR.

SALVATOR.
Non, c'est moi, ma cousine.

SUZANNE.
M. Salvator !

SALVATOR.
Dites Conrad... Ne nous sommes-nous pas reconnus chez Pétrus, au premier coup d'œil ?

SUZANNE.
Je vous croyais mort, monsieur !

SALVATOR.
Je le suis, en effet.

SUZANNE.
Alors, j'ai affaire à un spectre ?

SALVATOR.
Ou à peu près.

SUZANNE.
Autant je déteste les énigmes, autant j'aime les situations nettes. Qui êtes-vous ? que voulez-vous ?

SALVATOR.

Je suis un homme qui crut longtemps que vous aviez un cœur, Suzanne, et qui, sur cette croyance, vous aima follement.

SUZANNE.

Êtes-vous sorti du tombeau pour me dire cela?

SALVATOR.

Non, je vous le dis en passant... et au passé.

SUZANNE.

Alors, vous ne m'aimez plus?

SALVATOR.

J'ai ce bonheur... Vous me demandez qui je suis et ce que je veux : je viens justement pour vous dire tout cela.

SUZANNE.

Sera-ce long?

SALVATOR.

Assez pour que vous preniez une chaise, si vous craignez de vous fatiguer.

SUZANNE.

Et vous?

SALVATOR.

Je resterai debout, si vous le voulez bien.

SUZANNE.

L'histoire doit être curieuse!

SALVATOR.

Et pleine d'intérêt, je vous l'affirme.

SUZANNE.

Pour moi?

SALVATOR.

Pour vous surtout.

SUZANNE.

Si cependant, suivant l'exemple que vous m'avez donné, je ne vous aime plus.

SALVATOR.

Vous aimerez toujours votre fortune et votre position, deux choses qu'il ne tient qu'à moi de vous enlever.

SUZANNE.

Vous pouvez m'enlever ma fortune et ma position, vous? Oh! par exemple!

SALVATOR.

Voulez-vous permettre que je vous en donne la preuve?

SUZANNE.

Oh! prouvez!

SALVATOR.

Je suis le fils naturel du marquis de Valgeneuse.

SUZANNE.

Fils naturel, mais non reconnu.

SALVATOR.

Malheureusement pour vous.

SUZANNE.

Pourquoi cela?

SALVATOR.

Fils naturel, il ne pouvait me laisser, si j'étais reconnu, qu'un cinquième de sa fortune ; non reconnu, il pouvait me laisser tout.

SUZANNE.

Par testament.

SALVATOR.

Vous le reconnaissez.

SUZANNE.

Avec d'autant plus de facilité qu'il n'y eut pas de testament.

SALVATOR.

Qu'il n'y eut pas de testament?

SUZANNE.

Non.

SALVATOR.

Cependant le bruit courut qu'il y en avait deux : un déposé chez M° Baratteau, notaire du marquis et en même temps celui du comte de Valgeneuse ; l'autre enfermé dans le secrétaire du testateur.

SUZANNE.

On n'a retrouvé ni l'un ni l'autre, autant que je puis me rappeler.

SALVATOR.

De cette façon, mon père étant mort intestat, toute sa fortune a passé à votre père, et, par conséquent, à vous.

SUZANNE.

Mon père vous offrit de vous constituer à cette époque une rente viagère de six mille francs.

SALVATOR.

Que je refusai.

SUZANNE.

Avec une dignité qui fit l'admiration de tout le monde.

SALVATOR.

Oui; mais ce que je supportai avec moins de dignité que la perte de ma fortune, ce fut la perte de votre amour... Sans vous, que je regardais depuis deux ans comme la compagne de ma vie, la vie me parut impossible : je résolus de me tuer.

SUZANNE.

Je vois avec plaisir que vous êtes revenu sur cette résolution.

SALVATOR.

Pas tout à fait, puisque, ne m'étant pas tué, je n'en suis pas moins mort.

SUZANNE.

Voilà ce que j'ai besoin que vous m'expliquiez.

SALVATOR.

En deux mots, je vais le faire. Je sortis pour acheter de la poudre et des balles, deux choses que je regardais comme nécessaires pour me brûler la cervelle. Le bonheur voulut que je passasse devant Saint-Roch, et que l'idée me vînt d'adresser une dernière prière à Dieu... Un moine prêchait sur le suicide. Au milieu d'un nombreux auditoire, un commissionnaire écoutait le moine. A la parole du moine, je sentis le remords naître dans mon cœur, et, prêt à mourir, je résolus de revivre sous une autre forme. J'étais sans ressource aucune; je ne savais aucun métier, je ne connaissais aucun art; je devais vivre de la force de mes bras. J'interrogeai le commissionnaire; ce qu'il me dit de son état me plut; seulement, pour que je pusse rompre avec mes anciens amis et mes anciennes connaissances, tout le monde devait me croire mort. J'avais souvent fait de l'anatomie, à l'Hôtel-Dieu, je dis que je voulais en faire chez moi, j'obtins d'un infirmier que je connaissais que l'on transportât *un sujet* dans ma chambre; je le couchai sur mon lit, j'écrivis une lettre dans laquelle je déclarais que j'étais décidé à me tuer, et où j'invitais ceux qui trouveraient mon cadavre à n'accuser personne de ma mort, et je déchargeai à bout portant mon pistolet sur le visage de celui que l'on devait enterrer à ma place... Tout se passa comme je l'avais prévu; un mé-

decin constata mon suicide, et, assis sur mes crochets de commissionnaire, je regardai passer mon enterrement.
SUZANNE.
Et moi qui eus la niaiserie de vous pleurer à chaudes larmes !
SALVATOR.
Vous êtes bien bonne.
SUZANNE.
Mais tout cela ne me dit point, mon cher cousin, comment, parce que vous avez fait enterrer un mort à votre place, parce que vous avez assisté, assis sur vos crochets, à votre propre enterrement, comment vous pouvez disposer de ma fortune et de ma position.
SALVATOR.
Croyez-vous à la Providence, ma belle cousine?
SUZANNE.
J'ai mes jours.
SALVATOR.
Eh bien, je vais vous dire une petite anecdote qui vous fera comprendre, pourquoi j'y crois, moi, sans interruption.
SUZANNE.
Dites! Vous n'avez pas idée de l'intérêt avec lequel je vous écoute.
SALVATOR.
Eh bien, écoutez ce que je vais vous dire alors, et n'en perdez point une parole. Un jour qu'exerçant mon état de commissionnaire, je portais une lettre chez un marchand de bric-à-brac de la rue de la Paix, et qu'en attendant la réponse à ma lettre, je passais en revue les saxes, les vieux chines et les vieux japons, je vis un meuble en bois de rose qui me frappa, comme ne m'étant point étranger ; je m'en approchai, et je reconnus un petit secrétaire ayant appartenu à mon père.
SUZANNE.
Vous voulez dire au marquis de Valgeneuse.
SALVATOR.
Pardon, je me trompe toujours ; ce que c'est que l'habitude !... Une espèce de piété filiale me porta à faire l'emplète de ce meuble ; on me le fit deux fois le prix qu'il valait ; j'avais fait une bonne journée, je l'achetai, le chargeai sur mes crochets et le rapportai chez moi, où je m'amusai à

l'examiner en détail. Je me rappelai alors qu'il y avait, dans le tiroir du milieu, un double fond dont je connaissais le secret; comme ce secret était très-bien caché, il me passa alors par l'esprit cette idée qu'il pourrait bien y avoir dans ce tiroir quelque papier précieux ayant appartenu à mon père... Pardon, je me trompe : au marquis. Je fis jouer le ressort, le double fond s'ouvrit, et... devinez ce que je trouvai?

SUZANNE.

Comment voulez-vous que je devine cela?

SALVATOR.

C'est vrai... Eh bien, j'y trouvai le double du testament qui avait été déposé chez M° Baratteau, testament qui avait été perdu, que l'on avait cherché vainement, et dont la perte avait été la cause de ma ruine et de votre fortune.

SUZANNE, stupéfaite.

Vous avez retrouvé...?

SALVATOR.

Eh! mon Dieu, oui, ce testament.

SUZANNE.

Combien y a-t-il de cela?

SALVATOR.

Un an, à peu près.

SUZANNE.

C'est impossible!

SALVATOR.

Et pourquoi?

SUZANNE.

Depuis un an, vous eussiez fait valoir vos droits.

SALVATOR.

A quoi bon?

SUZANNE.

Mais quand ce ne serait que pour ne pas rester commissionnaire...

SALVATOR.

J'aime mon état.

SUZANNE.

Comment, vous préférez porter des lettres pour dix sous et des fardeaux pour vingt, à jouir de deux cent mille livres de rente.

SALVATOR.

Je ne fais pas que porter des lettres et des fardeaux.

SUZANNE.

Que faites-vous donc?

SALVATOR.

Une foule d'autres choses qui m'amusent... Ainsi, dans ce moment, par exemple...

SUZANNE.

Eh bien?

SALVATOR.

Je suis à la recherche d'une jeune fille que votre frère a fait enlever!...

SUZANNE.

Ah!

SALVATOR.

Et que je lui ai reprise.

SUZANNE.

A mon frère?

SALVATOR.

A votre frère.

SUZANNE.

A Lorédan?

SALVATOR.

A Lorédan.

SUZANNE.

Et il se l'est laissé reprendre comme cela?

SALVATOR.

Non! non! il a tiré un coup de pistolet sur moi.

SUZANNE.

Et?...

SALVATOR.

Et il m'a manqué.

SUZANNE.

Allons donc!

SALVATOR.

Vous doutez toujours de ce que je vous dis!

SUZANNE.

Certainement que j'en doute!

SALVATOR, ouvrant la fenêtre.

Eh bien, regardez... Tenez, là-bas, au pied de cet arbre,

dans ce rayon de lune, voyez-vous Rose-de-Noël avec Brésil, qui la garde?

SUZANNE.

Et mon frère, où est-il?

SALVATOR.

Il est... (Riant.) Il est où je mets ceux que je ne veux pas qui me dérangent.

SUZANNE.

Et vous ne craignez pas de vous attaquer ainsi à nous?

SALVATOR.

Depuis que j'ai retrouvé le testament, je suis devenu bien audacieux, allez!

SUZANNE, après un instant de silence rageur.

Je voudrais bien voir ce testament.

SALVATOR.

Serait-il vrai que vous eussiez sérieusement ce désir?

SUZANNE.

Très-sérieusement.

SALVATOR.

Oh! chère cousine, il ne sera pas dit que, le jour où j'ai le bonheur de vous retrouver, vous avez eu un désir que je pouvais accomplir et que je n'ai pas accompli.

SUZANNE.

Vous l'avez sur vous, ce testament?

SALVATOR.

Un testament de quatre millions vaut bien la peine qu'on ne s'en sépare pas... surtout quand il a été perdu pendant deux ans! (Il tire de sa poche un portefeuille.) Vous connaissez l'écriture du marquis, n'est-ce pas, chère cousine?

SUZANNE.

Sans doute, je la connais.

SALVATOR, lui mettant le papier devant les yeux.

Eh bien, voyez : « Ceci est mon testament olographe, dont le double est déposé chez M° Baratteau, notaire, rue du Bac, n° 31. » Signé en toutes lettres : « Marquis de VALGENEUSE. »

SUZANNE.

Et vous avez montré ce papier à Lorédan?

SALVATOR.

Oh! non! j'en ai réservé pour vous la primeur... Je ne

mis si cette attention vous fera plaisir, chère cousine, mais je puis vous donner ma parole d'honneur que vous êtes la première personne qui l'ait vu... après moi.

SUZANNE.

Et dans quel but me le montrez-vous?

SALVATOR.

Mais pour vous faire comprendre que vous avez toute sorte de motifs de m'être agréable... Cela, bien entendu, chère cousine, à charge de revanche.

SUZANNE.

Et votre désir de m'être agréable ira jusqu'à..?

SALVATOR.

Ira jusqu'à vous assurer, quelque chose qui arrive, — si vous me rendez le service que je viens vous demander, — ira jusqu'à vous assurer une dot d'un million sur ce testament.

SUZANNE.

Ou sinon?

SALVATOR.

Ou sinon, je ferai valoir le testament dans son entier et je garderai les quatre millions pour moi... Mais, croyez-en un ami, acceptez le million, et rendez-moi le service.

SUZANNE.

Quelle sera ma garantie?

SALVATOR.

Ma parole d'honneur.

SUZANNE.

Que faites-vous?

SALVATOR.

Je vois que vous acceptez.

SUZANNE.

Et alors...?

SALVATOR, *sonnant de nouveau.*

Et alors, je sonne.

SUZANNE.

Pourquoi?

SALVATOR.

Pour qu'on mette les chevaux à la voiture.

UN DOMESTIQUE, *entrant.*

Madame a sonné?

SUZANNE.

Oui, attelez. (Il sort.) Où vais-je?

SALVATOR.

A Paris.

SUZANNE.

Et à Paris, que vais-je faire?

SALVATOR.

Vous allez demander au préfet de police de l'avancement pour M. Jackal.

SUZANNE.

Comment, de l'avancement pour M. Jackal? Je le croyais votre ennemi.

SALVATOR.

C'est justement ma façon de me conduire avec mes ennemis : aux uns je donne un million ; aux autres, de l'avancement. Seulement, il faut que cet avancement soit accordé à M. Jackal, demain avant midi, et qu'il ait quitté Paris demain avant deux heures. Avez-vous quelque chose contre M. Jackal, ma belle cousine?

SUZANNE.

Au contraire, il nous a rendu, chez madame Desmarest, à mon frère et à moi, un service dont je lui suis on ne peut plus reconnaissante, en supposant que l'intention soit réputée pour le fait; mais il m'étonne que vous payez un million un service que je vous eusse rendu pour rien.

SALVATOR.

Je n'avais que ce moyen-là de vous l'offrir.

LE DOMESTIQUE.

La voiture de madame est prête.

SUZANNE fait un mouvement vers la porte et revient en regardant fixement Salvator.

Ainsi, vous ne m'aimez plus, Conrad?

SALVATOR, riant.

Oh! chère cousine, comment pouvez-vous faire une pareille question à un homme qui s'est brûlé la cervelle pour vous!

SUZANNE.

Décidément, j'ai été une sotte... M. Jackal aura son avancement demain avant midi.

SALVATOR.

Et vous, chère cousine, vous aurez votre million le jour où vous vous marierez.

SUZANNE.

Adieu, mon cousin.

(Elle sort.)

SCENE III

SALVATOR, seul.

C'est une femme fort intelligente que ma cousine de Valgeneuse ; mais je doute que celle-là fasse jamais le bonheur d'un mari. La voilà partie... Bon voyage ! Maintenant, appelons Rose-de-Noël. (Il ouvre la fenêtre.) Rose ! Rose !... Viens, mon enfant !

ROSE-DE-NOEL, en dehors.

Nous voilà !... Viens, Brésil ! viens !

SALVATOR.

Pauvre enfant ! Je comprends bien quelle peur a dû être la sienne ! Pour elle, la maison était pleine de spectres. (Montrant la chambre où Orsola a été étranglée.) Ici, celui d'Orsola ! (Montrant le lac.) Là, celui de son frère ! Si elle avait su là-bas que c'était à dix pas de la fosse du petit Victor qu'elle était assise... La voici.

SCÈNE IV

SALVATOR, ROSE-DE-NOEL, BRÉSIL.

ROSE-DE-NOEL.

Brésil ! viens, Brésil ! ne me quitte pas.

SALVATOR.

Sois tranquille, mon enfant : ni Brésil ni moi ne te quitterons plus.

ROSE-DE-NOEL.

Oh ! alors, je serai bien heureuse.

SALVATOR.

Mais il faut être brave ; il ne faut plus avoir de ces terreurs qui empêchent la vérité de sortir de ta bouche. Ce que tu m'as dit, à moi, que M. Gérard était coupable et M. Sarranti innocent, il faudra le redire hautement à tout le monde ; ce que tu m'as raconté de l'assassinat de ton frère par son oncle, et de ton assassinat par Orsola, il faudra le raconter aux juges ; les juges, vois-tu, ce sont les délégués du Seigneur sur la terre, et on ne peut pas plus mentir aux juges qu'à Dieu.

ROSE-DE-NOEL.

Oh ! je ne mentirai pas, j'aurai du courage, je raconterai tout, je dirai tout. D'ailleurs, je saurai que vous êtes là pour me soutenir, pour m'encourager, pour me défendre ; avec vous, près de vous, et même loin de vous, maintenant que je vous ai retrouvé, je ne crains rien !

SALVATOR.

Viens, j'ai un endroit sûr, où te cacher.

(M. Jackal paraît.)

SCÈNE V

LES MÊMES, M. JACKAL.

M. JACKAL.

Pour quoi faire cacher mademoiselle? N'a-t-elle pas son protecteur naturel, M. Gérard, son oncle?

SALVATOR.

M. Jackal..

ROSE-DE-NOEL.

Que dit donc cet homme, mon bon ami?

M. JACKAL.

Je dis, mademoiselle, que vous devez être bien reconnaissante à M. Salvator de la peine qu'il a prise de vous enlever à votre ravisseur M. Lorédan de Valgeneuse ; mais, vous le voyez, il m'a précédé de quelques minutes. Veuillez me suivre.

ROSE-DE-NOEL.

Mais je ne veux pas quitter M. Salvator, moi ; je ne le veux pas, je ne le veux pas.

(Elle s'attache à Salvator.)

M. JACKAL.

Monsieur Salvator, soyez assez bon pour faire comprendre à cette enfant, qui me paraît avoir la plus grande confiance en vous, que, n'étant ni son mari, ni son frère, ni son parent, vous ne pouvez réclamer le droit de la protéger. Ce droit appartient à son plus proche parent après son père, et, ce plus proche parent, c'est son oncle, M. Gérard ! Venez, mademoiselle.

ROSE-DE-NOEL.

Jamais ! jamais !... A moi, Salvator, à moi !

M. JACKAL.

La loi ne discute pas, mademoiselle, elle agit, et vous avez dans M. Salvator un conseiller trop sage pour qu'il ne vous dise pas de lui obéir sans retard et sans rébellion.

SALVATOR, à M. Jackal.

Monsieur Jackal, êtes-vous porteur du jugement qui ordonne que mademoiselle sera remise entre les mains de son oncle ?

M. JACKAL.

Le voici, monsieur Salvator.

SALVATOR, après avoir jeté un coup d'œil sur le papier.

Obéis, mon enfant ! mais, ne crains rien, je veille sur toi, et, fusses-tu dans les griffes de Satan, par le Dieu vivant, je t'en tirerai !

ACTE CINQUIÈME

NEUVIÈME TABLEAU

La chambre de Gérard. Même décoration qu'au sixième tableau.

SCÈNE PREMIÈRE

GÉRARD, puis LUDOVIC.

Au lever du rideau, Gérard est occupé à ranger des sacs d'or dans une malle. On frappe à la porte; il referme vivement la malle et la porte de la cachette.

GÉRARD.

Qui va là ?

LUDOVIC, en dehors.

Moi, le docteur.

GÉRARD, allant ouvrir.

Entrez, cher monsieur Ludovic!

LUDOVIC.

Sur pied! et venant ouvrir la porte vous-même! Savez-vous que vous êtes solide, vous, sans qu'il y paraisse! Sans doute, comme je vous l'ai dit le premier jour où je vous ai vu, et où cela a paru vous faire tant de peine, il n'y avait aucune blessure grave; mais vous aviez perdu diablement de sang! Il est vrai qu'avec de bon bouillon, des côtelettes saignantes et du rôti, cela se refait vite... Combien y a-t-il de jours que votre accident est arrivé?

GÉRARD.

Il y a aujourd'hui neuf jours.

LUDOVIC.

Eh bien, au bout de neuf jours, c'est joli! Continuez, et, si vous voulez suivre mon conseil, dans quinze jours ou trois semaines, vous ferez un petit voyage; cela vous remettra tout à fait.

GÉRARD.

J'allais justement partir, mon cher monsieur, quand cet horrible malheur m'est arrivé, et j'ai là mon passe-port tout visé pour l'étranger.

LUDOVIC.

Allez en Italie, alors, monsieur Gérard; allez en Italie. N'avez-vous rien qui vous retienne à Paris?

GÉRARD.

Rien!

LUDOVIC.

Pas d'enfants?

GÉRARD.

Pas d'enfants.

LUDOVIC.

Pas de nièces? pas de neveux?

GÉRARD.

Non.

LUDOVIC.

Millonnaire?

GÉRARD.

On le dit; mais...

LUDOVIC.

Oh! ne vous en cachez pas pour moi, ce n'est pas ma facture qui vous ruinera : cent sous par visite, c'est dans les prix doux ; et encore, si vous trouvez que c'est trop cher, je peux ne pas revenir. A présent, vous êtes guéri, mon cher monsieur. Seulement, ne recommencez pas, vous n'auriez peut-être pas toujours pareille chance.

GÉRARD.

Au contraire, revenez, revenez tant que vous voudrez ! Non, seulement vos visites me guérissent, mais encore elles m'égayent.

LUDOVIC.

Diable ! n'allez pas dire cela ; vous me feriez du tort : un médecin gai, ne peut être un médecin sérieux... Et tenez, par ma foi, je vous laisse en bonne compagnie : voici M. Jackal, qui vient probablement vous annoncer qu'il tient votre assassin... C'est égal, cela a dû vous agacer quand vous avez lu ce qu'il avait fait mettre dans les journaux, que vous étiez mort... Monsieur Jackal, vous savez que je suis un de vos admirateurs.

M. JACKAL.

Je vous le rends, monsieur ; car vous avez fait, savez-vous, une cure magnifique !

LUDOVIC, plaisantant.

Avez-vous trouvé la femme ?

M. JACKAL.

Si elle n'est pas trouvée, elle se trouvera.

LUDOVIC.

Espérons-le !

(Il sort en chantant *Fleuve du Tage*.)

SCÈNE II

GÉRARD, M. JACKAL.

M. JACKAL.

Vous avez là un charmant médecin, cher monsieur Gérard.

GÉRARD.

Oui, et, je le lui disais tout à l'heure, je suis toujours plus gai quand il me quitte.

M. JACKAL.

Eh bien, je vous apporte une nouvelle qui va vous égayer encore.

GÉRARD.

Vraiment ?

M. JACKAL.

Mais donnez-vous donc la peine de vous asseoir ; vous êtes toujours faible... (Gérard s'assied.) Depuis que je vous connais, cher monsieur Gérard, je remarque en vous un fond de tristesse, de mélancolie, de taciturnité.

GÉRARD.

Le fait est que je ne suis pas gai.

M. JACKAL.

Je me suis dit : « Il n'y a pas de tristesse sans raison. » (Gérard pousse un soupir.) Eh bien, ce qui rend triste ce brave M. Gérard, c'est la mort de son neveu Victor, et la disparition de sa nièce Léonie. Son neveu, on ne peut pas le lui rendre ; mais sa nièce, on peut la lui retrouver.

GÉRARD, hochant la tête.

J'ai fait tout ce que j'ai pu pour arriver à ce résultat; et je n'ai pas réussi.

M. JACKAL.

Parce que vous n'avez pas à votre disposition les moyens que j'ai, moi. Aussi ai-je été plus heureux que vous.

GÉRARD, effrayé.

Plus heureux que moi ! Qu'avez-vous donc fait ?

M. JACKAL.

J'ai fait des recherches.

GÉRARD, pâlissant.

Vous ?

M. JACKAL.

Oui, et...

GÉRARD, d'une voix haletante.

Et... ?

M. JACKAL

Et je l'ai retrouvée.

GÉRARD.

Qui ?

M. GÉRARD.

Léonie, votre nièce !

GÉRARD.

Mon Dieu !...

M. JACKAL.

Allons, bon ! voilà que vous allez vous trouver mal de

joie maintenant... Ah! cher monsieur Gérard, vous avez le cœur trop tendre.

GÉRARD.

Et où est-elle?

M. JACKAL.

En bas, dans un fiacre. Elle n'attend que votre permission pour se jeter dans vos bras.

GÉRARD.

Oh!...

M. JACKAL, à la cantonade.

M. Gérard dit qu'il ne peut résister à son impatience; faites monter mademoiselle Léonie. (Gérard se lève et va en trébuchant vers la chambre du fond.) Où allez-vous?

GÉRARD.

Je n'en sais rien.

M. JACKAL.

Mon cher monsieur Gérard, vous m'avez l'air de n'avoir point parfaitement la tête à vous, et, vis-à-vis d'un homme qui n'a pas la tête à lui, vous ne trouverez pas mauvais qu'un agent de l'autorité prenne des précautions; il ne faut qu'un moment de folie pour causer parfois un malheur irréparable. Je vous ramène votre nièce Léonie; c'est une belle jeune fille de seize ans, tellement éprouvée jusqu'ici par le malheur, que, du moment que j'ai reçu l'ordre de la remettre entre vos mains, elle m'a inspiré le plus vif intérêt... Je vous dis donc ceci, mon cher monsieur Gérard : c'est à vous qu'est donnée la garde de cette charmante fille; eh bien, veillez à ce qu'il ne lui arrive rien de fâcheux; veillez à ce qu'il ne tombe pas un seul cheveu de sa tête; car, quelque part que vous soyez, fût-ce à l'étranger, fût-ce en Amérique, fût-ce en Chine, j'étends le bras et je vous tire à moi... et, alors, vous connaissez le vieil adage : dent pour dent, œil pour œil, tête pour tête!... Mais qu'avez-vous donc? Vous ne m'écoutez pas... Ce que je vous dis a cependant son importance...

GÉRARD, l'œil fixé sur la porte d'entrée.

Monsieur Jackal! monsieur Jackal! voyez-vous?...

M. JACKAL.

Certainement que je vois! je vois votre nièce qui entre, et je me retire pour vous laisser tout au plaisir de vous revoir... Adieu, monsieur Gérard! adieu, mademoiselle! (Aux Gendarmes.) Messieurs, nous n'avons plus rien à faire ici.

9.

SCÈNE III

GÉRARD, LÉONIE ou ROSE-DE-NOEL.

Léonie s'arrête au point le plus éloigné de la chambre; Gérard la regarde avec une profonde terreur. Moment de silence.

GÉRARD, d'une voix qu'il essaye de rendre caressante.

Léonie! ma chère Léonie, est-ce bien toi?

LÉONIE.

Moi-même! et, si vous en doutez, regardez, mon oncle. (Elle découvre le haut de son col.) Voilà le coup de couteau d'Orsola!

GÉRARD.

Oui, c'était une méchante créature, et qui, à moi aussi, m'a fait bien du mal! Mais Dieu l'a punie.

LÉONIE.

Si c'est Dieu qui l'a punie, comment est-ce pour le moins coupable des deux qu'il a été le plus sévère?

GÉRARD.

Léonie! Léonie! rappelle-toi combien je t'aimais.

LÉONIE.

Je me rappelle que celui que vous aimiez le mieux, c'était mon frère Victor; vos préférences sont terribles, mon oncle, elles tuent. Ne m'aimez pas trop.

GÉRARD.

Tu as raison, Léonie; accuse-moi, accable-moi, condamne-moi! Jamais, non, jamais tu ne m'en diras autant que ma conscience m'en a dit... Regarde-moi! il y a sept ans que ce malheureux crime a été commis; j'ai vieilli de vingt années en sept ans... C'est une bien terrible chose, n'est-ce pas? que de me retrouver en face de toi à la lumière du soleil, que de te voir entrer pâle et menaçante dans cette chambre, et, quand je doute si c'est toi, de te voir montrer la trace du couteau d'Orsola, en me disant: « Voyez! » Eh bien, moins terrible, je te le jure, est cela que de voir dans mes rêves sortir du lac, les cheveux ruisselants d'eau et collés au visage, le fantôme de ton pauvre frère, me criant: « Mon oncle! mon bon oncle! ne me fais pas mourir! » Mais laissons dormir dans sa tombe le pauvre enfant; il y dort plus tranquille que moi dans mon lit, j'en suis sûr, et occupons-nous de toi, ma chère Léonie, de ton avenir, de ton bonheur. Tu es jeune, tu es belle, tu peux être heureuse... Je ne parle pas de richesse... (Se traînant vers la cachette, qu'il ouvre.) Tiens, cette armoire renferme des millions! de peur qu'on ne me les vole, j'ai fait faire cette cachette. Nul ne la connaît, nul ne peut la connaître; quand elle est fermée, elle ne s'ouvre plus que par un ressort familier à moi seul. Des voleurs sont venus, ils m'ont menacé de mort si je ne leur disais pas où était mon argent, je ne le leur ai pas dit. C'était pour toi, Léonie, que je gardais tout cela! Pour moi, je n'en ai pas besoin; qu'en ferais-je?... Allons! tout est prêt, partons! Voyons, mon portefeuille, le voilà; mon passe-port, le voilà; la voiture est en bas, à notre disposition, rien ne nous retient plus ici!... Viens, Léonie, partons!

LÉONIE.

Je ne pars pas.

GÉRARD.

Comment, tu ne pars pas?

LÉONIE.

Non; mon témoignage est nécessaire ici, je reste.

GÉRARD.

Ton témoignage nécessaire, pourquoi?

LÉONIE.

Pour que l'innocent ne soit pas condamné à la place du coupable.

GÉRARD, presque menaçant.

Ah! tu veux rester pour me dénoncer, pour me faire condamner, pour me faire monter sur l'échafaud?

LÉONIE.

Non, mais pour que M. Sarranti n'y monte pas à votre place.

GÉRARD.

Sarranti! Sarranti! Que t'importe cet homme? La fatalité le poursuit, abandonne-le à la fatalité!

LÉONIE.

C'est-à-dire que vous me demandez que je le tue, quand, d'un mot, je puis le sauver? Vous voulez que mes nuits soient hantées par un spectre; seulement, votre fantôme, à vous, c'est un enfant noyé qui vous crie: « Mon bon oncle, ne me fais pas mourir! » Mon fantôme, à moi, serait

un innocent qui, du haut de son échafaud, me crierait :
« Misérable, tu me laisses mourir ! » Je ne partirai pas.

GÉRARD.

Oh ! de gré ou de force, il faudra bien cependant que tu partes.

LÉONIE.

De gré, je vous l'ai dit, je ne partirai pas. De force, comment vous y prendrez-vous ? Vous m'emporterez par les escaliers ? Dans les escaliers, je crierai ! Vous m'enfermerez dans une voiture ? Dans la voiture, je crierai ! Vous me conduirez dans une chambre ? Dans cette chambre, il y aura une fenêtre ; par la fenêtre de cette chambre, je crierai ! Vous m'entraînerez dans un désert ? Dans ce désert, je crierai ! et, prenez garde ! à défaut de juges pour m'entendre, dans ce désert, il y aura Dieu !... Cet homme qui m'a amené ici, vous a dit qu'il vous donnait votre crime à garder. Il mentait, c'était votre châtiment.

GÉRARD, la tête dans sa main.

Effroyable logique de l'assassinat! Me voilà forcé, parce que j'ai commis un premier meurtre, ou d'en subir la peine, ou d'en commettre un second... Léonie !

LÉONIE, courant à la fenêtre et l'ouvrant.

Ne m'approchez pas, ou je crie.

GÉRARD.

Léonie, je ne te menace pas, je te prie.

LÉONIE.

Priez ou menacez, monsieur, peu m'importe ! Vous êtes un homme et vous êtes armé. Je suis un enfant sans défense, mais je suis plus forte, je suis plus invulnérable que vous, parce que je suis la vérité ! parce que je suis la justice ! parce que je suis la loi !

GÉRARD.

Que me reste-t-il donc à faire, alors?

LÉONIE.

A m'ouvrir cette porte, et à me dire : « Va librement où ton devoir te dit d'aller, » ou bien...

GÉRARD.

Ou bien ?

LÉONIE.

Ou bien à me tuer, comme vous avez tué mon frère !

GÉRARD.

Elle aussi ! (Il regarde autour de lui, voit la porte de la cachette toute grande ouverte et paraît frappé d'une idée. — A lui-même.) Eh bien, non, je ne la tuerai pas : je la laisserai mourir ! (Menaçant.) Léonie !

LÉONIE, ouvrant la fenêtre.

Au secours !

GÉRARD, bondissant sur elle et lui jetant sur la tête son manteau dont il l'enveloppe.

Ah ! tu crieras !

LÉONIE, d'une voix qui s'affaiblit.

Au secours ! à moi ! au meurtre !

GÉRARD, l'emportant, la jetant dans la cachette et refermant la porte sur elle.

Crie, maintenant ! Nous verrons si, quand je serai parti, quand toutes les portes seront fermées, nous verrons si quelqu'un t'entend et vient t'ouvrir... (Il prend le coffre plein d'or qu'il traîne jusqu'à la porte, sort à moitié, puis recule et tombe assis sur le coffre en s'écriant.) Le moine !...

SCÈNE IV

GÉRARD, DOMINIQUE.

GÉRARD.

Que me voulez-vous ?

DOMINIQUE.

Je vais vous le dire.

GÉRARD.

Pas à cette heure, pas en ce moment ; ce soir, demain, après-demain.

DOMINIQUE.

Non, à l'instant même.

GÉRARD.

Je ne puis.

(Il s'avance vers la porte, Dominique lui barre le chemin.)

DOMINIQUE.

Vous ne passerez pas !

GÉRARD, s'appuyant à la muraille.

Trop tard ! cinq minutes trop tard !

DOMINIQUE.

C'est Dieu qui mesure le temps! Voulez-vous m'écouter?

GÉRARD.

Parle donc!

DOMINIQUE.

Je viens vous demander le droit de révéler votre confession.

GÉRARD.

C'est-à-dire que vous venez me demander ma mort, c'est-à-dire que vous venez me demander de me conduire par la main à l'échafaud !

DOMINIQUE.

Non, monsieur; car, cette permission accordée, je ne m'oppose plus à votre départ.

GÉRARD.

A mon départ... Et, derrière moi, vous me dénoncez, derrière moi, le télégraphe joue, et, à dix lieues, vingt lieues, trente lieues d'ici, l'on m'arrête.

DOMINIQUE.

Je vous donne ma parole, monsieur, et vous savez si je suis l'esclave de ma parole, que, demain à midi seulement, c'est-à-dire quand vous serez en Belgique, j'userai de la permission.

GÉRARD.

Et quand je serai en Belgique, comme il y a meurtre, vous obtiendrez l'extradition.

DOMINIQUE.

Je ne la solliciterai pas, monsieur; je suis un homme de paix, je demande que le pécheur se repente et non qu'il soit puni; je veux, non pas que vous mouriez, mais que mon père ne meure pas!

GÉRARD.

Impossible! vous me demandez une chose impossible.

DOMINIQUE.

Ce que vous faites là est épouvantable! dans ce moment, la cour prévôtale délibère sur le sort de mon père; dans ce moment, on prononce sa sentence peut-être... et les sentences des cours prévôtales s'exécutent dans les vingt-quatre heures!

GÉRARD.

L'engagement que vous avez pris avec moi est formel; après ma mort, oui... mais, tant que je vivrai, non, non, mille fois non ! Laissez moi donc passer... Vous ne pouvez rien contre moi.

DOMINIQUE, au comble du désespoir.

Monsieur, croyez-vous que, pour vous persuader, j'aie employé tous les moyens, toutes les paroles, toutes les prières, toutes les supplications qui peuvent avoir un écho dans le cœur de l'homme? croyez-vous qu'il y ait une possibilité de sauver mon père en dehors de celle que je vous propose? S'il y en a une, dites-le; je ne demande pas mieux que de l'employer, dût-elle tuer mon corps en ce monde, et perdre mon âme dans l'autre... Tenez, je me mets à vos genoux pour vous conjurer de sauver mon père! Un moyen ! indiquez-moi un moyen !...

GÉRARD.

Je n'en connais pas! Laissez-moi passer!

DOMINIQUE.

Et si je vous tuais?...

SCÈNE V

Les Mêmes, SALVATOR, se précipitant et retenant la main de Dominique.

SALVATOR.

Arrêtez !... Un pareil coquin ne mérite pas de finir de la main d'un honnête homme. — A moi, Roland !

(Roland se précipite dans la chambre, et saute à la gorge de Gérard, qui roule avec lui derrière le lit.)

GÉRARD.

Délivrez-moi du chien et laissez-moi partir, et je signerai tout ce que vous voudrez !

SALVATOR, arrachant le chien de dessus Gérard.

Tout beau, Roland !

DOMINIQUE, prenant une plume et la présentant avec le manuscrit à Gérard.

Écrivez : « *Mardi, onze heures du matin.* — J'autorise le fils de M. Sarranti à révéler ma confession demain Mercredi, à midi. » Signez !

(Gérard signe.)

SALVATOR.

Et maintenant, allez vous faire pendre où il plaira à Dieu et à la justice humaine de vous dresser un gibet! Va, va-t'en, maudit!

DOMINIQUE, se jetant dans les bras de Salvator.

Oh! mon sauveur, embrassez-moi!

SALVATOR.

Maintenant, où est Rose-de-Noël?

DOMINIQUE.

Rose-de-Noël? Je ne l'ai pas vue.

SALVATOR.

Elle doit être ici cependant. M. Jackal l'y a ramenée ce matin... Ah! dans la chambre à côté sans doute. (Il y entre.) Rose-de-Noël!...

DOMINIQUE, appelant.

Léonie! Léonie!

SALVATOR, pâle, effaré, reparaissant à la porte.

Rose-de-Noël!... Rose-de-Noël, où es-tu?

DOMINIQUE.

Mon Dieu, que craignez-vous?

SALVATOR.

Tout! Cet homme est capable de tout!

DOMINIQUE.

Il l'aura tuée pour fuir comme il a tué son frère.

SALVATOR.

Mon Dieu!

DOMINIQUE.

Écoutez... Non... J'avais cru entendre comme un gémissement.

SALVATOR.

Ah! c'est-elle! C'est peut-être son dernier cri. Où est-elle, mon Dieu? où est-elle? (A Roland, qui gratte la muraille.) Que fais-tu, Roland? qu'y a-t-il? Cherche, mon chien!... cherche!... (Après une pause.) Morte où vivante, Rose-de-Noël est là.

DOMINIQUE.

Attendez.

SALVATOR.

Pas de porte!... la muraille! Oh! s'il le faut, j'abattrai la maison pour retrouver son cadavre. Rose-de-Noël! Rose-de-Noël!

DOMINIQUE.

Je me rappelle... un réduit creusé dans le mur. C'est là qu'il cachait son or, c'est là qu'il avait caché le manuscrit... Un ressort... un secret. Dieu a permis qu'il me l'ait indiqué...

(Il presse le ressort, la cachette s'ouvre. On voit Rose-de-Noël, à genoux, suffoquant, presque asphyxiée; elle a, avec ses dents et ses mains, déchiré le manteau, à travers lequel sa tête et un de ses bras sont passés dans la lutte.)

SALVATOR, la prenant dans ses bras.

Ah! Rose-de-Noël!... vivante, grâce à Dieu!...

SCÈNE VI

Les Mêmes, ROSE-DE-NOEL, M. JACKAL.

ROSE-DE-NOEL.

Ah! Salvator, je savais bien que c'était toi qui me sauverais.

M. JACKAL, entrant.

Messieurs! messieurs!

DOMINIQUE et SALVATOR.

M. Jackal.

M. JACKAL.

Oui, M. Jackal en personne, lequel vient vous annoncer que, grâce à une protection puissante et inconnue, il est nommé commissaire central à Toulon. (A Gérard, qui entre.) Si vous passez jamais par là, monsieur Gérard, je me mets à votre disposition.

SALVATOR.

Mais comment se fait-il que M. Gérard...?

M. JACKAL.

C'est bien simple. Avant de partir pour ma nouvelle destination, je suis venu faire une visite à M. Henri, mon protégé... Tout à coup, je vois passer, dans une chaise de poste, M. Gérard, qui, au lieu de partir avec sa nièce, comme je le lui avais expressément recommandé, partait seul... J'ai eu peur qu'il ne fût arrivé malheur à Rose-de-Noël, que j'aime beaucoup, et je ramène ici M. Gérard pour lui demander une petite explication.

SALVATOR.

Je vais vous la donner moi : M. Gérard, en partant, avait jeté vivante sa nièce dans ce sépulcre, où elle serait morte à cette heure si, grâce à Brésil, nous ne l'avions retrouvée !...

M. JACKAL.

Eh bien, que vous ai-je toujours dit, monsieur Salvator? *Cherchez la femme!*

FIN DES MOHICANS DE PARIS

GABRIEL LAMBERT

DRAME EN CINQ ACTES
ET UN PROLOGUE

EN SOCIÉTÉ AVEC M. AMÉDÉE DE JALLAIS

Ambigu-Comique. — 16 mars 1866.

DISTRIBUTION

GABRIEL LAMBERT............................ MM.	LACRESSONNIÈRE.
LE DOCTEUR FABIEN.........................	FAILLE.
OLIVIER D'HORNOY...........................	CASTELLANO.
THOMAS LAMBERT............................	CLÉMENT-JUST.
DE LUSSAN.................................	REGNIER.
RICHARD...................................	BERRET.
GASPARD...................................	RAYNARD.
CHIVERNY..................................	RICHER.
ROSSIGNOL.................................	PARROT.
FRANÇOIS..................................	DESORMES.
UN BRIGADIER DE GENDARMERIE................	HOSTEN.
UN GARÇON DE LA BANQUE }	LAVERGNE.
UN AGENT DE POLICE }	
UN GEOLIER................................	NÉRAULT.
UN GENDARME...............................	JULES.
UN DOMESTIQUE.............................	LOYER.
UN AUTRE DOMESTIQUE.......................	REIMERS.
UN ENFANT.................................	X.
LOUISE, fiancée de Gabriel............ Mmes	ADÈLE PAGE.
DIANE RICHARD.............................	JEANNE ANDRÉE.
ROUGEOTTE, fille de ferme.................	ENJALBERT.
INVITÉS, INVITÉES, FORÇATS, ETC.	

PROLOGUE

L'intérieur d'une ferme. Meubles indiquant l'aisance. — Fond de campagne. — Montagne praticable. — Sur le bord de la Vilaine.

SCÈNE PREMIÈRE

ROUGEOTTE, seule, mettant le couvert.

Faire la cuisine et mettre le couvert, ôter le couvert et refaire la cuisine, voilà ma position comme femme de chambre chez M. Lambert. Comme fille de ferme, c'est autre chose : je mène les chevaux à l'abreuvoir, et j'ai, de plus, dans mes moments perdus, pour les oies les attentions d'une sœur et pour les dindons les soins d'une mère. Cela m'humilie, de temps en temps, quand on m'appelle la mère aux oies, ou la sœur aux dindons. Mais je fais mes quatre repas à la journée, je renfonce mon humiliation avec des pommes de terre et de la galette de sarrasin.

SCÈNE II

LOUISE, ROUGEOTTE.

LOUISE.
Le dîner est-il prêt, Rougeotte?

ROUGEOTTE.
Il l'est si l'on veut, mademoiselle Louise, et il ne l'est pas si l'on ne veut pas.

LOUISE.
Explique-toi.

ROUGEOTTE.
Il l'est ou, plutôt, il doit l'être, puisqu'il y a quatre heures que le haricot est sur le feu; mais il ne l'est pas, parce que le mouton s'entête à ne pas cuire.

LOUISE.
Du reste, il n'y a pas de temps perdu, puisque Gabriel n'est pas encore rentré.

ROUGEOTTE, avec un soupir.
Ah! pauvre M. Gabriel!

LOUISE.
Tu le plains?

ROUGEOTTE.
Et de tout mon cœur, ce cher garçon.

LOUISE.
Et pourquoi le plains-tu?

ROUGEOTTE.
Parce qu'il n'était pas né pour le métier qu'on lui fait faire.

LOUISE.
N'est-il pas fils de fermier et de fermière?

ROUGEOTTE.
De fermier, oui... de fermière, non... Vous ne vous la rappelez donc pas, sa pauvre mère?... Comme elle était délicate!

on aurait dit une demoiselle de la ville. Aussi elle n'y a pas pu tenir, elle est morte à la peine.
LOUISE.
Trop tôt pour nous tous.
ROUGEOTTE.
Mais trop tard pour M. Gabriel.
LOUISE.
Comment, trop tard pour M. Gabriel?
ROUGEOTTE.
Oui... parce qu'elle l'a élevé dans du coton, pauvre enfant!... parce qu'elle lui a appris à lire, à écrire, à compter, à dessiner... tout ce qu'elle savait, pauvre femme... au lieu d'en faire un bon gros paysan, robuste comme le père Lambert; voilà ce que c'est que les mésalliances... Moi, je me suis bien promis de n'épouser jamais un grand seigneur. Il n'y a qu'à le regarder, pauvre M. Gabriel!... un garçon de charrue, ça?... c'est mon amoureux Pierre qui est un garçon de charrue. Il fallait le laisser à Paris, où il était, suivre son état de graveur, où il faisait des merveilles, à ce qu'on disait... et ne pas le forcer d'être paysan, lui qui est né pour être monsieur. Mais... vous-même qui allez être sa femme, puisque vous êtes sur le point de l'épouser, est-ce que vous croyez que vous allez le forcer à faire un métier pour lequel il n'est pas venu au monde?... Lui, voyez-vous, il mourra comme sa mère!
LOUISE.
Oh! tais-toi donc, Rougeotte.
ROUGEOTTE.
Et tenez, le voilà, regardez-le plutôt... Il ramène les chevaux à l'écurie... Est-ce que c'est son affaire, ça?... Non, son affaire, à lui, voyez-vous, c'est deux bonnes petites chambres à Paris : une pour son atelier,... l'autre pour vous et les enfants quand il en viendra.
LOUISE.
Mais la ferme ?
ROUGEOTTE.
On la vend, la ferme!... M. Lambert garde douze cents livres de rente, et il vit avec cela comme le roi d'Yvetot... Avec le reste, vous allez faire votre établissement à Paris; et chacun suit sa vocation... (Flairant.) Bon! voilà mon haricot de mouton qui brûle... Ah! pour le coup, M. Lambert va

joliment gronder!... il m'appellera encore mercenaire! je ne sais pas ce que c'est, mais ça doit être un vilain animal. Songez à ce que je vous dis pour M. Gabriel, mademoiselle Louise!... Songez-y!

SCÈNE III

LOUISE, seule.

Hélas! oui, j'y songe... je ne songe même qu'à cela... Comme elle a tout deviné avec son gros bon sens, la pauvre Rougeotte!... (A Gabriel.) Viens, mon cher Gabriel, viens!

SCÈNE IV

LOUISE, GABRIEL.

GABRIEL, distrait et l'embrassant au front.
Bonjour, Louise.
LOUISE.
Comme te voilà mouillé!
GABRIEL.
Il pleuvait à verse.
LOUISE.
Mais il fallait rentrer.
GABRIEL.
Et le labour?... Qu'aurait dit le père Lambert?... Est-ce que ce n'est pas à midi que rentrent les garçons de charrue?
LOUISE.
Mais tu n'es pas un garçon de charrue!
GABRIEL.
Que suis-je donc?
LOUISE.
Tu es leur maître.
GABRIEL.
Raison de plus pour leur donner l'exemple.
LOUISE.
Change d'habits, au moins!
GABRIEL.
Pourquoi faire?

LOUISE.

Tu es tout mouillé.

GABRIEL.

Il faut bien que je m'habitue à la pluie comme au reste.

LOUISE.

Tu es cruel, Gabriel.

GABRIEL.

Moi? je fais tout ce qu'on veut!

LOUISE.

Mais à contre-cœur!

GABRIEL.

Du moment que je ne me plains pas.

LOUISE.

Voilà ce qui me désespère!... J'aimerais mieux que tu te plaignisses.

GABRIEL.

A quoi cela servirait-il?... Ma pauvre Louise, il y a une destinée.

LOUISE.

Un cœur religieux dirait une Providence.

GABRIEL.

Je ne puis appeler Providence cette force invisible, et cependant implacable, qui me fait faire le contraire de ce que je veux!

LOUISE.

Ainsi, en m'épousant, tu fais le contraire de ce que tu veux?

GABRIEL.

Je ne dis pas cela... sur un point particulier, mais en thèse générale. Je viens au monde faible et chétif; ma mère, qui m'adore, me rattache à la vie à force de soins; mon éducation, grâce à celle qu'elle avait reçue elle-même, devient celle d'un enfant destiné au monde et à la fortune. Mon père comprend que je ne suis pas bâti pour faire un homme de peine, il me consulte sur mes goûts; pour ne pas trop m'élever au-dessus de ma position, je choisis un état moitié artisan, moitié artiste. Je choisis l'état de graveur; en deux ou trois ans, j'y fais des progrès énormes... je reviens passer un mois chez mon père... Je t'y trouve, ma pauvre Louise, fille de sa sœur, adoptée par lui... La solitude... le tête-àtête, l'entraînement, nous poussent dans les bras l'un de l'autre.

LOUISE.

Vous oubliez l'amour, Gabriel!

GABRIEL.

L'amour, si tu veux!... Nous faisons les plus beaux projets du monde : un atelier à Paris pour mon travail, une jolie chambre à côté pour Louise, et, sur ces projets, je pars!... Une petite irrégularité dans notre correspondance te fait douter de moi!... tu avoues tout à mon père,... même ce que tu n'eusses dû avouer à personne!... Mon père est un puritain... Il me rappelle à mon village, que, selon lui, j'ai eu le tort de quitter.

LOUISE.

Il t'ordonne de m'épouser, injonction que tu accomplis, bien à contre-cœur.

GABRIEL.

Mais non, ma bonne Louise, je t'aime tendrement! Obtiens de mon père qu'une fois mariés, nous retournions à Paris, et je serai l'homme le plus heureux du monde! et ce que j'appelle destinée, je l'appellerai Providence!...

LOUISE.

Mais c'est donc un bien grand malheur, que d'avoir une jolie femme, dans un beau village, au milieu d'un pays magnifique?

GABRIEL.

Ce n'est pas là le malheur, Louise!... le malheur, pour un homme d'imagination et d'espérance, comme je l'étais, et comme, hélas! je le suis encore, c'est de voir un but restreint et rien au delà! Tiens, ma pauvre Louise, il y a des jours où je regrette qu'au moment où j'ai failli passer sous la roue du moulin de M. Richard, il se soit trouvé là un brave garçon, nommé Gaspard, pour me tirer de l'eau.

LOUISE.

Gabriel!

GABRIEL.

Tiens, M. Richard, voilà un exemple de ce qu'un homme intelligent peut faire à Paris. C'était un paysan comme mon père... il était simple meunier, et n'avait que son moulin, celui sous la roue duquel j'ai failli périr... Sa fille était une jolie petite paysanne, qui m'appelait Gabriel, et que j'appelais

Charlotte... Le hasard... la destinée... la Providence met M. Richard en contact avec un fournisseur de vivres. Ils obtiennent un marché du gouvernement, pour faire passer du blé en Algérie... M. Richard a cent mille livres de rente... un hôtel à Paris... il est baron, chevalier de la Légion d'honneur; sa fille ne s'appelle plus Charlotte, elle s'appelle Diane; elle a des voitures, des chevaux, des robes de satin, des pelisses de renard bleu, et elle épousera qui elle voudra.

LOUISE, avec un soupir.

Ce qui est bien plus agréable sans doute que d'épouser qui l'on ne veut pas... Mais ne parlons plus de cela! Voilà ton père. (Il passe un frisson à Gabriel.) Tiens! va changer d'habits, je t'en supplie, tu grelottes!

GABRIEL.

Tu as raison, j'y vais.

SCÈNE V

Les Mêmes, LAMBERT, entrant.

GABRIEL.

Bonjour, père!

LAMBERT.

Bonjour, garçon! (Gabriel entre dans le cabinet à côté.) Où va-t-il donc?...

LOUISE.

Changer d'habits, mon oncle... Depuis une heure, il est exposé à la pluie, et, au mois de décembre, la pluie est glacée.

LAMBERT.

Douillet, va!... j'aurais bien voulu te voir à la retraite de Moscou; mais non, je n'aurais pas voulu t'y voir, tu y serais resté. (A Gabriel.) Et où ça en est-il, le labour?

GABRIEL, dans le cabinet.

Dans trois jours, ce sera fini, mon père! La semaine prochaine, on pourra commencer les semailles.

(Rougeotte rentre et sert le dîner.)

LAMBERT.

Et, dans deux mois, on verra pousser le grain, au mois d'août les épis, et, à l'Assomption, on fera la moisson... Ah! tu sais, Gabriel?

GABRIEL.

Quoi, mon père?

LAMBERT.

Ce mauvais sujet de Gaspard!...

GABRIEL.

Qui m'a sauvé la vie, tu sais, Louise.

LAMBERT.

Ça ne l'empêche pas d'être un mauvais sujet, ça.

GABRIEL.

Eh bien?

LAMBERT.

Il a déserté, avec armes et bagages!

GABRIEL.

Pauvre diable!

LAMBERT.

Comment, pauvre diable? Tu plains un déserteur?

GABRIEL, rentrant habillé en bourgeois.

S'il a déserté, c'est qu'il n'avait pas de vocation pour être soldat, et je plains tous ceux qui n'ont point de vocation pour leur état.

(Il se met à table.)

ROUGEOTTE, à Gabriel qui se sert.

Est-il cuit?

GABRIEL.

Qui vous a raconté l'histoire de Gaspard, mon père?

LAMBERT.

Le brigadier de gendarmerie, qui a reçu des ordres pour l'arrêter, s'il revenait au village.

ROUGEOTTE.

Est-il cuit?

LAMBERT.

Et puis une autre nouvelle enfin.

GABRIEL.

Laquelle?

LAMBERT, avec emphase.

M. le baron Richard est arrivé.

GABRIEL, vivement.

M. Richard, l'ancien meunier?

LAMBERT.

Lui-même, avec mademoiselle Diane de Saint-Dolay, sa fille...

(Gabriel pose sa fourchette sur son assiette, et est visiblement ému.)

LOUISE.

De Saint-Dolay! mais c'est le nom de notre village qu'ils ont pris?

LAMBERT.

Bon! ils ont pris bien autre chose, va!

ROUGEOTTE.

Est-il cuit?

LAMBERT.

Quoi donc?

ROUGEOTTE.

Le mouton.

LAMBERT, impatienté.

Dur comme notre âne! es-tu contente?

ROUGEOTTE.

Pas trop... j'aime notre âne,... et vous l'injuriez, pauvre bête!... Oh!... ces maîtres, ces maîtres... c'est-il injuste!

GABRIEL.

Bon! mon cher père, il faut bien passer quelque chose aux enrichis.

LAMBERT.

Je le vois encore, avec sa blouse blanche de farine et son bonnet de coton! La dernière fois que nous nous sommes rencontrés, c'était pour une contestation à propos d'une borne qui, pendant la nuit, avait fait cinq ou six pas de son champ dans le mien... Je vous lui ai envoyé un petit papier aux armes de Sa Majesté... Le lendemain, la borne était à sa place. Il faut qu'il en ait diablement déplacé, des bornes, pour arriver à avoir cent mille livres de rente.

GABRIEL.

Il faut être indulgent, mon père; tout le monde n'est pas un Cincinnatus comme vous.

LAMBERT.

Qu'est-ce que c'est que Cincinnatus?

GABRIEL.

Un brave Romain, mon père, qui, étant consul, chassa les Sabins du Capitole; qui, le jour où il ne fut plus consul, retourna à sa charrue, et que l'on alla reprendre, à sa charrue, pour le faire dictateur. Eh bien, je voulais dire, mon père, que vous êtes un homme de cette trempe-là!

LOUISE, en admiration.

Hein, mon oncle, est-il instruit!

LAMBERT.

Trop! n'importe... Nous allons boire un verre de vin de la coulée de Géran, à la santé de ton Cincinnatus!

GABRIEL.

Je vous ferai observer, mon père, qu'attendu qu'il y a deux mille deux cent soixante-douze ans, à peu près, qu'il est mort, cela ne lui fera pas grand bien.

LAMBERT.

En tout cas, si cela ne lui fait pas de bien, à lui, cela nous en fera, à nous. Tiens, Louise, va prendre la clef de la cave sur la cheminée de ma chambre; j'ai oublié de la mettre dans ma poche, et, dans le troisième caveau à gauche...

LOUISE.

Je sais où, mon oncle!

LAMBERT.

Et comment sais-tu cela?

LOUISE.

Parce que c'est le vin que vous préférez!

(Elle sort avec Rougeotte.)

LAMBERT.

Nous sommes seuls.

GABRIEL.

Oui, mon père.

LAMBERT.

Tu as dit de moi que j'étais un homme de la trempe de Cincinnatus.

GABRIEL.

Je l'ai dit.

LAMBERT.

Et tu as voulu dire, par là, que j'étais un honnête homme.

GABRIEL.

Certainement!

LAMBERT, lui tendant la main.

Mets ta main là!

GABRIEL.

La voilà, mon père.

LAMBERT.

Ta main tremble.

GABRIEL.

Votre façon de me parler...

LAMBERT.

Veux-tu que je te dise pourquoi ta main tremble, Gabriel ? C'est que, fils d'honnêtes gens, tu n'es pas sûr d'être un honnête homme.

GABRIEL.

Mon père, que dites-vous là !

LAMBERT.

Il n'est jamais sûr d'être un honnête homme, celui qui n'est pas content de l'état de ses pères, et qui veut une position plus haute que celle que la Providence lui a faite... Désirer s'élever, Gabriel, c'est mépriser le point d'où l'on est parti ; et le fils qui, à tort, méprise ses parents, finit presque toujours par mériter justement leur mépris.

GABRIEL

Mais, mon père, je n'ai rien dit, je n'ai rien fait...

LAMBERT.

La seule chose que je me rappelle dans cette histoire romaine dont tu me parlais tout à l'heure, c'est que le père, maître absolu de la famille, avait droit de vie et de mort sur ses enfants... Ne fais jamais une action déshonorante, Gabriel, car je te jure par l'âme de mon père que je me souviendrais de ce que tu m'as dit : que j'étais un homme de la trempe de Cincinnatus. Une fois pour toutes, c'est dit. (Rougeotte apporte une bouteille.) Souviens-toi que je n'ai pas l'habitude de répéter deux fois la même chose !

(Gabriel s'essuie le front avec son mouchoir.)

SCÈNE VI

Les Mêmes, ROUGEOTTE.

ROUGEOTTE, regardant au fond.

Ah ! monsieur Lambert ! monsieur Lambert ! une belle voiture qui s'arrête à la porte... un beau monsieur et une belle dame qui en descendent et qui viennent ici !

LAMBERT.

Comment ici ?

ROUGEOTTE.

Mais oui... les voilà !... Oh ! voyez donc la demoiselle, quel drôle de couvercle elle a sur la tête !

10.

LAMBERT.

C'est M. Richard!

GABRIEL.

Mais alors, la jeune dame, c'est Diane!

ROUGEOTTE.

Oh! elle est belle tout de même!... elle est belle tout de même!...

LAMBERT.

Comme ce n'est probablement pas pour moi qu'il vient... reçois-le, Gabriel... J'aime autant ne pas me trouver avec lui.

SCÈNE VII

Les Mêmes, RICHARD, DIANE.

RICHARD, avant que Lambert soit sorti.

Eh bien, où allez-vous donc, monsieur Lambert? Ne vous sauvez pas, c'est à vous que j'ai affaire.

LAMBERT, se retournant.

A moi? vous avez affaire à moi?

RICHARD.

Oui, mon cher monsieur.

LAMBERT.

Son cher monsieur!

RICHARD.

C'est votre fils, ce grand garçon-là, n'est-ce pas, M. Gabriel?

LAMBERT.

Lui-même.

RICHARD.

Mon cher Gabriel, occupez-vous de ma fille; moi, j'ai à causer avec votre père.

GABRIEL.

Moi?

DIANE.

Refusez-vous de vous occuper de moi?

GABRIEL.

Grand Dieu, mademoiselle, trop heureux au contraire! Mademoiselle veut-elle nous faire l'honneur de prendre quelque rafraîchissement?

DIANE.

Merc ! débarrassez-moi seulement de mon chapeau !

(Gabriel porte le chapeau sur une table.)

RICHARD.

Vous êtes étonné de me voir chez vous, cher monsieur Lambert !

LAMBERT.

Je dois vous avouer, monsieur le baron, qu'après la contestation que nous avions eue ensemble...

RICHARD.

D'abord, je suis baron à Paris, dans mon salon... pour les Parisiens !... mais ici, monsieur Lambert, aujourd'hui comme autrefois... je suis le voisin Richard, ou Richard le meunier, comme vous voudrez. Ah ! je sais bien qu'il y a des gens qui oublient d'où ils sont partis... moi, je m'en fais gloire ! quant à notre contestation, j'avais tort ; voilà ma main : que voulez-vous de plus ?

DIANE.

Vous ne me reconnaissez pas, monsieur Gabriel ?

GABRIEL.

Si fait, mademoiselle ; seulement, je n'ose pas me souvenir !

DIANE.

Pourquoi cela ? la mémoire n'est-elle pas le don le plus précieux que nous ait fait le Seigneur ?

GABRIEL.

Mademoiselle Diane !

DIANE.

Je me souviens, moi.

GABRIEL.

Et de quoi pouvez-vous vous souvenir, mon Dieu ?

(Louise entre sans être vue.)

DIANE.

Je me souviens que nous avons été élevés, et que nous avons joué ensemble, étant enfants ; que, comme vous étiez plus grand que moi, vous me traîniez dans ma petite voiture par les beaux chemins, et me portiez dans les mauvais. Je me souviens qu'un jour, sur un désir de moi, vous avez exposé votre vie... Je voulais un nymphéa qui flottait à fleur d'eau ; en essayant de l'attirer à vous, avec une branche d'arbre, vous êtes tombé dans la rivière ; à mes cris, un brave garçon nommé Gaspard... oh! je n'ai pas oublié son nom ! est accouru, s'est jeté à l'eau, et vous a sauvé.

LOUISE, à part.

Ils se connaissent !

GABRIEL.

Il y a si longtemps de cela, mademoiselle Diane !

DIANE.

Je ne m'appelle pas Diane, je m'appelle Charlotte.

GABRIEL.

Oh! oui, oui, vous vous appelez Charlotte.

DIANE.

Vous disiez?...

GABRIEL.

Je disais qu'il y avait si longtemps que cela était arrivé... et que, ne nous étant pas revus depuis...

DIANE.

Vous vous trompez, monsieur Gabriel, nous nous sommes revus.

GABRIEL.

Nous !

DIANE.

Et vous m'avez bien reconnue... Vous seulement, vous avez fait semblant de ne pas me reconnaître.

GABRIEL.

C'était à Paris, n'est-ce pas? chez le maître graveur où je travaillais ; vous êtes venue pour faire faire des cartes au nom de mademoiselle de Saint-Dolay.

DIANE.

Une fantaisie de mon père... Je vous ai regardé pour voir si vous me parleriez... vous avez ouvert la bouche. J'attendais, et vous vous êtes remis à votre travail sans prononcer une parole.

GABRIEL.

Oh! mademoiselle, mon silence ne tenait point à ce que je ne vous reconnaissais pas, comme vous l'avez supposé, mais à ce qu'au contraire, je vous reconnaissais trop ! Qu'aurais-je pu vous dire?... sinon : « Charlotte ! chère Charlotte! »

DIANE.

Eh bien, il fallait me dire : « Charlotte ! chère Charlotte! » je vous aurais répondu : « Gabriel! cher Gabriel! »

(Elle lui tend la main.)

LOUISE.

Mon Dieu!

DIANE.

Il y a huit jours, je suis retournée chez votre maître graveur... vous n'y étiez plus. Je lui ai demandé de vos nouvelles; il m'a dit que votre père vous avait rappelé à la ferme pour vous céder son exploitation ; ce qui était un grand malheur, ajoutait-il, car vous aviez tant de dispositions pour votre état... je vous répète ses propres paroles... que vous fussiez devenu un des premiers graveurs de Paris. Aussi, quand mon père m'a fait part de son projet, qui était de se porter candidat à la députation dans le Morbihan, et quand il m'a demandé si je voulais l'accompagner, j'ai accepté avec joie, d'abord pour le plaisir de vous revoir, ensuite dans l'espérance de vous faire changer de résolution.

LOUISE.

Ah!

DIANE.

Quelle est cette jeune femme?

GABRIEL, vivement.

Ma cousine.

LOUISE.

Sa cousine et...

GABRIEL, à Louise.

Ne vas-tu pas raconter nos détails d'intérieur à mademoiselle!...

DIANE, se levant.

Avez-vous fini, mon père?

RICHARD.

Nous commençons à nous entendre, du moins; j'explique à M. Lambert que je me porte à la députation.

LAMBERT.

Oui, et M. le baron me fait l'honneur de me demander ma voix.

RICHARD.

Entre voisins de campagne, il me semble que c'est bien simple...

LAMBERT.

Entre voisins de campagne, qui ne sont plus voisins depuis douze ans.

RICHARD.

Oui, mais qui vont le redevenir. J'ai acheté le château de Saint-Dolay.

GABRIEL.

Pour l'habiter ?

RICHARD.

L'été, oui, surtout si je suis nommé dans le département. Je viendrais m'informer des besoins de mes électeurs. Maintenant, un service.

LAMBERT.

Lequel ?

RICHARD.

M. Gabriel a-t-il toujours sa belle écriture ?

LAMBERT.

Plus belle que jamais, surtout depuis qu'il a appris l'état de graveur.

RICHARD.

C'est que j'ai bien envie d'abuser de vous, monsieur Gabriel !

GABRIEL.

Faites en toute sécurité.

RICHARD.

S'il y avait une imprimerie dans le pays, je ne me permettrais pas une pareille importunité ; mais il n'y en a pas, et j'ai besoin pour demain de cinquante circulaires, pareilles à celle-ci. Voulez-vous vous charger de les faire ? (Gabriel étend la main.) Je vous les payerai bien.

GABRIEL, retirant sa main.

Pardon, monsieur, je ne suis pas écrivain public.

DIANE.

Comment ! vous refusez de rendre ce service à mon père ?

GABRIEL.

Je ne refuse pas de le lui rendre, je refuse de le lui vendre.

DIANE, à son père.

Donne-moi cette circulaire. (A Gabriel.) Monsieur Gabriel, je vous en prie.

GABRIEL.

Vous avez dit qu'il vous les fallait pour demain, vous les aurez, monsieur.

LOUISE.

Quel empressement !

RICHARD.

Est-ce que vous ne pourriez pas, ce soir, m'envoyer toujours ce que vous aurez de fait ?

GABRIEL, tirant sa montre.

Deux heures !... je crois pouvoir vous promettre le tout pour ce soir, monsieur.

DIANE.

Déjà deux heures, et vous n'avez pas encore fait la moitié de vos visites, mon père.

GABRIEL, ouvrant un carton et prenant un papier.

Cette écriture-là vous paraît-elle assez lisible ?

RICHARD.

Je crois bien !

DIANE, feuilletant le carton.

Oh ! le joli paysage !... Mais c'est une gravure !

GABRIEL.

C'est un dessin à la plume.

DIANE.

De qui ?

GABRIEL.

De moi.

DIANE.

Un original ?

GABRIEL.

Hélas ! non, mademoiselle, une copie.

DIANE.

C'est vrai, vous avez toujours eu du goût pour le dessin... Quand j'étais petite, vous vouliez toujours faire mon portrait.

GABRIEL.

Vous étiez si jolie !...

DIANE.

Suis-je donc changée ?

GABRIEL.

Oui, vous êtes devenue belle !

LOUISE, à part.

Oh ! impossible, impossible !... Je souffre trop !

(Elle sort.)

SCÈNE VIII

Les Mêmes, hors LOUISE.

RICHARD.
Il est donc convenu que vous vous mettez à mes circulaires tout de suite ?

GABRIEL.
A l'instant !

RICHARD.
Que, dans deux heures, j'envoie prendre ce qu'il y a de fait, et que, ce soir, vous m'apportez le reste ?

GABRIEL.
C'est convenu.

DIANE.
Adieu, monsieur Lambert... Adieu, mademoiselle... Tiens, elle n'est plus là ! Vous ferez mes compliments à votre cousine, monsieur Gabriel.

LAMBERT.
Je vais vous conduire par le clos, cela vous raccourcit au moins de cinq cents pas !

(Elle sort avec Richard et Diane.)

SCÈNE IX

GABRIEL, seul.

Oh ! je ne m'étais donc pas trompé ; à Paris, elle m'avait reconnu, et elle est revenue chez le graveur, et elle s'est informée de moi, et elle se souvient de tout, comme moi. Elle a voulu que je la nommasse Charlotte, comme autrefois. Quelle étrange chose ! Voilà une femme que je n'avais pas vue depuis douze ans, si ce n'est un instant, à Paris... Je la revois, et elle entre violemment dans mon cœur et en chasse tout ce qui s'y trouvait avant elle. Non ! pas avant elle ; la première, elle y est entrée, et jamais elle n'en est sortie ! Comme elle m'a, par pure coquetterie sans doute, un instant traité en égal ! A ce point que, si je l'avais voulu, j'aurais pu croire qu'elle était jalouse de Louise !... Pauvre Louise !... Heureusement que son père a eu la pitié de me faire comprendre que je n'étais qu'un valet qu'on payait !... car il me payera les circulaires, et je serai forcé d'accepter son argent, je suis son inférieur, je n'ai pas le droit de lui rendre un service. Allons, copiste, à l'œuvre !

(Il se met au travail.)

SCÈNE X

GABRIEL, copiant ; GASPARD, paraissant sur l'appui de la fenêtre ; il est vêtu d'une blouse, il porte un bonnet de police et un pantalon d'uniforme.

GASPARD.

Par ma foi, je les ai distancés. Ce que c'est que d'avoir étudié le pas gymnastique !... Une fenêtre ouverte, pas de portier, inutile de demander le cordon. M'y voilà ; ouf! Quelqu'un...

Il va sur la pointe du pied à une grande armoire, où il se blottit ; au moment où il ferme la porte sur lui, Gabriel se retourne.

GABRIEL.

Hein ! Qui va là ?... Personne !

(Il se remet au travail.)

GASPARD, ouvrant doucement l'armoire.

Cela sent terriblement le renfermé ici !... Heureusement qu'il y a du liquide.

GABRIEL.

Et quand on pense qu'il faut que j'écrive cinquante fois : « Monsieur, je viens solliciter l'honneur... » Sot métier que celui que je fais là !

(Il écrit.)

SCÈNE XI

LES MÊMES, UN BRIGADIER DE GENDARMERIE, UN GENDARME.

LE GENDARME.

Brigadier, je vous affirme que je l'ai vu se diriger de ce côté.

LE BRIGADIER.

Explorons ! — Bonjour, monsieur Gabriel.

GABRIEL.

Ah ! c'est vous, monsieur Dumont !

LE BRIGADIER.

Personnellement !

GABRIEL.

Est-ce que vous viendriez m'arrêter, par hasard ?

LE BRIGADIER.

Vous ? Allons donc !... Les honnêtes gens comme vous et moi, monsieur Gabriel, ne sont point susceptibles d'être arrêtés..... Non, nous sommes à la poursuite d'un déserteur.

GABRIEL.

Bah !... Ce n'est point à celle de Gaspard Durel ?

LE BRIGADIER.

Si fait, au contraire !... Vous savez donc qu'il a déserté ?

GABRIEL.

Mon père m'a dit vous avoir rencontré.

LE BRIGADIER.

C'est vrai ; cela me fera de la peine d'incarcérer le fils du vieux père Durel, qui est mon ami ; mais le devoir avant tout !

LE GENDARME.

Brigadier !

LE BRIGADIER.

Gendarme ?

LE GENDARME.

Je vous assure que, s'il n'est pas dans la ferme du papa Lambert, il n'en est pas loin.

LE BRIGADIER.

Avez-vous vu quelque chose, monsieur Gabriel ?

GABRIEL.

Non ; mais vous êtes libre de chercher, brigadier. La maison est à vous, et, si vous voulez commencer par cette chambre...

LE BRIGADIER.

Inutile de nous arrêter, monsieur Gabriel ; nous autres gendarmes, nous ne nous arrêtons jamais !... Il aura pris le petit chemin qui longe la ferme et qui conduit au bois Paulet.

GABRIEL.

Probablement.

LE GENDARME.

Brigadier !

LE BRIGADIER.

Gendarme ?

LE GENDARME.

Demandons à M. Gabriel la permission de traverser la ferme, cela nous raccourcira d'un demi-kilomètre.

GABRIEL.

Traversez, brigadier, traversez!

LE BRIGADIER, enjambant la fenêtre.

C'est permis?

GABRIEL.

Je le crois bien!

LE BRIGADIER.

Escalade, mais sans effraction..

GABRIEL, au brigadier.

Comme vous avez chaud! voulez-vous vous rafraîchir?

LE GENDARME.

Brigadier!

LE BRIGADIER.

Gendarme?

LE GENDARME.

Ce jeune homme vous fait une proposition, celle de vous rafraîchir! — Bien volontiers, monsieur Gabriel..

LE BRIGADIER.

Gendarme, si ce jeune homme me fait une proposition, c'est à moi d'y répondre. (A Gabriel.) Monsieur Gabriel, vous êtes bien honnête. (Gabriel met la main à la clef de l'armoire, le brigadier l'arrête.) Mais, dans l'exercice de mes fonctions, je n'absorbe jamais; redonnez-moi un tour de clef à cette armoire. Et, nous, gendarme...

LE GENDARME.

Brigadier?

LE BRIGADIER.

Au bois Paulet! Bonjour au père Lambert, monsieur Gabriel.

(Il sort suivi du gendarme.)

SCÈNE XII

GABRIEL, travaillant; GASPARD, entr'ouvrant la porte de l'armoire.

GASPARD, dans l'armoire, allongeant le bras en dehors.

Bonjour, Gabriel!

(Il sort tout à fait.)

GABRIEL, se retournant.

Gaspard! toi! toi! ici?

GASPARD.

Je n'ai plus une goutte de sang dans mon bonnet de police.

GABRIEL.

Comment! tu étais caché là, dans cette armoire? Et quand je pense que j'ai failli l'ouvrir!

GASPARD.

Et je dois même t'avouer que, moi qui ne perdais pas une parole de ce qui se disait ici, j'ai trouvé que, pour un camarade, tu avais une bien mauvaise idée d'offrir la goutte à ce brigadier, qui me donnait la chasse... Dire que, s'il avait eu la pépie, j'étais pincé!

GABRIEL.

Pardonne-moi, Gaspard ; qui pouvait deviner...?

GASPARD.

Mais, en principe, est-ce que l'on offre jamais à boire à la force armée!...

GABRIEL.

Tu es donc réellement déserteur, mon pauvre Gaspard ?

GASPARD.

Les mauvaises langues disent cela parce que j'ai quitté le régiment deux ans avant mon temps fini; mais il ne faut pas les croire, je suis en rupture de garnison.

GABRIEL.

En rupture de garnison?

GASPARD.

Oui, c'est un mot que j'ai trouvé pour expliquer ma position sociale aux autorités.

GABRIEL.

Ainsi c'était bien toi qu'ils poursuivaient?

GASPARD.

Tu l'as dit, mon fils.

(Il semble chercher et ouvre les portes, les unes après les autres.)

GABRIEL.

Que diable fais-tu?

GASPARD.

Ne t'inquiète pas, je cherche... Va toujours, j'ai trouvé! Va donc voir si personne ne vient.

Gabriel remonte au fond, Gaspard disparaît dans le cabinet où Gabriel a changé d'habits.

GABRIEL.

Mais tu es perdu!

GASPARD, du cabinet.

Si je suis arrêté, mais je ne le suis pas encore!

GABRIEL.

Malheureux! c'est qu'il y va tout bonnement de la vie.

GASPARD.

Cinq ou six balles dans l'estomac pour m'ouvrir l'appétit; mais on ne me pincera pas!

GABRIEL, redescendant.

Avec ton bonnet de police et ton pantalon rouge?

GASPARD.

Oui, je sais... C'est imprudent; mais, que veux-tu! je n'avais pas encore trouvé l'occasion de m'en défaire avantageusement. (Sortant habillé en paysan.) Mais, maintenant que je l'ai trouvée, je suis plus tranquille.

GABRIEL.

Mais ce sont mes habits que tu as là!

GASPARD.

Ne trouves-tu pas qu'ils me vont comme s'ils étaient faits pour moi! Tu n'es pas malheureux d'avoir une garde-robe si bien montée, tout en double! muscadin, va!

GABRIEL.

Mon pauvre Gaspard, si mes habits assuraient ta fuite, je serais trop heureux!

GASPARD.

En tout cas, ils y contribueront.

GABRIEL.

J'ai là un travail pressé... tu permets?...

(Il se remet au travail.)

GASPARD, s'approche de lui.

Mazette! tu as une belle écriture, toi! Oh! c'est moulé.

GABRIEL.

Mais pourquoi donc as-tu déserté?

GASPARD.

Pour une foule de raisons, toutes meilleures les unes que les autres... Les tambours avaient des figures qui me déplaisaient... la grosse caisse était trop maigre... le flageolet trop gras... la vivandière trop rouge, et les sapeurs trop pâles!... il n'y avait que le sergent qui m'allait; mais, dans une petite conversation, je lui offris deux soufflets, et... tu sais...

au bout de cela... il y a le conseil de guerre... Ma foi, je ne l'attendis pas!... Ah! sacristi! que j'ai soif! (Gabriel fait un mouvement.) Non! ne te dérange pas! (Il va prendre une bouteille et un verre dans l'armoire, puis il boit.) Hum! il est bon, ce vin-là!

GABRIEL.

C'est le vin du papa Lambert. Ah çà! d'où viens-tu?

GASPARD.

De Vannes.

GABRIEL.

Et que comptes-tu faire?

GASPARD.

Aller à Paris.

GABRIEL.

A Paris! C'est là que tout le monde va!

GASPARD.

Parce que chacun y trouve chaussure à son pied; parce que la femme, pourvu qu'elle soit gentille, l'homme, pourvu qu'il soit adroit, y font fortune, plus ou moins honnêtement, bien entendu; mais, s'il n'y avait que les honnêtes gens qui y fissent fortune, il y aurait trop de capitaux en souffrance.

GABRIEL.

Mais, pour aller à Paris, tu as donc de l'argent?

GASPARD.

Pas un sou!

GABRIEL.

Comment vas-tu faire, alors?

GASPARD.

Bon! est-ce que le hasard n'est point là? Tout à l'heure, je n'avais pas d'habits, ou, bien pis que cela, j'avais des habits compromettants : le hasard y a pourvu, comme tu vois; il me faut combien pour aller à Paris?

GABRIEL.

Il te faut trois jours.

GASPARD.

Non, il me faut cent francs... Eh bien, le hasard y pourvoira!... Prête-moi cent francs, Gabriel.

GABRIEL.

Mon pauvre ami, je n'ai jamais eu cent francs.

GASPARD.
Emprunte-les à ton père.

GABRIEL.
Sous quel prétexte?

GASPARD.
Bah! à un père, est-ce qu'on lui donne des prétextes

GABRIEL.
Impossible!

GASPARD.
Dis-lui que c'est pour un ami dans le besoin.

GABRIEL.
Il voudrait connaître l'ami, et, tu le sais, il ne t'a jamais porté dans son cœur, le papa Lambert.

GASPARD.
Que c'est drôle qu'il y ait des gens qui viennent au monde avec des idées comme celles-là!

GABRIEL.
Que veux-tu! ce sont les siennes.

GASPARD.
Alors, ne demande pas, prends!

GABRIEL.
Un vol, Gaspard!

GASPARD.
Avancement d'hoirie, voilà tout, puisque tu es fils unique; aussitôt mon arrivée à Paris, à la première affaire que je fais, je te renvoie tes cent francs.

GABRIEL.
Je te l'ai dit, Gaspard, impossible! mes habits, c'est bien, ils sont à moi, tu les prends, à merveille; mais l'argent du père, non.

GASPARD.
Oh! Gabriel, de la part d'un ami, je n'aurais jamais cru cela, fi!... Bon! qui est-ce qui nous arrive?

SCÈNE XIII

Les Mêmes, un Domestique.

LE DOMESTIQUE.
M. Gabriel Lambert!

GABRIEL.

C'est moi.

LE DOMESTIQUE.

Je viens, de la part de M. le baron Richard, prendre ce qu'il y a de circulaires faites, afin qu'elles puissent partir par la poste aujourd'hui.

GABRIEL.

En voici une trentaine; dans deux heures, je lui porterai le reste.

LE DOMESTIQUE.

Mon maître m'a chargé de vous remettre ce petit paquet.

GABRIEL, l'ouvrant.

Soixante francs! Merci, mon ami; faites-moi le plaisir de rendre cet argent à votre maître.

LE DOMESTIQUE.

Il est sorti.

GABRIEL.

Mais mademoiselle Diane est-elle sortie, elle?

LE DOMESTIQUE.

Non, monsieur.

GABRIEL.

Remettez ces soixante francs à mademoiselle Diane, alors, et dites-lui que je n'estime pas si haut mon travail de quelques heures.

LE DOMESTIQUE.

Ce sera fait, monsieur.

(Il sort.)

GASPARD, à part.

Presque la somme qu'il me faudrait, et il la refuse!... Ah! je comprends, nous faisons le fier, à cause de la demoiselle.

SCÈNE XIV

GASPARD, GABRIEL.

GASPARD.

Tu ne seras jamais riche, mon pauvre Gabriel.

GABRIEL.

Que veux-tu! on a des répugnances.

GASPARD.

Et cependant tu aurais pu me prêter cette somme que tu

avais gagnée honnêtement et qui pouvait me sauver la vie ; si j'avais fait toutes ces réflexions-là pour me jeter à l'eau quand tu te noyais !...

GABRIEL, lui donnant la main.

Je le sais, mon ami, et crois que, s'il eût été possible... mais j'avais des raisons sérieuses pour refuser.

GASPARD.

Bon ! je les connais, tes raisons.

GABRIEL.

Tu les connais ?

GASPARD.

Veux-tu que je te les dise ? Tu es amoureux de mademoiselle Richard.

GABRIEL.

Moi ! qui t'a dit cela ?

GASPARD.

Et tu veux faire le généreux vis-à-vis d'elle.

GABRIEL.

Tais-toi, Gaspard ! si Louise t'entendait...

GASPARD.

Bien !... il y a mademoiselle Louise et mademoiselle Diane ! Oh ! Lovelace que tu es ! Veux-tu me prêter les cent francs ?

GABRIEL.

Mais puisque je ne les ai pas !

GASPARD.

Alors, je vais trouver mademoiselle Diane, et je lui rappellerai que, le jour où tu te noyais, parce que tu avais voulu cueillir une fleur qu'elle désirait...

GABRIEL.

Ne fais pas cela, Gaspard !

GASPARD.

Pourquoi donc ?

GABRIEL.

Parce que je ne veux pas.

GASPARD.

Alors, comme il me faut absolument cent francs, si tu ne veux pas que je les demande à mademoiselle Richard, prête-les-moi.

GABRIEL.

Je n'ai pas cent francs, Gaspard ; mais tout ce que j'ai, je vais te le donner : ma montre d'abord, tiens, prends... Avec

11.

la chaîne, elle vaut bien deux louis; puis cette bague, un souvenir de Louise.

GASPARD.

Est-ce bien tout ce que tu as sur toi?

GABRIEL, se fouillant et jetant tout ce qu'il a sur la table.

Tiens, juges-en toi-même!

GASPARD.

Brave cœur, tu te dépouilles pour moi! Mais, comme je ne suis pas fier et que je n'aime pas mademoiselle Richard...

GABRIEL.

Tais-toi!

GASPARD.

J'accepte tout, même ce billet de deux cents francs.

GABRIEL.

Non, ce billet n'est point à moi.

(Il le prend des mains de Gaspard, le déchire, et le jette dans la cheminée.)

GASPARD.

Comment! tu déchires les billets de banque qui ne t'appartiennent pas!...

GABRIEL.

Ne me demande pas d'explications, Gaspard; j'ai fait tout ce que je pouvais pour toi! Je t'ai donné mes habits, le peu que j'ai de bijoux, tout ce que j'avais d'argent; va-t'en, Gaspard, va-t'en!

GASPARD.

C'est bien, je m'en vais! Adieu, Gabriel! (Regardant les fragments du billet déchiré.) On reviendra!...

(Il sort.)

SCÈNE XV

GABRIEL, DIANE, suivie du DOMESTIQUE.

GABRIEL, avec un certain effroi.

Vous! vous ici, mademoiselle!

DIANE.

Pourquoi pas? N'y suis-je pas venue tantôt avec mon père?

GABRIEL.

Sans doute, mais...

DIANE.

Mais j'étais avec mon père, voulez-vous dire? Eh bien,

maintenant, je me suis fait accompagner par un domestique ; d'ailleurs, je ne croyais point que ce fût pour le village et pour des amis que cette grande étiquette était faite.

GABRIEL.

Pardonnez-moi ! parfois, dans mes distractions, je ne sais ce que je dis.

DIANE.

Laissez-moi vous expliquer ma démarche, puisqu'elle vous parait avoir besoin d'être expliquée. J'ai appris, par le domestique de mon père, que vous aviez refusé l'argent qu'il vous avait envoyé. Il ne faut pas en vouloir à mon père, Gabriel.

(Gaspard rentre, et se glisse dans le cabinet aux habits.

GABRIEL.

Mademoiselle...

DIANE.

Les banquiers, voyez-vous, cela ne connaît qu'une chose, l'argent ; mais, moi qui comprends votre délicatesse, cher monsieur Gabriel, et qui ne veux pas me brouiller avec vous pour les quinze jours que nous avons à passer à Saint-Dolay...

GABRIEL.

Ah ! vous restez quinze jours à Saint-Dolay, mademoiselle ? Quel bonheur !

DIANE, souriant.

C'est un bonheur ?

GABRIEL.

Pour moi, qui vous verrai pendant ces quinze jours.

DIANE.

Ne nous réjouissons pas trop cependant, cela dépendra des nouvelles que mon père attend ce soir ; peut-être serons-nous forcés de partir demain !

GABRIEL.

Oh ! vous n'étant plus là, que deviendrai-je ?

DIANE.

Vous épouserez mademoiselle Louise !

GABRIEL.

Diane !

DIANE.

Mais je ne suis pas venue pour tout cela, je suis venue pour vous dire que je comprenais votre conduite vis-à-vis de mon père, et pour ajouter qu'en refusant de l'argent, vous accepteriez, je l'espère, un brimborion qui n'aurait d'autre mérite que de m'avoir appartenu... Donnez-moi votre montre, je veux y attacher moi-même ce cachet !

GABRIEL.

Ma montre ? je n'ai pas de montre, mademoiselle.

DIANE.

Je vous en ai vu une tout à l'heure !

GABRIEL.

Depuis que vous l'avez vue, je l'ai donnée à un ami qui est dans le besoin ; mais n'importe, je garderai précieusement ce cachet comme le souvenir d'un passé qui malheureusement ne peut pas revenir.

DIANE.

Et voici ma main, en mémoire du présent.

GABRIEL.

Oh ! mademoiselle, vous voulez donc me rendre fou !

(Il lui baise la main.)

SCÈNE XVI

Les Mêmes, LOUISE.

LOUISE.

Ah ! mon Dieu, pardonnez-moi, Gabriel, je croyais mademoiselle partie depuis longtemps !

DIANE.

J'étais partie, c'est vrai, mademoiselle ; mais je suis revenue pour remercier M. Gabriel de sa délicatesse envers mon père; et, comme le remercîment est fait, cette fois je prends véritablement congé de lui et de vous. Adieu, monsieur Gabriel !... Mademoiselle !...

(Elle fait un léger signe de tête et sort.)

SCÈNE XVII

GABRIEL, LOUISE.

GABRIEL.

Tu avais quelque chose à me dire, Louise ?

LOUISE.

Oui! une mauvaise nouvelle à te donner; ce qui fait que je ne te gronde pas pour le mal que tu me causes; mon pauvre ami.

GABRIEL.

Du mal... moi! et en quoi?

LOUISE.

Rien; pardon de ce qui m'amène. Je t'apporte une lettre que vient de recevoir ton père et qui le rend bien malheureux.

GABRIEL.

Qu'annonce donc cette lettre?

LOUISE.

Elle annonce que l'homme d'affaires chez lequel ton père avait déposé les fonds pour payer ses acquisitions, vient de disparaître.

GABRIEL.

Mon Dieu!

LOUISE.

De sorte qu'un voyage à Paris est indispensable.

GABRIEL.

Et pourquoi mon père n'y va-t-il pas lui-même, à Paris?

LOUISE.

Ton père, Gabriel? à peine sait-il lire et écrire; il ne connaît point Paris, que tu connais. Est-ce un homme comme lui, voyons, qui peut poursuivre une semblable affaire?

GABRIEL.

Mais qui ira donc, alors?

LOUISE.

Mais il me semble qu'à défaut de ton père, il n'y a que toi.

GABRIEL.

Moi? c'est impossible!

LOUISE.

Impossible! et pourquoi?

GABRIEL.

Difficile, je voulais dire : mon père ne m'a-t-il pas chargé des travaux de la ferme?

LOUISE.

Ton absence ne sera pas longue, quinze jours tout au plus.

GABRIEL, à part.

Quinze jours! juste le temps qu'elle a à rester ici.

LOUISE.

Tu dis?

GABRIEL.

Je dis que décidément je ne partirai pas.

LOUISE.

Tu ne partiras pas, Gabriel! quand il s'agit d'une somme, qui comprend à peu près toutes les économies de ton père. Ah! ce refus n'est point naturel, mon ami, et quelque chose que tu ne peux ou plutôt que tu ne veux pas dire te retient ici.

GABRIEL.

Ah çà! mais, ce matin, tu avais si grand'peur que je ne te quittasse, et, ce soir, voilà que tu veux, bon gré mal gré. m'envoyer à Paris!

LOUISE.

Mon ami, je te parlais de la Providence ce matin; qui te dit que ce n'est point la Providence qui nous envoie un malheur pour nous sauver?

GABRIEL.

Je ne sais ce que tu veux dire, Louise, ni ce que la Providence a à faire dans tout ceci. En attendant, je vais voir le père et causer avec lui.

LOUISE.

C'est-à-dire que tu vas essayer de lui persuader que c'est à lui, et non à toi, de faire le voyage... Malheureux, n'était-ce donc pas assez de sacrifier l'un de nous sans nous sacrifier tous les deux!

GABRIEL.

Des reproches, Louise! Ah! si nous en sommes à nous quereller avant le ménage!

LOUISE, tombant sur une chaise.

Non, non; va, mon ami! il est important qu'une prompte décision soit prise d'une façon ou de l'autre, va!

GABRIEL, la regardant.

Pauvre Louise!

(Il sort.)

SCÈNE XVIII

LOUISE, puis GASPARD, sortant du cabinet.

LOUISE.

Comme il l'aime, mon Dieu !

GASPARD.

Je crois que voilà le moment!

LOUISE, à elle-même.

J'ai fait ce que j'ai dû pour l'éloigner d'elle, et je n'ai pu y réussir... Ah! il a beau chercher des prétextes, c'est pour elle qu'il reste. Que faire?

GASPARD.

Voulez-vous un bon moyen, mademoiselle Louise?

LOUISE, se levant.

Qui êtes-vous?

GASPARD.

Pas de crainte, je suis le fils du père Durel : Gaspard.

LOUISE.

Pas possible!

GASPARD.

Par malheur, je n'ai pas le temps de vous montrer mon acte de naissance. Les moments sont précieux! Vous cherchez un moyen de l'éloigner, Gabriel, n'est-ce pas?

LOUISE.

Oui, oui, et je n'en trouve point. En auriez-vous un, vous?

GASPARD.

Infaillible! dites-lui tout simplement, comme cela, en l'air, que mademoiselle Diane part demain, et il partira ce soir.

LOUISE.

Oh! il est donc vrai que c'était pour elle!

GASPARD.

Je n'ai pas besoin de vous en dire davantage; d'abord, je ne suis pas revenu pour cela. (A part, regardant le billet.) Il y est toujours! (Haut.) J'ai perdu mon briquet et je suis revenu pour allumer ma pipe. Voilà tout justement du papier à terre près de la cheminée. (Il ramasse les morceaux du billet déchiré par Gabriel.) En les recollant, cela vaudra du neuf! (Regardant.) Tiens... il était faux!... Comment! comment! Gabriel s'amuse à faire de faux billets de banque dans ses moments perdus! ça ne m'étonne plus qu'il n'ait pas voulu me le donner. Allons, allons, ne vous désespérez pas, ma petite mère!... (A part.) Elle ne perdra pas grand'chose en perdant Gabriel!... Il finira mal, ce garçon-là! il finira mal!

(Il sort. Louise n'a entendu que ce qui a rapport à Diane.)

SCÈNE XIX

LOUISE, puis GABRIEL et LAMBERT.

GABRIEL, entrant avec Lambert.
Vous m'approuvez, n'est-ce pas, mon père?

LAMBERT.
Tu me donnes de bonnes raisons, c'est vrai! cependant, j'aurais mieux aimé que ce fût toi qui ailles là-bas! un homme d'affaires, un étranger, ne prendra jamais nos intérêts comme toi ou moi.

LOUISE, à Lambert.
Mais pourquoi chargez-vous de cela un étranger?

LAMBERT.
Qui veux-tu que nous en chargions?

LOUISE.
Un ami, M. Richard, par exemple.

GABRIEL.
M. Richard?... Impossible! il reste ici quinze jours.

LOUISE.
C'était son intention d'abord, mais il paraît qu'il a changé d'avis, il retourne demain à Paris.

GABRIEL, à Louise.
Comment sais-tu?...

LOUISE.
Le domestique est venu demander si les circulaires étaient faites, en disant que son maître avait reçu des nouvelles qui le forçaient de quitter immédiatement Saint-Dolay avec mademoiselle Diane; ne m'en demandez pas davantage, je dis ce que je sais.

LAMBERT.
C'est une idée, ça, ma petite Louise, et je vais jusqu'au château.

GABRIEL.
Si cependant, mon père, j'étais sûr...
LAMBERT.
De quoi?
GABRIEL.
Que ma présence ne fût point indispensable ici.
LOUISE.
Pour ma part, je ferai tout ce que je pourrai.
LAMBERT.
Quant à moi, il me semble qu'en moins de huit jours, on peut couler cette affaire.
GABRIEL.
Dame, mon père, si vous y tenez absolument!
LOUISE, à part.
O mon Dieu! donnez-moi la force de ne pas pleurer.
GABRIEL.
Je n'insisterai pas davantage, je suis prêt à partir.
LOUISE, de même.
Oh! Gaspard me l'avait bien dit!
LAMBERT.
Eh bien, alors, demain si tu veux.
GABRIEL.
Pourquoi attendre à demain? Du moment que la décision est prise, le mieux est de l'exécuter tout de suite.
LOUISE, de même.
Mon Dieu!
LAMBERT.
Eh bien, donc, ce soir, si tu veux?
GABRIEL.
Alors, je n'ai pas de temps à perdre pour faire ma valise.
LOUISE.
Veux-tu que je t'aide, Gabriel?
GABRIEL.
On n'a pas besoin d'être deux pour cela!
LAMBERT.
Eh bien, moi, Gabriel, je vais chercher l'argent nécessaire à ton voyage.

(Il sort.)

LOUISE.
Oui, tu as raison, Gabriel, on n'a jamais besoin d'être deux quand il y en a un des deux qui n'aime plus l'autre. (Lam-

bert revient.) Oh! mon oncle, j'ai bien des choses à vous dire, allez!

SCÈNE XX

LOUISE, LAMBERT.

LAMBERT.

Parle, mon enfant, je t'écoute; mais qu'as-tu donc, mon Dieu? tu es tout en larmes!

LOUISE.

Oh! je suis bien malheureuse!

LAMBERT.

Toi, malheureuse! quelqu'un t'aurait-il offensée? Je ne suis qu'un vieillard, mais malheur à celui qui oserait toucher à un cheveu de ta tête! Parle, mon enfant; que t'a-t-on fait?

LOUISE.

Gabriel ne m'aime plus, mon oncle!

LAMBERT.

Tu es folle! il y a une heure que, là, chez moi, il me disait qu'il ne voulait point aller à Paris à cause de toi.

LOUISE.

Il vous a trompé, il ne voulait point aller à Paris parce qu'il croyait que mademoiselle Richard restait ici.

LAMBERT.

Comment?

LOUISE.

Mais, quand, voulant l'éloigner d'elle, je lui ai dit qu'elle partait, vous avez vu avec quel empressement il se met en route!

LAMBERT.

Alors, ce départ de mademoiselle Richard?...

LOUISE.

Est un mensonge inventé par moi; Gabriel aime cette jeune fille, c'est moi qui vous le dis!

LAMBERT.

Et je n'ai rien vu, je n'ai rien deviné! Ah!... Eh bien, c'est à moi qu'il va répondre de sa trahison!

LOUISE.

Mon oncle, pas un mot! il ne reviendrait plus.

LAMBERT.

Eh bien, où serait le mal quand il ne reviendrait pas? Crois-tu qu'une belle et bonne fille comme toi ne trouvera pas toujours l'équivalent d'un drôle comme lui!

LOUISE.

Oh! vous ne savez pas tout, mon oncle, vous ne savez pas tout!

LAMBERT.

Qu'y a-t-il donc encore?

LOUISE.

Mon oncle!...

LAMBERT.

Parle!

LOUISE, tombant à genoux.

C'est que je ne peux plus en épouser un autre!

LAMBERT.

Toi! et c'est ce misérable!...

LOUISE.

Hélas! ne le maudissez pas seul! je suis aussi coupable que lui!

LAMBERT.

Mais alors, je ne veux pas qu'il parte! je veux qu'il reste! je veux qu'il t'épouse!

LOUISE.

Non, pour l'amour du ciel! laissez-le aller à Paris. S'il reste ici, il la verra tous les jours. A Paris, au contraire, le souvenir de cette jeune fille s'effacera. Quand il reviendra, elle ne sera plus ici. Dans ce moment, mon père, je ne demande que votre pardon.

LAMBERT.

Viens dans mes bras, ma fille! viens-y avec confiance! Tu n'es ni la Madeleine ni la femme adultère, et le Seigneur leur a cependant pardonné à toutes deux. (Il l'embrasse.) Maintenant, du calme, je me retire, je ne veux pas le voir, je ne pourrais m'empêcher de lui dire ce que je pense de lui. (Il lui donne de l'argent.) Tiens, tu lui remettras cet argent en lui disant que je le dispense de me faire ses adieux. Mais toi! oh! embrasse-moi, Louise!

(Il sort.)

SCÈNE XXI

LOUISE, puis GABRIEL.

LOUISE.

Mon Dieu, pardonnez-moi le mensonge que j'ai fait à Gabriel, mon excuse est dans mon amour.
(Entre Gabriel, le sac au dos, le bâton à la main ; Rougeotte le suit, portant une petite valise.)

GABRIEL.

Me voici prêt. Louise, où est mon père?

LOUISE.

Il est dans sa chambre.

GABRIEL.

Je vais lui dire adieu.

LOUISE.

Mon Gabriel, crois-moi, n'y va pas.

GABRIEL.

Pourquoi?

LOUISE.

Au moment de se séparer de toi, le cœur lui a manqué, il m'a chargé de te remettre cet argent. Tout à l'heure il voulait te retenir, c'est moi qui ai insisté pour qu'il te laissât partir. S'il te revoit, je ne réponds de rien.

GABRIEL.

Tu crois?

LOUISE.

Si cependant le désir de l'embrasser est plus fort que la crainte qu'il ne te retienne, va Gabriel, va!...

GABRIEL.

Non. Tu te chargeras de mes adieux pour lui, Louise. — Rougeotte, va en avant, ma fille, je te rejoins.

(Rougeotte se met à pleurer.)

GABRIEL.

Eh bien, qu'as-tu donc!

ROUGEOTTE.

J'ai que cela me gribouille l'estomac de vous voir partir; mais, que voulez-vous, quand il le faut, il le faut!

(Elle sort.)

SCÈNE XXII

LOUISE, GABRIEL.

LOUISE.

Et toi, Gabriel, es-tu donc le seul à qui cette séparation, si courte qu'elle doive être, ne tire pas des larmes des yeux?

GABRIEL.

Ne pleure pas ainsi, Louise!

LOUISE.

Comment veux-tu que je ne pleure pas, quand je sens que tu emportes avec toi mon espérance, mon bonheur, ma vie!

GABRIEL.

Ah! mon Dieu, tu vas m'ôter tout courage. A bientôt, ma Louise, à bientôt!

(Il s'éloigne; Louise tombe à genoux.)

LOUISE.

O mon Dieu! mon Dieu! (Ses yeux sont attirés par les morceaux du billet de banque déchiré.) Qu'est-ce cela? Gabriel! Gabriel! reviens!

GABRIEL, revenant.

Qu'y a-t-il?

LOUISE.

Je suis toute tremblante, vois! (Lui présentant un fragment du billet de banque.) Qu'est-ce que c'est que cela, et d'où peut venir ce morceau de billet de banque?

GABRIEL.

D'un billet de deux cents francs qui ne valait rien, et que j'ai déchiré.

LOUISE.

Comment! il ne valait rien? Il y a donc des billets de banque qui ne valent rien?

GABRIEL.

Sans doute, les billets faux.

LOUISE.

Mais d'où vient celui-ci?

GABRIEL.

L'autre jour, mon père a reçu un billet, un vrai, je l'ai imité à la plume.

LOUISE.

Oh! ne me dis pas cela, tu me fais peur!

GABRIEL.

Ah! par exemple, peur de quoi?

LOUISE.

Je n'en sais rien, c'est comme un pressentiment.

GABRIEL, l'embrassant.

Tiens, voilà la monnaie de ce billet qui t'inquiète.

LOUISE, insensible à ses caresses.

Regarde, Gabriel!

GABRIEL, avec une certaine impatience.

Quoi? que veux-tu que je regarde?

LOUISE.

Regarde ce qui est écrit là : *La loi punit de mort le contrefacteur.*

GABRIEL.

C'est vrai! mais que m'importe à moi cette menace terrible? La punition est pour ceux qui en font un métier! moi, je n'ai rien à craindre! Adieu encore, Louise! adieu, ou plutôt au revoir!

(Il s'éloigne.)

LOUISE, tombant sur une chaise.

La loi punit de mort le contrefacteur!

ACTE PREMIER

Un jardin éclairé somptueusement avec girandoles et verres de couleur. — A droite un pavillon praticable, ouvert face au public, et laissant voir des salons brillamment éclairés; des tables de jeu sont à l'intérieur.

SCÈNE PREMIÈRE

FABIEN, DE LUSSAN;

INVITÉS, HOMMES et FEMMES, se promenant dans le jardin.

FABIEN.

Est-ce une consultation que tu désires, cher ami?

DE LUSSAN.

Dieu merci, non... Je me porte assez bien pour n'avoir pas besoin de recourir à la science.

FABIEN.

Quoique médecin, je t'en félicite et de tout mon cœur.

DE LUSSAN.

Merci ; seulement, je désire savoir si, parmi tes nombreux clients, tu n'en aurais pas quelqu'un ayant habité la Guadeloupe.

FABIEN.

Dans quel but me demandes-tu cela?

DE LUSSAN.

Oh! mon Dieu, c'est simple comme bonjour... J'aime mademoiselle Richard.

FABIEN.

Diane?...

DE LUSSAN.

Oui !

FABIEN.

Elle ou la cassette de son père ?

DE LUSSAN.

Je suis assez riche pour avoir le droit de ne pas être soupçonné de spéculation... quand je dis : *J'aime!*... J'ai tout lieu de croire que j'allais être payé de retour, comme on dit dans les romances, dans les devises de confiseur, et dans les opéras comiques... lorsqu'un certain vicomte Henri de Faverne est venu se jeter dans mes amours...

FABIEN.

Et y a fait un trou?

DE LUSSAN.

Justement... Or, ce M. Henri de Faverne... qui joue un jeu d'enfer... qui a les plus beaux chevaux, qui parie aux courses, en attendant qu'il fasse courir,... quand on lui demande qui il est et d'où il vient, dit appartenir à une riche famille de colons, qui a des biens à la Guadeloupe.

FABIEN.

Et tu soupçonnes la vérité de ce récit?

DE LUSSAN.

Mon cher docteur, rien n'est soupçonneux comme un prétendant évincé.

FABIEN.

Comment, tu en es là!... évincé?...

DE LUSSAN.

Non, mais il y a eu balance.

FABIEN.

Donc, résumons-nous... Tu veux savoir?

DE LUSSAN.

S'il y a en effet une famille de Faverne à la Guadeloupe?... S'il y a une famille et qu'elle soit riche...il n'y a rien à dire. Mais, s'il n'y en a pas, il est de mon devoir de démasquer un intrigant qui se présente sous un faux nom...

FABIEN.

Pour épouser une femme que tu aimes... C'est trop juste!...

DE LUSSAN.

Je n'aimerais pas Diane, qu'en semblable circonstance, je me ferais un devoir d'éclairer M. Richard.

FABIEN.

Oui; seulement, tu y mettrais moins de passion.

DE LUSSAN.

Ah çà!... as-tu fini, toi?

FABIEN.

Ne te fâche pas... j'ai ton affaire... D'abord je suis médecin du directeur de la colonie... Tiens, mieux encore!... connais-tu Olivier d'Hornoy?

DE LUSSAN.

Je l'ai connu beaucoup... autrefois, il y a quatre ou cinq ans... mais il a disparu tout à coup... Il a fait un grand voyage, il est allé en Chine, au Thibet, dans le royaume de Siam, je ne sais où...

FABIEN.

Non... il est tout simplement allé à la Guadeloupe, où il est resté trois ans, et d'où il est revenu il y a quinze jours. Voilà ton affaire... et, comme il est au nombre des invités de M. Richard, tu pourras avoir tes renseignements ce soir même.

DE LUSSAN.

Merci.

FABIEN.

Chut! voici le maître de céans, M. Richard en personne.

SCÈNE II

Les Mêmes, RICHARD.

RICHARD.

Eh bien, messieurs, que faites-vous donc ainsi à l'écart?

DE LUSSAN.

Nous parlions de votre fête.

RICHARD.

Comment la trouvez-vous?

FABIEN.

Splendide!

DE LUSSAN.

Ce sont *les Mille et une Nuits* en action.

RICHARD.

Est-ce qu'un banquier ne doit pas tout mettre en actions, même les contes de fées? puis, vous savez, quand on a une fille à marier...

FABIEN.

C'est un portrait que, si beau qu'il soit, il faut mettre dans un cadre digne de lui.

RICHARD.

Ce qui ne vous fera regarder ni le cadre ni le portrait, n'est-ce pas, cher monsieur Fabien.

FABIEN.

Vous savez, mes principes, un médecin ne doit pas se marier.

RICHARD.

Pour quelles raisons?...

FABIEN.

Il est trop souvent dérangé la nuit.

RICHARD.

Eh bien, parole d'honneur, je regrette votre résolution...

FABIEN.

Pourquoi cela?

RICHARD.

Je trouve très-commode d'avoir un médecin dans ma famille.

FABIEN.

Oui, c'est une économie... Par malheur, cher monsieur

Richard, je ne suis pas assez riche pour aspirer à la main de votre fille.

RICHARD.

Avec cela que je suis bien exigeant !... cent mille écus... Qu'est-ce qui n'a pas cent mille écus ?...

FABIEN.

C'est votre chiffre ?

RICHARD.

Oui, par convention faite avec Diane, j'ai fixé la fortune. Elle s'est réservé le choix. Je ne crois pas que deux nouveaux mariés puissent être lancés dans le monde à moins de trente mille livres de rente.

FABIEN.

Eh bien, voici justement mon ami de Lussan qui a quinze mille livres de rente, quelle chance!

RICHARD.

Seize mille!... j'ai pris des informations.

FABIEN.

Ah! monsieur Richard, ce n'est pas mille livres de rente de plus qui peuvent lui faire du tort!... si c'était de moins...

RICHARD.

Mais aussi M. de Lussan est admis à concourir... M. de Lussan me va très-bien... mais très-bien... Il a la fortune voulue... un physique agréable... des faux cols irréprochables, un *de* avant son nom... Il valse à deux temps, danse la mazourke, sait le cotillon sur le bout de son pied... Qu'il m'apporte un exeat signé de ma fille et je l'appelle immédiatement mon gendre.

DE LUSSAN.

Hélas! monsieur, j'ai eu un instant cet espoir... mais, depuis quelque temps, il me semble que les choses ont bien changé : mademoiselle Diane, je dois l'avouer à mon grand regret, n'est plus la même pour moi.

RICHARD.

Ah! oui, le riche créole vous fait du tort, à vous et aux autres.

FABIEN, à demi-voix.

Reste là !... moi, je rentre au salon, et, si je rencontre Olivier d'Hornoy... je te l'envoie.

DE LUSSAN.

Va.

FABIEN, en sortant.

Je vous laisse parler de vos petites affaires.

RICHARD.

Oh! vous pouvez rester... vous ne nous gênez aucunement... je travaille au grand jour.

FABIEN.

J'ai une consultation à donner à une de vos danseuses qui s'est foulé le pied pour ne pas danser avec quelqu'un qui lui déplaisait, et qui désire être guérie pour danser avec quelqu'un qui lui plaît.

RICHARD.

Allez!... allez! *(Fabien sort.)*

SCÈNE III

DE LUSSAN, RICHARD.

RICHARD.

Ah! je comprends très-bien que M. de Faverne fasse des conquêtes... un beau nom précédé d'un beau titre, une fortune qu'on dit énorme... un joueur admirable qui perd ou gagne des vingt-cinq mille francs dans la soirée sans sourciller.

DE LUSSAN.

Eh bien, mon cher monsieur Richard, vous direz ce que vous voudrez... je n'aime pas la figure de cet homme.

RICHARD.

Oh! par exemple!... je le trouve très-beau garçon, moi!

DE LUSSAN.

Ce n'est pas précisément sa figure qui déplaît... c'est sa physionomie... Il ne vous regarde jamais en face... je me suis toujours méfié des gens qui ne vous parlent pas franchement, les yeux dans les yeux.

RICHARD.

Je comprends tout cela de la part d'un rival... mais, en général, les beaux-pères voient d'une façon et les prétendants d'une autre... Quant à moi, cher monsieur de Lussan, j'ai, à son endroit... sur mon agenda, les meilleures notes. Il est accrédité près de moi par les premiers banquiers de la colonie; et je vous avoue que ces recommandations-là sont les plus sérieuses pour nous autres hommes d'argent. Je vous laisse... J'ai besoin de veiller au bien-être de mes invités... Brillat-

Savarin dit quelque part qu'on se charge du bonheur d'un invité, pendant le temps qu'il reste chez vous. J'ai cinq cents invités ce soir, je suis donc chargé du bonheur de cinq cents personnes... Vous, restez dans l'ombre, comme un jaloux... Pensez à votre rival... mais prenez garde!... je le crois chatouilleux sur le point d'honneur.

DE LUSSAN.

C'est ce que nous verrons quand nous en serons là, mais nous n'y sommes pas encore.

RICHARD.

Au revoir, cher baron. (Olivier d'Hornoy entre en scène.) Voici M. d'Hornoy qui cherche le frais.

SCÈNE IV

Les Mêmes, OLIVIER.

OLIVIER.

Non, monsieur... Je cherche un ancien ami à moi, M. le baron de Lussan, qui sera, dit-on, bien aise de me revoir et qui a quelque chose à me demander..

RICHARD.

Justement, il était là avec moi... Monsieur de Lussan, M. d'Hornoy qui vous cherche.

(Il sort.)

DE LUSSAN.

Merci... Ah! mon cher Olivier!... imaginez-vous que c'est aujourd'hui seulement que j'ai appris tout à la fois, et votre départ pour la Guadeloupe, et votre retour à Paris.

OLIVIER.

Que voulez-vous, mon cher! c'est un tel gouffre que Paris... qu'on disparaît un an, deux ans, trois ans, sans que l'on s'inquiète où vous avez été ni que l'on s'aperçoive même que vous avez disparu.

DE LUSSAN.

Vous avez été à la Guadeloupe ?

OLIVIER.

Oui, j'avais de grands intérêts à y régler ; ma mère est née à la Pointe-à-Pitre.

DE LUSSAN.

Alors, si vous êtes resté trois ans à la Guadeloupe, vous devez y connaître tout le monde.

OLIVIER.

Bon! voilà que ça commence!

DE LUSSAN.

Que voulez-vous dire?

OLIVIER.

Rien, allez toujours.

DE LUSSAN.

Alors, vous devez avoir connu là-bas, sinon lui, du moins la famille d'un certain vicomte...

OLIVIER.

De Faverne, n'est-ce pas?

DE LUSSAN.

Comment savez-vous que c'était cela que je voulais vous demander?

OLIVIER.

Parce que, depuis trois jours, vous êtes la cinquième personne qui me fait la même question.

DE LUSSAN.

Vraiment!

OLIVIER.

Si bien que vous finirez par me faire avoir un duel avec ce monsieur.

DE LUSSAN.

Comment cela?

OLIVIER.

Eh! mon cher, c'est parce que je l'ai échappé hier soir... que je ne l'échapperai probablement pas aujourd'hui, et que, si je l'échappe aujourd'hui, je ne l'échapperai pas demain...

DE LUSSAN.

Et depuis quand donc craignez-vous les affaires du genre de celle dont vous êtes menacé?... Vous aviez autrefois, si je me le rappelle bien, la fatale réputation de les chercher plutôt que de les fuir.

OLIVIER.

Oui, sans doute, je me bats, quand il le faut; mais, vous savez, on ne se bat pas avec tout le monde

DE LUSSAN, joyeux.

Alors, à votre avis, cher ami, le vicomte de Faverne n'est pas tout le monde?

OLIVIER.

Dame! comme je vous l'ai dit, voilà quatre ou cinq fois

12.

que l'on vient aux informations auprès de moi, et c'est tout simple : ce monsieur a des chevaux superbes, il joue un jeu fou sans qu'on lui connaisse aucune fortune au soleil; du reste, payant fort bien ce qu'il achète ou ce qu'il perd. De ce côté, il n'y a rien à dire... Or, comme on sait que j'arrive de la Guadeloupe, chacun vient me demander si j'ai connu un comte de Faverne ou une famille de Faverne, à la Pointe-à-Pitre; moi, naturellement, je réponds que non.

DE LUSSAN.

Alors, vous n'avez connu personne de ce nom-là dans l'île?

OLIVIER.

Personne... Or, hier, au cercle, on m'a demandé mon avis sur ce monsieur, qui avait sollicité son admission : j'ai dit la vérité comme toujours; sur ma réponse, il a été refusé... Probablement a-t-il su que c'était moi qui étais cause de ce refus; car, hier, je l'ai rencontré à l'Opéra, où il a une loge, il m'a regardé avec des yeux féroces; c'est tout au plus s'il ne m'a pas montré le poing. Et maintenant, cher ami, si vous pouvez vous dispenser de dire que c'est moi qui vous ai donné ces informations, vous me ferez plaisir... car, je vous le répète, rien ne me serait plus désagréable qu'un duel avec un de ces hommes contre lesquels on ne se bat pas...

DE LUSSAN.

Soyez tranquille... Maintenant, je sais ce que je voulais savoir. Vos renseignements me serviront de point de départ, et, grâce à eux, j'irai jusqu'au bout.

OLIVIER.

Chut! Voici M. Richard et sa fille.

SCÈNE V

Les Mêmes, RICHARD, DIANE.

DIANE, à de Lussan.

En vérité, vous êtes charmant, monsieur de Lussan! vous me demandez une contredanse, je vous cherche partout des yeux...

DE LUSSAN.

Oh! mademoiselle, excusez-moi! si vous saviez...

DIANE.

La musique donne le signal, je réclame mon danseur...

Je demande à mon père s'il vous a vu, il me répond que vous êtes dans le jardin à causer avec M. Olivier d'Hornoy; alors, je prends son bras, et je viens en personne vous remercier de votre empressement et vous inviter pour la prochaine.

DE LUSSAN.

C'est vrai; mais si vous saviez de quoi je parlais avec mon ami...

DIANE.

Ce devait être, en effet, des choses fort intéressantes... Ne pourriez-vous m'en faire part? Ce serait un dédommagement au déplaisir que j'éprouve de ne point danser avec vous.

DE LUSSAN.

Oh! si monsieur votre père permettait que je vous disse tout ce que j'ai à vous dire, jamais meilleure occasion ne me serait offerte.

DIANE.

Oh! mon père le permettra, mon père n'est point un tyran, monsieur; et, tandis qu'il causera avec votre ami, M. Olivier d'Hornoy, vous me direz comment on se dit le serviteur très-humble d'une femme, et comment on oublie qu'on a invité cette femme à danser... Votre bras, monsieur de Lussan.

RICHARD, à Olivier.

Voilà comment j'ai élevé ma fille, en toute liberté, à l'anglaise!... Son mari sera sûr au moins de trouver en elle la première qualité d'une femme, à mon avis, la franchise.

(Il s'éloigne avec Olivier, mais sans disparaître.)

DIANE.

Eh bien, monsieur, j'attends vos excuses.

DE LUSSAN.

Hélas! je n'en ai pas d'autres à vous faire que celle-ci : je vous ai oublié, mademoiselle, parce que j'étais trop préoccupé de vous.

DIANE.

Si j'ai dans mes paroles le mérite de la franchise, comme le disait tout à l'heure mon père, permettez-moi de vous dire que vous n'avez pas dans les vôtres celui de la clarté.

DE LUSSAN.

Et, si je suis trop clair, me le pardonnerez-vous?

DIANE.

Sans doute... Vous êtes trop bon gentilhomme, monsieur de Lussan, pour dire à une femme une chose dont elle puisse s'offenser.

DE LUSSAN.

Oui, surtout dans la situation que monsieur votre père vous a faite, et qu'il a eu la bonté de m'expliquer... Mademoiselle Diane, je vous aime. Dois-je le redire assez haut pour que votre père et mon ami l'entendent?

DIANE.

Je vous dirais oui, monsieur de Lussan, si j'avais une réponse favorable à vous faire.

DE LUSSAN.

Oh! je me doutais bien que j'étais l'homme le plus malheureux du monde.

DIANE.

Et j'ajouterai, monsieur, le moins fait pour être malheureux... Tout ce qu'il faut avoir pour plaire à une femme, vous le possédez : vous êtes jeune, riche, élégant, plus instruit que ne le sont d'habitude les gens du monde... Je vous apprécie, vous le voyez.

DE LUSSAN.

Les sacrificateurs antiques couronnaient de fleurs les victimes qu'ils allaient immoler, vous faites comme eux.

DIANE.

Que voulez-vous! il y a une maxime banale à laquelle il faut toujours revenir, comme on revient aux choses banales qui expriment une grande vérité. Vous êtes l'élu de mon estime, mais vous n'êtes pas celui de mon amour.

DE LUSSAN.

Hélas! je ne m'en étais que trop aperçu... Non, mademoiselle, vous ne m'aimez pas, mais vous ne m'aimez pas parce que vous en aimez un autre!

DIANE.

Je vous ai dit mon opinion... je pourrais refuser de vous dire mon secret; mais avec un homme comme vous, monsieur, une femme qui n'a rien à se reprocher, qu'un penchant involontaire auquel elle n'a point cédé encore... cette femme peut tout dire, surtout si, en perdant un adorateur, elle tient à conserver un ami.

DE LUSSAN.

Vous aimez M. de Faverne, n'est-ce pas?

DIANE.

J'ignore ce que c'est que l'amour, monsieur le baron, n'ayant pas aimé ; mais j'éprouve, je vous l'avoue, pour ce jeune homme, un invincible entraînement... Vous est-il arrivé parfois de rencontrer dans le monde une personne complétement inconnue, dont la vue vous a fait tressaillir, comme eût fait celle d'un ancien ami?... et cependant vous aviez beau chercher, vous interroger, fouiller au plus profond de vos souvenirs, vous demander où vous aviez vu cette personne, votre mémoire rebelle n'avait point d'écho pour les interrogations de votre cœur, et vous en arriviez à croire que, dans un monde antérieur, dans une existence oubliée, vous aviez voyagé côte à côte avec le contemporain de votre existence actuelle... Eh bien, voilà l'effet que j'éprouve à la vue de cet homme ; au reste, sur ma parole, monsieur, et rien ne me force à vous le dire, pas un aveu n'a été fait de sa part, pas un encouragement n'a été donné de la mienne. Vous avez vu plus clair avec les yeux d'un rival qu'il n'a vu lui-même avec les siens... Vous m'avez dit : « Vous l'aimez, » et lui ne m'a pas encore demandé : « M'aimez-vous ? »

DE LUSSAN.

Vous devez comprendre, mademoiselle, que, devant un aveu si loyal, devant une confidence si franche, ma délicatesse veut que je me retire... Mais, vous le savez, une certaine obscurité mystérieuse plane sur cet homme heureux, qui a le bonheur d'être aimé de vous.

DIANE.

M. de Lussan n'est pas de ceux qui calomnient un honnête homme dans l'espoir de se débarrasser d'un rival...

DE LUSSAN.

Non... mais, si cependant j'apprenais à n'en pas pouvoir douter, que cet homme est indigne de vous...

DIANE.

Dans ce cas, il serait du double devoir d'un ami et d'un gentilhomme de prévenir mon père, et lui et moi deviendrions les juges de ce que nous aurions à faire...

DE LUSSAN.

M'en voulez-vous encore, mademoiselle, de ne pas m'être trouvé à temps pour être votre cavalier?

DIANE.

Non, baron... et je crois que notre temps a été mieux employé qu'à une contredanse. Vous avez augmenté l'estime que j'avais pour vous, et j'espère n'avoir rien perdu de la vôtre.

DE LUSSAN.

Le vicomte de Faverne, mademoiselle... Dois-je vous laisser?

DIANE, troublée.

S'il me demande une contredanse, comme celle que je vous avais promise, ou une explication comme celle que je viens de vous donner, a-t-il moins droit que vous à l'obtenir?...

DE LUSSAN.

Non, mademoiselle, et je vous laisse toute liberté...

(Il se retire en saluant profondément Diane et légèrement M. de Faverne, puis va prendre le bras d'Olivier, avec lequel il s'éloigne.)

SCÈNE VI

DIANE, RICHARD, DE FAVERNE.

DIANE, à part, regardant de Faverne.

Oh! c'est bien lui, je ne me suis pas trompée!

RICHARD.

Soyez le bienvenu, mon cher vicomte! on s'étonnait de ne point encore vous avoir vu apparaître; savez-vous qu'il est minuit et demi?...

DE FAVERNE.

Votre montre avance d'une bonne demi-heure, monsieur Richard. (Il tire une montre très-élégante.) Il est minuit moins cinq minutes...

RICHARD.

C'est bien possible, voilà plusieurs fois qu'elle me joue de ces tours-là... (A part.) C'est étonnant, plus je regarde ce garçon-là, plus il me semble l'avoir vu quelque part.

DE FAVERNE.

Mademoiselle Diane me fera-t-elle la grâce de me laisser

croire qu'elle est au nombre des personnes qui se sont aperçues de mon retard?
DIANE, très-émue.

Mais oui, monsieur... Les danseurs, les vrais danseurs, bien entendu... deviennent plus rares de jour en jour, et l'absence de l'homme dévoué qui ne manque ni une contredanse ni une valse, doit nécessairement être remarquée.

DE FAVERNE.

J'ai été retenu par un de mes bons amis qui arrive de la Guadeloupe, un créole comme moi... M. le marquis de Lestange... Le connaissez-vous, monsieur Richard?

RICHARD.

J'ai dû entendre prononcer ce nom!... Je dois le connaître!

DE FAVERNE.

Mademoiselle Diane voudra-t-elle, pour m'aider à réparer le temps perdu, me faire l'honneur de m'accorder la première valse?...

DIANE.

Avec grand plaisir, monsieur.

(On entend la ritournelle d'une valse.)

DE FAVERNE.

Je joue de bonheur!... vraiment, l'orchestre, comme s'il n'attendait que votre consentement, exécute un des plus charmants motifs de Strauss.

RICHARD.

Ma fille a déjà beaucoup dansé, et je crains...

DIANE.

Oh! ne craignez rien, mon père... Si je me sens fatiguée, je le dirai à M. de Faverne, et nous nous reposerons... (A part.) Il faudra bien qu'il parle.

(Ils sortent.)

SCÈNE VII

RICHARD, seul.

Allons, allons, je crois que décidément le créole l'emportera. M. de Lussan s'est retiré avec une mine d'amant désappointé, qui m'a vraiment fait de la peine... Mais ce qui me console, c'est que je crois le vicomte de Faverne trois fois riche comme lui... Allons, à mes invités!

(Il sort.)

SCÈNE VIII

GASPARD, seul, s'avançant avec précaution. Il porte une pendule sous le bras.

Je crois que le plus sûr est de m'en aller par ici ; à la porte de la rue, il y a trop de voitures, trop de lanternes, sans compter deux sergents de ville qui sont là pour faire prendre la file et qui auraient bien pu me la faire prendre, à moi. J'ai trouvé plus prudent de m'en aller par le jardin... Autant que j'en puis juger par la position de l'hôtel, le mur doit donner sur les Champs-Élysées... Une fois là, ni vu ni connu... Voyons le résultat de la soirée : il n'a pas été mauvais, une chaîne, deux montres, une pendule. (Il lit le nom de l'horloger sur le cadran.) Mahulot! (La pendule se met à sonner, il voudrait l'arrêter.) *L'Arabe et son Coursier.* J'aimerais assez, dans ce moment-ci, posséder le coursier !... Bon ! quelqu'un !

(Il se heurte contre M. Richard.)

SCÈNE IX

RICHARD, GASPARD.

RICHARD.

Pardon, monsieur !

GASPARD, à part.

Ouais !... le maître de la maison. (Haut.) C'est moi qui vous prie de m'excuser, monsieur ; je croyais vous avoir heurté avec ma pendule...

RICHARD.

En effet, vous avez une pendule !

GASPARD.

Oui, monsieur...

RICHARD.

Mais c'est ma pendule !

GASPARD.

Pardon, monsieur : c'est la pendule de mademoiselle votre fille.

RICHARD.

Et pourquoi diable emportez-vous la pendule de ma fille ?...

GASPARD, embarrassé.

Parce qu'elle retarde, monsieur.

RICHARD.

Ce n'est pas comme ma montre, qui avance... Mais enfin qui êtes-vous?...

GASPARD.

Qui je suis?

RICHARD.

Oui, qui êtes-vous?

GASPARD.

Je suis le premier garçon de votre horloger, M. Mahulot... Vous ne me connaissez pas?... Je suis cependant venu bien souvent remonter et régler vos pendules... Aujourd'hui, le patron m'a dit : « Il y a grand bal ce soir chez M. Richard... On aura besoin de savoir l'heure... tu iras dans la matinée régler les pendules... »

RICHARD.

Et tu appelles minuit la matinée? Pour un garçon horloger, l'erreur me paraît forte. Il me semble que tu es comme la pendule de ma fille... que tu retardes diablement !

GASPARD.

Attendez donc !... Grand bal chez M. Richard, cela doit être beau à voir... Moi qui n'ai jamais vu de bal, ma foi, je me suis dit : « J'irai le soir, au lieu d'y aller dans la matinée... » Ah! monsieur, que c'est beau à voir chez vous, un bal! faut-il que vous soyez riche pour donner un pareil bal! Et vos invités, donc! sont-ils beaux! où avez-vous donc pu vous procurer de si beaux invités! Et puis quel luxe! Je suis sûr que, chez les princes, ce n'est pas plus splendide!

RICHARD.

Ne suis-je pas un prince de la finance?

GASPARD.

Vous en êtes un roi, monsieur! C'est au point que je me suis laissé attarder jusqu'à minuit. (Regardant à la pendule et avançant les aiguilles.) Ma foi, oui, il est minuit dix minutes.

RICHARD, regardant à sa montre.

C'est-à-dire qu'il est une heure du matin.

GASPARD.

Ah! vous avancez, monsieur Richard, vous avancez! je vais vous dire l'heure au juste!... tenez un instant la pendule. (Il met la pendule sur les bras de Richard. — Se fouillant.) Ah! mon

Dieu!... ah! non! la voilà! c'est la montre d'un agent de change que je suis en train de régler! Voyez, minuit trente-cinq, c'est l'heure de la Bourse.

(Il remet la montre dans sa poche.)

RICHARD repasse la pendule à Gaspard et tire sa montre.

Eh bien, mon garçon, puisque te voilà, prends ma montre... Tu la régleras et tu la rapporteras avec la pendule.

GASPARD.

Je n'y manquerai pas. (Embarrassé de la pendule.) Tenez, monsieur Richard, voulez-vous avoir la complaisance de mettre votre montre dans ma poche?

RICHARD, s'exécutant.

Et maintenant, va, mon garçon, va! Voilà nos danseurs qui n'ont plus assez de place dans le salon et qui débordent dans le jardin... Je ne veux pas qu'on te prenne pour un invité, tu comprends?

GASPARD.

Cela ferait du tort aux autres.

RICHARD, à Gaspard qui s'éloigne.

Et quand me rapporteras-tu tout cela?

GASPARD.

Je ne peux pas vous dire... C'est très-capricieux, les objets d'horlogerie. Pardon, monsieur Richard, par où pourrais-je sortir pour ne pas passer par la grande porte?

(A ce moment, un domestique passe au fond.)

RICHARD.

Tu sortiras par le jardin. (Au domestique.) Jean, reconduisez monsieur. (A Gaspard.) Tu ne veux rien prendre?

GASPARD.

Merci, j ai pris tout ce qu'il me fallait.

(Il sort avec le domestique.)

SCÈNE X

DE FAVERNE et DIANE, sur le devant de la scène.

Les danseurs ont débordé dans le jardin tout en valsant.

DE FAVERNE, s'arrêtant.

Vous êtes fatiguée, mademoiselle?

DIANE, très-agitée.

Non.

DE FAVERNE.

Et cependant votre main est agitée... votre poitrine est haletante, et je regrette de m'être laissé emporter par le bonheur que j'éprouvais de valser avec vous.

DIANE, le regardant en face.

Monsieur de Faverne, écoutez-moi... Depuis longtemps déjà, vous me suivez partout....Je ne puis hasarder un seul regard sans rencontrer le vôtre : au bois, aux courses, à l'Opéra, je vous retrouve fidèle comme mon ombre... Monsieur de Faverne, vous ne pouvez plus longtemps abuser mon cœur et mes yeux... tous deux vous ont reconnu... Vous êtes Gabriel Lambert !

DE FAVERNE.

Ainsi, vous m'avez reconnu ?

DIANE.

En vous revoyant. J'ai meilleure mémoire que mon père, qui vous reconnaît aussi, mais qui cherche depuis six mois où il vous a vu, sans parvenir à se le rappeler.

DE FAVERNE.

Je suis perdu, alors !

DIANE.

Pourquoi cela ?

DE FAVERNE.

Comment me pardonnerez-vous ?

DIANE.

Vous pardonner de devoir votre fortune à vous-même, au lieu de la devoir à vos parents ? Mais mon père lui-même n'est-il pas le fils d'un pauvre meunier ? Seulement, reste à savoir comment vous avez gagné votre fortune et conquis votre titre.

DE FAVERNE.

Voulant m'élever jusqu'à vous, je résolus de faire fortune à quelque prix que ce fût, et je partis pour la Guadeloupe. Grâce à ma belle écriture, j'entrai chez un riche colon, M. de Faverne, comme son secrétaire ; il était seul, sans famille... Par les soins que j'eus de lui, je devins son fils ; au bout d'un an, il m'avait adopté en réalité. Une navire venant de Cayenne apporta la fièvre jaune dans le port, M. de Faverne en fut atteint des premiers ; trois jours après, il était mort ! mais, en mourant, il s'était souvenu de moi, et, comme à son fils d'adoption, il me laissait sa fortune et son titre. Alors, je régularisai ma position, et, ne pensant qu'à vous, je rentrai en France. Une crainte mortelle me poursuivait. — Étiez-vous mariée ? — Oh ! quel cri de joie et de reconnaissance je poussai au ciel en apprenant que vous ne l'étiez pas ! c'est alors, mademoiselle, que je vous suivis partout, que vous me rencontrâtes au bois, à l'Opéra, aux courses !... c'est alors qu'il me sembla que, de votre côté, vous m'aviez remarqué ! c'est alors, enfin, que je me fis présenter chez vous !... Vous savez le reste, vous savez de plus ce que personne ne sait, mon vrai nom, ma vraie origine... Que mon amour obtienne grâce pour mon humilité !

DIANE.

Mon père, voici M. de Faverne qui a à vous parler ; vous croirez à tout ce qu'il vous dira... même s'il vous disait que je l'aime.

(Elle s'éloigne vivement.)

DE FAVERNE, allant à Richard.

Oh ! monsieur, monsieur... vous voyez en moi le plus heureux des hommes.

RICHARD.

En effet, ma fille vient de me dire...

DE FAVERNE.

Que je l'aimais !... Oh !... oui, monsieur, avec passion...

RICHARD.

Cela ne m'étonne pas.

DE FAVERNE.

Je suis riche... je porte un beau nom... je viens vous demander la main...

RICHARD.

Vous êtes à peu près le cinquantième qui me fasse la même demande ; mais vous êtes le premier en faveur de qui ma fille se soit déclarée... C'est donc à mon tour de m'entendre avec vous... Comme homme, vous me plaisez... comme nom, vous m'allez... comme titre, vous me convenez... Vicomte, c'est coquet... c'est galant... « La vicomtesse de Faverne, » cela fait bien quand on annonce. Maintenant, quelle est votre fortune ?...

DE FAVERNE, avec hésitation.

Je puis justifier de deux cent mille francs à l'instant

même, et du double si l'on se fie à ma parole, ou si l'on me laisse six semaines.

RICHARD.

Très-bien, cher monsieur... Justifiez du double, et Diane est à vous.

DE FAVERNE.

Oh! monsieur, que de grâces!...

RICHARD.

Il n'y a pas de grâces la dedans, ma parole est ma parole. Je suis régulier comme un carnet d'échéances... avec moi, ce qui est dit est dit... Réalisez, monsieur de Faverne! réalisez, mon gendre! (Il s'éloigne.) Où diable ai-je donc vu ce garçon-là?...

SCÈNE XI

DE FAVERNE, seul.

Réalisez!... mot terrible... Ah! je croyais bien, en réalisant deux cent mille francs, avoir une somme suffisante... Ainsi donc, il faut se remettre à l'œuvre fatale; pour devenir le mari de Diane, il faut reprendre le burin de l'infamie et deux cents fois encore graver de ma main ma propre sentence; cette sentence que Louise m'a criée comme une malédiction le jour où je l'ai abandonnée. « La loi punit de mort le contrefacteur. » Et, si je m'arrête... soit terreur, soit remords, au milieu du chemin, je ne puis épouser celle à qui j'ai sacrifié mon père... ma fiancée... mon enfant, mon honneur... Faussaire, il faut que je redevienne faussaire... Jamais!... non, jamais! plutôt renoncer à Diane, plutôt mourir misérable que de repasser par les angoisses que j'ai souffertes, sans compter que voilà le jour qui commence à se faire sur mes mensonges... Hier, cet homme qui me fait refuser au club et qui m'évite à l'Opéra... sans doute pour avoir le temps de répandre ces deux mots qui appellent la mort : « Il ment. » Oh! oui, je le tuerai. Ce n'est point inutilement que, depuis deux ans, j'ai consacré deux heures à l'escrime et au tir. Ce soir, ici, il m'a semblé le voir passer au fond d'un salon. Et Diane qui m'avait reconnu!... Cette histoire préparée à l'avance a fait plus d'effet que je ne l'espérais... Diane m'aime!... Allons, puisqu'elle m'aime, c'est que mon destin veut que j'aille en avant... Obéissons à notre destin.

SCÈNE XII

DE FAVERNE, DIANE, puis DE LUSSAN.

DIANE, très-agitée.

Monsieur de Faverne, monsieur de Faverne, lavez-vous d'une odieuse calomnie... Le bruit court non-seulement que vous n'avez jamais été à la Guadeloupe, mais encore qu'il n'y a jamais eu à la Guadeloupe de riche colon du nom de Faverne.

DE FAVERNE.

Qui dit cela?

DIANE.

M. de Lussan. (Bas, à de Faverne.) Au nom du ciel, justifiez-vous, Gabriel, je vous aime!

DE FAVERNE, se retournant vers de Lussan.

Pardon, monsieur!... vous comprenez ma réserve avec vous: si je m'emportais, on attribuerait probablement mon irascibilité à tout autre motif que le véritable... Je n'ai jamais été à la Guadeloupe?... Il n'y a jamais eu à la Guadeloupe de riche colon du nom de Faverne?... Tenez, le hasard fait, disons mieux, la Providence veut que j'aie justement sur moi le passe-port qui m'a été délivré, il y a cinq mois, quand j'ai quitté la Pointe-à-Pitre. Voyez, il est daté du 3 de janvier, délivré à M. le vicomte de Faverne, fils adoptif de M. Louis-Adrien de Faverne, et signé du gouverneur... de M. de Malpas.

DIANE.

Ah! j'espère, monsieur, que voilà une preuve!

SCÈNE XIII

LES MÊMES, OLIVIER.

OLIVIER.

Oui; seulement, elle est fausse.

DE FAVERNE, à part.

Oh! cet homme!...

DIANE.

Fausse?

DE FAVERNE.

Fausse! Savez-vous bien ce que vous avez dit là, monsieur?

OLIVIER.

Parfaitement.

DE FAVERNE.

Et vous le soutenez?

OLIVIER.

Je le pense.

DE FAVERNE.

Monsieur, vous me rendrez raison.

OLIVIER.

Quand vous voudrez.

DE FAVERNE.

A l'instant même..

OLIVIER.

Comme cela, devant mademoiselle, en plein bal?... Vous êtes fou, monsieur!

DIANE.

La preuve!

DE FAVERNE.

Ne l'écoutez pas, Diane...

DIANE.

La preuve!... je vous demande la preuve, monsieur!

OLIVIER.

Le passe-port porte la date du 3 janvier et est signé : de Malpas?

DE FAVERNE.

De Malpas, gouverneur de l'île, mort depuis..

OLIVIER.

Non, mort auparavant! vous vous trompez, M. de Malpas est mort le 30 décembre, et, par conséquent, n'a pu signer votre passe-port le 3 janvier.

DE FAVERNE.

Messieurs, il y a erreur.

OLIVIER.

Oui; seulement, c'est vous qui l'avez faite. Dame, quand on est à dix-huit cents lieues, on ne peut pas savoir les choses comme lorsqu'on est là... Moi, j'étais là, et j'ai, le 1er janvier, été à l'enterrement de M. de Malpas; enterrement où je ne vous ai pas vu et qui vous eût fixé sur la date précise de la mort.

######## DIANE.

Oh! mon Dieu!

(Elle s'enfuit.)

SCÈNE XIV

Les Mêmes, hors DIANE.

######## DE FAVERNE.

Diane!... Diane!... (il fait un signe de main à Olivier.) Monsieur, vous êtes un misérable!

######## OLIVIER.

Et vous un faussaire!

######## DE FAVERNE.

A demain, à six heures du matin, au bois de Boulogne, allée de la Muette. Et, tenez, de peur que vous ne vous y trouviez pas...

(Il lui jette son gant au visage.)

######## DE LUSSAN.

Vous ne répondez rien?

######## OLIVIER.

Je le tuerai demain!

SCÈNE XV

Les Mêmes, FABIEN.

######## FABIEN.

Qu'y a-t-il donc, et que vient-il de se passer?

######## OLIVIER, tranquillement.

Il y a que ce que j'avais prévu est arrivé... et que M. de Faverne vient de me jeter son gant au visage.

######## DE LUSSAN.

Et il va se battre avec lui!

######## OLIVIER.

Il le faut bien.

######## DE LUSSAN.

Mais c'est une scène de crocheteur que vient de faire ce monsieur.

######## OLIVIER.

Tout ce qu'il y a de plus sale; mais que voulez-vous!...

DE LUSSAN.

Qu'est-ce que c'est donc que ce manant-là qui se croit forcé de donner un soufflet à des gens comme nous pour les faire battre?

OLIVIER.

Eh! mon cher ami, un faussaire ne trouve pas toujours un honnête homme...

FABIEN.

Et vous vous battez?

DE LUSSAN.

Demain, à six heures du matin.

OLIVIER.

C'est l'heure de ce monsieur. Voilà encore qui prouve que j'ai eu affaire à je ne sais quel manant. Ce monsieur a donc été garçon de charrue dans sa jeunesse pour se lever à de pareilles heures; quant à moi, je sais que je serai demain d'une humeur massacrante et que je me battrai très-mal.

DE LUSSAN.

Comment, vous vous battrez très-mal?

OLIVIER.

Sans doute! c'est une chose sérieuse que de se battre... que diable! On prend toutes ses aises pour une affaire d'amour et on ne s'accorde pas la plus petite fantaisie en matière de duel; mais je sais une chose, c'est que je me suis toujours battu de onze heures à midi, et que je m'en suis toujours bien trouvé. A six heures du matin, on meurt de froid, on grelotte, on n'a pas dormi... J'aimerais mieux me battre ce soir sous un réverbère, comme un soldat aux gardes.

DE LUSSAN.

Aimez-vous mieux cela, en effet?

OLIVIER.

Ma foi, oui. Pouvez-vous m'arranger la chose ainsi? Vous me rendrez service.

DE LUSSAN.

A quoi vous battez-vous? Vous êtes l'insulté... vous avez le choix des armes.

OLIVIER.

A quoi je me bats? A l'épée, pardieu!... Cela tue aussi bien que le pistolet et n'estropie pas; une mauvaise balle vous casse un bras, il faut vous le couper, et vous voilà manchot.

13.

DE LUSSAN.

Je serai ici dans cinq minutes...

OLIVIER.

Avec des épées?

DE LUSSAN.

Avec des épées!

OLIVIER.

Et vous le ferez se battre ce soir?

DE LUSSAN.

J'ai un moyen.

OLIVIER.

Oh! par ma foi, que votre moyen réussisse, je vous serai reconnaissant toute ma vie!...

(De Lussan sort.)

SCÈNE XVI

OLIVIER, FABIEN.

OLIVIER.

Ah çà! mon cher Fabien, que le duel ait lieu ce soir ou demain matin, je compte sur vous?...

FABIEN.

Parbleu!

OLIVIER.

Vous comprenez : ce monsieur, si je lui donne un coup d'épée, je n'ai pas envie de lui sucer la plaie... Non, j'aime mieux qu'on le saigne...

FABIEN.

Vous en parlez, mon cher, comme si vous étiez sûr de le tuer.

OLIVIER.

Ah! vous comprenez, docteur, on n'est jamais sûr de tuer son homme. Il n'y a que les médecins qui puissent répondre de cela... Mais, soyez tranquille, je lui donnerai un joli coup d'épée.

FABIEN.

Dans le genre de celui que vous donnâtes, la veille de votre départ pour la Guadeloupe, à cet officier portugais, que j'ai eu toutes les peines du monde à tirer d'affaire ?

OLIVIER.

Oh! mon cher, celui-là, c'était autre chose. Il avait choisi le mois de mai, et, au lieu de me jeter brutalement son heure au nez, il m'avait demandé la mienne... C'était une partie de plaisir, je me rappelle! nous nous battions à Montmorency par une charmante journée, à onze heures du matin... Vous rappelez-vous, Fabien? il y avait, dans le buisson qui se trouvait à côté de nous, une fauvette qui chantait. J'adore les oiseaux! tout en me battant, j'écoutais chanter cette fauvette. Elle ne s'envola qu'au mouvement que vous fîtes en voyant tomber mon adversaire.

FABIEN.

Et comme il tomba bien, votre adversaire!

OLIVIER.

Oui, en me saluant de la main... c'était un homme très comme il faut que ce Portugais. L'autre tombera comme un bœuf, vous verrez, en m'éclaboussant.

FABIEN.

Voilà de Lussan et probablement les épées, car il a un manteau.

OLIVIER.

Et voilà notre homme qui le suit.

SCÈNE XVII

Les Mêmes, DE LUSSAN, DE FAVERNE.

DE LUSSAN.

Mon cher Olivier, j'ai rencontré monsieur comme il allait monter en voiture et je l'ai ramené en lui disant que nous avions, Fabien et moi, un mot indispensable à lui communiquer.

DE FAVERNE.

Ce n'est point pour me faire des excuses? Je ne les accepterais pas, je vous en préviens.

DE LUSSAN.

Non, soyez tranquille... Éloignez-vous, Olivier... nous vous rappellerons quand il sera temps.

(Olivier s'éloigne.)

DE FAVERNE.

Voyons, que me voulez-vous, messieurs? je vous en prie, faites vite.

DE LUSSAN.

C'est justement pour faire vite que nous vous avons prié de venir nous trouver... Notre avis, à tous, c'est-à-dire à M. Fabien, à Olivier et à moi, c'est d'en finir tout de suite.

DE FAVERNE.

Qu'entendez-vous par en finir tout de suite?

FABIEN.

C'est clair : de vous battre ce soir.

DE FAVERNE.

Et s'il me plait que de ne me battre demain?

DE LUSSAN.

Alors, cela changera complétement nos dispositions... Voici M. Fabien qui est médecin du directeur de la colonie.

DE FAVERNE.

Eh bien?

DE LUSSAN.

Il ira réveiller le directeur et se fera donner une attestation officielle qu'il n'a jamais existé de vicomte de Faverne à la Pointe-à-Pitre et que M. de Malpas est mort le 30 décembre; il en résultera qu'officiellement M. de Faverne sera reconnu pour un faussaire, et, comme on ne se bat pas avec un faussaire, on assemblera un tribunal d'honneur qui défendra à M. d'Hornoy de se battre avec M. de Faverne... Puis alors la police, qui a la bonne habitude de se mêler de tout, se mêlera de cette affaire, et, ma foi... gare le bagne!... tant pis, voilà le mot lâché... Si, au contraire, vous vous battez ce soir et vous battez galamment, nous vous donnons notre parole d'honneur que la cause du duel restera secrète.

DE FAVERNE.

Eh bien, soit! monsieur, j'accepte... non pas que je craigne le directeur de la colonie, non pas que je craigne la police... non pas que je vous craigne, mais parce que plus vite je me battrai, plus vite je serai vengé.

DE LUSSAN.

Eh bien, voyez, cher ami, comme je vous l'avais dit, la chose a été toute seule.

DE FAVERNE.

Mais je mets une condition à ma complaisance.

DE LUSSAN.

Laquelle?

DE FAVERNE.

Comme c'est ici, à cette place, que j'ai été insulté, c'est ici, à cette place, que je me battrai.

DE LUSSAN.

Je n'y vois aucun inconvénient.

FABIEN.

Tout le monde est à souper... personne dans le salon, nous sommes complétement libres!

DE LUSSAN.

Venez, Olivier!

DE FAVERNE.

Je vous ferai observer, messieurs, que le duel est irrégulier : M. d'Hornoy a deux témoins et je n'en ai pas.

DE LUSSAN.

Fabien, passez du côté de M. de Faverne, ou, si cela vous répugne, j'y passerai.

FABIEN.

Non, non, les médecins n'ont pas de ces délicatesses-là... J'accepte, monsieur.

DE LUSSAN.

Voulez-vous examiner les épées, monsieur? elles sont de même longueur, avec la garde en quarte. Elles sortent des ateliers de Lepage et sont montées par lui. Choisissez.

DE FAVERNE en prend une.

Celle-ci est excellente, messieurs.

(Il jette bas son habit et son gilet.)

DE LUSSAN.

Olivier... voici la vôtre.

OLIVIER.

Merci.

(Il jette bas, comme M. de Faverne, son habit et son gilet.)

DE FAVERNE.

Allons, défendez-vous, monsieur.

OLIVIER.

Oh! soyez tranquille. (Ils se battent.) Vous avez appris à faire des armes un peu tard, monsieur de Faverne... cela se voit à votre pose anguleuse et à votre manière sèche d'attaquer l'épée.

(Un domestique, qui s'aperçoit du combat, court vers la maison pour donner l'alarme.)

DE FAVERNE.

Qu'importe! pourvu que j'en aie appris assez pour vous tuer.

OLIVIER.

Oh! mais faites-y bien attention, ce n'est pas comme cela que vous me tuerez... seulement, je vous en préviens, c'est comme cela que vous vous ferez tuer... (Le touchant légèrement.) Voyez, si je m'étais fendu.

DE FAVERNE.

Ah! vous raillez!

OLIVIER.

Vous savez, vicomte, sous les armes, chacun a ses habitudes ; la mienne, comme vous dites, est de railler. Bon! vous allez m'épargner, à présent!... Encore un coup comme celui-là, je vous en préviens, monsieur, vous êtes un homme mort.

DE FAVERNE, lui portant un coup.

Tiens!

OLIVIER.

Allons! je vois qu'il faut en finir.

(Il lui porte un coup.)

DE FAVERNE.

Ah!

(Il tombe.)

SCÈNE XVIII

Les Mêmes, RICHARD, DIANE.

RICHARD.

Un duel chez moi, dans mon jardin, le soir d'une fête! le vicomte de Faverne... Un médecin!... un médecin!

FABIEN.

Eh pardieu! j'y suis.

DIANE, dans la serre.

Que se passe-t-il donc, mon Dieu?... (Voyant de Faverne à terre.) Lui... blessé! mort peut-être!...

FABIEN.

Il n'est pas tué sur le coup.

DIANE, avec joie.

Ah!

FABIEN.

Mais j'ai bien peur que, dans une heure, il ne soit mort.

DIANE, tombant évanouie dans les bras de Richard.

Ah!...

ACTE DEUXIÈME

Une chambre à coucher très-élégante chez le docteur Fabien, portières à droite et à gauche, cachant deux portes; une troisième porte à droite; un bureau du même côté, canapé, chaises.

SCÈNE PREMIÈRE

FABIEN, près de FAVERNE, couché sur un canapé.

DE FAVERNE pousse un soupir, ouvre les yeux, regarde le docteur.
Ah! c'est vous, docteur! je vous en supplie, ne m'abandonnez pas.
FABIEN.
Soyez tranquille, vous êtes gravement blessé; mais la blessure n'est pas mortelle.
DE FAVERNE.
Dites-vous la vérité, docteur?
FABIEN.
Je ne mens jamais, monsieur.
DE FAVERNE.
Mentir pour tranquilliser un mourant n'est pas mentir. (Regardant autour de lui.) Où suis-je, docteur?
FABIEN.
Chez moi.
DE FAVERNE.
Pourquoi chez vous?
FABIEN.
Parce que la distance était trop grande du faubourg Saint-Honoré à la rue Taitbout, et que, mon logement n'étant qu'à quelques pas de l'hôtel de M. Richard, j'ai trouvé tout simple de vous faire conduire chez moi.
DE FAVERNE.
J'ai dû vous causer un grand dérangement, docteur....
FABIEN.
J'ai envoyé chercher un de vos domestiques pour qu'il aide le mien. Mais, dites-moi, vous n'avez donc personne chez vous pour vous soigner?

DE FAVERNE, d'une voix sourde.

Personne!

FABIEN.

Une maîtresse?

DE FAVERNE, rappelant ses souvenirs.

Vous m'y faites songer!... la surveille et la veille de mon duel, j'ai vu une jeune fille... Si c'était... Combien de temps ai-je été sans connaissance?

FABIEN.

Un jour et demi...

DE FAVERNE.

Et, pendant ces trente-six heures, M. Richard a-t-il envoyé chercher de mes nouvelles?

FABIEN.

Non.

DE FAVERNE.

Docteur, vous et ces messieurs m'avez donné votre parole d'honneur qu'il ne serait pas dit un mot des causes de ce duel.

FABIEN.

Et pas un mot n'en a été dit.

DE FAVERNE.

Vous en êtes sûr?

FABIEN.

Je vous l'affirme.

DE FAVERNE.

C'est étrange alors que ni Diane ni son père... Docteur, si ni l'un ni l'autre n'ont envoyé ce soir, eh bien alors... je vous parlerai d'une jeune fille qui, j'en suis sûr, me soignerait, elle, et tendrement! (Fabien se lève.) Vous me quittez, docteur?

FABIEN.

Vous désirez quelque chose que vous hésitez à me dire?...

DE FAVERNE.

C'est vrai.

FABIEN.

Dites!... et, s'il est en mon pouvoir de vous rendre un service quelconque, je vous le rendrai.

DE FAVERNE.

Vous m'avez dit que ma blessure n'était pas mortelle.

FABIEN.

Je vous l'ai dit.

DE FAVERNE.

Je puis avoir confiance en votre parole, n'est-ce pas?

FABIEN.

Il ne faut rien demander à ceux de qui l'on doute.

DE FAVERNE.

Non, je ne doute pas de vous. Pourquoi en douterais-je ? vous m'avez sauvé la vie. Vous passez devant chez moi, n'est-ce pas, rue Taitbout, n° 11 ?

FABIEN.

J'irai exprès.

DE FAVERNE.

Vous monterez au premier... voici la clef de mon secrétaire; vous prendrez un portefeuille rouge à serrure et vous me l'apporterez.

FABIEN.

Voulez-vous que je vous renvoie ce portefeuille par votre domestique?

DE FAVERNE.

Non, docteur, ne vous en dessaisissez pas une minute et ne le remettez qu'à moi.

FABIEN.

C'est convenu. Adieu !

DE FAVERNE.

Merci, docteur, merci.

(Fabien sort.)

SCÈNE II

DE FAVERNE, seul, après un moment de faiblesse.

Ah! il n'y a pas à en douter, c'est Louise que j'ai vue : une première fois à la porte de l'Opéra; une seconde fois au coin de la rue Taitbout, une troisième fois à ma porte... Comment m'a-t-elle retrouvé?... que vient-elle faire à Paris?... Me poursuivre, achever l'œuvre de ma perte commencée par ce misérable d'Hornoy.

SCÈNE III

DE FAVERNE, un Domestique.

LE DOMESTIQUE, entrant.

Monsieur!

DE FAVERNE.

Qu'est-ce?

LE DOMESTIQUE.

Une dame voilée, qui refuse de dire son nom, demande à parler à M. le vicomte de Faverne.

DE FAVERNE, à part.

Une dame voilée! serait-ce Louise? Non... le domestique n'aurait pas dit une dame, il aurait dit une femme... Le docteur dit que je suis très-malade et que la moindre émotion peut me tuer. (Haut.) Que cette dame donne un signe de reconnaissance quelconque. Allez, dites-lui cela. (Le domestique sort.) Une dame voilée...

LE DOMESTIQUE, rentrant.

C'est la dame au cachet.

DE FAVERNE.

La dame au cachet! ah! faites entrer.

SCÈNE IV

DE FAVERNE, DIANE.

DE FAVERNE.

Vous! vous! vous!

DIANE.

Oui, moi... Avez-vous donc oublié que vous aviez de par le monde une amie qui s'intéressait à vous?

DE FAVERNE.

Voilà un jour et demi que je suis blessé et personne n'était venu ni de votre part ni de celle de votre père.

DIANE.

J'ai fait demander chez vous... on ne vous y avait pas vu... Il y a une demi-heure que je sais que vous êtes chez le docteur... je n'ai point envoyé... je suis venue.

DE FAVERNE.

Oh! Diane, Diane, que vous êtes bonne!

DIANE.

J'ai eu, ce matin, une explication avec mon père. Je lui ai dit que, vous vivant, je n'appartiendrais jamais à un autre.

DE FAVERNE.

Diane! si vous saviez combien je vous aime ! j'ai mis toutes mes espérances, tout mon bonheur, toute ma vie, toute mon âme en vous... Non, je ne mourrai pas... je ne veux pas mourir. Je veux vivre et vous aimer.

DIANE.

Taisez-vous!... non pas que je n'aie un immense bonheur à vous entendre, mais songez à votre faiblesse... songez au danger dont vous êtes à peine sorti.

DE FAVERNE.

Depuis que vous êtes là, je me sens renaître... Oh ! dites-moi que vous n'avez pas cru un mot des accusations de ces misérables !

DIANE.

Me voilà heureuse,... ne me demandez pas autre chose... Ma présence vous absout dans mon cœur... Maintenant que je vous ai vu, que vous êtes hors de danger, une plus longue visite serait fatigante pour vous...

DE FAVERNE.

Non, non... restez, restez le plus que vous pourrez... Oh! si vous pouviez rester toujours.

DIANE.

Vous ne m'avez pas laissée achever ma phrase. J'allais ajouter : et compromettante pour moi... Vous ne serez un prétendant sérieux pour mon père... je vous en demande pardon pour lui... que quand vous aurez justifié des cent mille écus qu'il exige... et...

DE FAVERNE.

Assez sur ce point, chère Diane!... dès que je pourrai tenir une plume, j'écrirai à la Guadeloupe... En attendant, gardez-moi votre cœur, si bon et si dévoué.

DIANE.

Henri, je vous l'ai gardé depuis le jour où je vous ai rencontré dans ce petit village de Bretagne, où, après y avoir joué tout enfants, nous nous sommes retrouvés avec des cœurs pleins de souvenirs ! Et j'ai été heureuse de voir qu'en aimant l'élégant vicomte de Faverne, je n'étais point infidèle au pauvre Gabriel Lambert.

DE FAVERNE.

Votre main, Diane !... votre main chérie !

(Elle lui donne sa main à baiser. En ce moment, par une porte intérieure, le docteur entre.)

SCÈNE V

Les Mêmes, FABIEN.

DE FAVERNE, d'un ton de reproche.

Oh ! docteur !

FABIEN.

Excusez-moi, monsieur; excusez-moi surtout, mademoiselle! M. de Faverne me paraissait très-pressé d'avoir un objet qu'il m'avait demandé, et, de peur de rencontrer quelques clients dans l'antichambre, je suis rentré par mon escalier particulier... Si j'eusse pu soupçonner, mademoiselle...

DIANE.

Je vous dois trop de remerciments, monsieur, pour recevoir vos excuses... Les médecins ont ce privilége des confesseurs, qu'il n'y a pas de secret pour eux... Monsieur Fabien, j'aime M. de Faverne, et j'espère avoir le bonheur un jour d'être sa femme; c'est à ce titre que je suis venue visiter celui que je regarde déjà comme mon mari. Maintenant, je n'ai pas besoin de vous dire que ce voile avec lequel je suis venue et avec lequel je sors n'a pas été levé pour vous.

FABIEN.

Inutile de me recommander le silence, madame... Je ne vous ai pas vue et jamais un mot sorti de ma bouche ne fera allusion à l'honneur que j'ai eu de vous rencontrer chez moi.

(Diane et Fabien se saluent; de Faverne suit Diane des yeux, les bras étendus vers elle.)

SCÈNE VI

FABIEN, DE FAVERNE.

FABIEN.

Voici le portefeuille que vous avez désiré, monsieur.

DE FAVERNE.

Vous voyez ce portefeuille. Il est plein de papiers de famille qui n'intéressent que moi... Docteur, faites-moi le serment que, si je mourais, vous jetteriez ce portefeuille au feu.

FABIEN.

Je vous le promets.

DE FAVERNE.

Sans lire les papiers qu'il contient.

FABIEN.

Il est fermé à clef.

DE FAVERNE.

Oh! une serrure de portefeuille! (Fabien jette le portefeuille sur le lit du blessé.) Pardon! cent fois pardon!... je vous ai blessé, docteur ; mais c'est le séjour des colonies qui m'a rendu si défiant. Là-bas, on ne sait jamais à qui l'on parle... Reprenez ce portefeuille, je vous en supplie! Promettez-moi de le brûler si je meurs.

FABIEN.

Pour la seconde fois, je vous le promets; d'ailleurs, je vous le répète, un médecin est un confesseur...

DE FAVERNE, lui tendant la main.

Merci !

FABIEN, se reculant.

J'ai déjà tâté votre pouls, il est aussi bon qu'il peut l'être.

DE FAVERNE.

Dites-moi, docteur ?

FABIEN.

Quoi ?

DE FAVERNE.

Vous a-t-on dit qu'il se fût présenté chez moi une jeune femme en mon absence ?

FABIEN.

Pardon!... j'avais oublié! une femme avec un enfant... oui. Elle a laissé son nom. Je l'ai pris pour vous l'apporter.

DE FAVERNE.

Donnez.

FABIEN.

Voici.

DE FAVERNE.

Louise Granger... c'est elle! oh! je ne me trompais pas. Je l'avais bien reconnue; elle est quelque part, là dans la rue à m'attendre, sur quelque borne... Tout est conjuré contre moi... tout!... (Réfléchissant.) Docteur, croyez-vous que maintenant je sois trop faible pour être transporté ?

FABIEN.

En prenant de grandes précautions, je crois la chose possible.

DE FAVERNE.

Faites-moi porter chez moi, je vous en supplie.

FABIEN.

Attendez à demain.

DE FAVERNE.

Non, aujourd'hui... tout de suite, si vous n'y voyez pas d'inconvénient. Je suis un hôte insupportable... je vous gêne et je suis gêné.

FABIEN, souriant.

Cette dernière considération me détermine; j'ai ici, pour les cas pareils au vôtre, un brancard couvert. Seulement, quand vous verrez cette femme,... pas d'emportement: la moindre émotion peut vous être fatale.

DE FAVERNE.

Je ne la verrai pas.

FABIEN.

Comment, vous ne la verrez pas? Mais si elle se représente chez vous?

DE FAVERNE.

Je répéterai ce que j'ai déjà dit à mes gens, que je ne la connais pas.

FABIEN.

Mais, enfin, qu'est-ce que c'est que cette femme, et que vous veut-elle ?

DE FAVERNE.

Elle veut probablement que je l'épouse, parce que nous avons un enfant ; comme si l'on était obligé d'épouser toutes les aventurières qu'on a connues!

FABIEN.

Eh bien, si c'est une de ces femmes que l'on peut désintéresser avec de l'argent... vous êtes assez riche, ce me semble.

DE FAVERNE.

Eh ! malheureusement, ce n'est pas une de ces femmes-là! c'est une fille de village, une brave et honnête fille.

FABIEN.

Tout à l'heure vous l'appeliez aventurière.

DE FAVERNE.

J'avais tort, docteur; c'était la colère qui me faisait parler ainsi, ou plutôt c'était la peur.

FABIEN.

Cette femme peut donc influer d'une manière fatale sur votre destinée?

DE FAVERNE.

Elle peut empêcher mon mariage avec mademoiselle Richard... rien que cela !

FABIEN.

Raison de plus pour la recevoir et pour la persuader... au lieu de renier votre enfant et de faire chasser la mère par vos laquais.

DE FAVERNE.

La revoir?... Non, jamais!... soyez bon jusqu'au bout... voyez-la, vous, docteur... arrangez la chose avec elle !... qu'elle retourne dans son village, je lui donnerai ce qu'elle voudra... dix mille francs... vingt mille francs... cinquante mille francs.

FABIEN.

Et si elle refuse tout cela?

DE FAVERNE.

Eh bien, alors, si elle refuse... (Fronçant le sourcil.) nous verrons !

FABIEN.

Cela suffit, monsieur. Je ferai ce que vous désirez. (Il sonne, un domestique entre.) Préparez la litière et trouvez deux porteurs.

(Le domestique referme la porte.)

DE FAVERNE.

Docteur, trouvez-moi quelque bonne et digne femme qui ne quitte pas le chevet de mon lit.

FABIEN.

J'ai l'habitude de conseiller à mes clients les sœurs de charité.

DE FAVERNE.

Cette femme se chargera de la dépense... Tenez, voilà cinq cents francs.

LE DOMESTIQUE.

La litière est prête.

DE FAVERNE.

Docteur, recommandez-leur d'entrer par la rue du Helder, n° 20, maison à deux portes ; je ne veux pas entrer par celle de la rue Taitbout, je la rencontrerais.

FABIEN, aux porteurs.

Vous avez entendu ! rue du Helder ! Le plus doucement possible.

DE FAVERNE, qu'on emporte.

Quand vous verrai-je ?

FABIEN.

Demain matin. En cas d'accident, envoyez-moi chercher.

DE FAVERNE.

Au revoir, docteur... Merci, cent fois merci !

SCÈNE VII

FABIEN, puis LE DOMESTIQUE.

FABIEN, écrivant sur son agenda.

Reçu cinq cents francs du vicomte de Faverne... Voilà, certes, je puis l'affirmer sans connaître les causes de son malheur... voilà un des hommes les plus malheureux que j'aie rencontrés.

LE DOMESTIQUE.

Le tapissier de monsieur, qui a un payement pressé à faire à la banque, demande si monsieur peut lui donner un à-compte sur le reste de son mémoire, qui monte à quatre mille francs.

FABIEN.

T'a-t-il dit la somme qu'il désirait ?

LE DOMESTIQUE.

Il a fait d'avance une quittance de deux mille francs, pour déranger monsieur le moins possible.

FABIEN, regardant la quittance, donne d'abord le billet de cinq cents francs qu'il vient de recevoir de Faverne, et ensuite trois autres qu'il prend dans son tiroir.

Voilà deux mille francs.

LE DOMESTIQUE.

Je les lui porte tout de suite. Il n'a plus qu'une demi-heure.... Il est trois heures et demie... à quatre, la banque ferme.

FABIEN.

Fais vite, alors.

SCÈNE VIII

FABIEN, OLIVIER, entr'ouvrant la porte.

OLIVIER.

Puis-je entrer ?

FABIEN.

Je crois bien !

OLIVIER.

Comment va mon homme ?

FABIEN.

M. de Faverne?

OLIVIER.

Oui; ne l'avez-vous pas fait transporter chez vous ?

FABIEN.

Si fait.

OLIVIER.

A la bonne heure... Si misérable que je le croie, j'ai pensé qu'il était de mon devoir d'aller prendre de ses nouvelles. On m'a dit qu'il était chez vous.

FABIEN.

Il y était encore il y a cinq minutes.

OLIVIER.

Il n'y est plus ?

FABIEN.

Non, il a voulu à toute force retourner chez lui.

OLIVIER.

Bon ! je lui amenais une famille, s'il n'en a pas.

FABIEN.

Que voulez-vous dire ?

OLIVIER.

Oui, une femme et un enfant... Mais je vais leur dire qu'il n'est plus ici, n'est-ce pas ?

FABIEN, l'arrêtant.

Attendez donc ! une femme et un enfant... Où les avez-vous trouvés ?... A sa porte, sur un banc ?

OLIVIER.

C'était là qu'on les avait pris, en effet ; mais ils étaient dans les mains d'un sergent de ville, qui les ayant vus là pendant la nuit, qui les ayant vus là le matin, qui les voyant encore là dans l'après-midi, les conduisait au corps de garde.

FABIEN.

Oh! la malheureuse!

OLIVIER.

Ma foi! la pauvre créature avait l'air si honnête, que je fus pris de pitié ; je perçai la foule qui l'entourait et je demandai de quel crime elle était coupable... « Ça n'a commis aucun crime, répondit le sergent de ville, mais ça vagabonde... Il y a près de vingt-quatre heures que cette malheureuse est là, sur ce banc, avec son enfant. — Puis-je lui parler? demandai-je au sergent de ville... — Si même vous voulez en répondre, on vous la donnera. » Elle jeta un regard suppliant sur moi. « Que faisiez-vous donc sur ce banc, pauvre femme? lui demandai-je. — Je l'attendais, me répondit-elle. — Qui attendiez-vous? — Gabriel Lambert. — Où demeure-t-il? — Au numéro 11, je l'ai vu rentrer, puis sortir... seulement, on m'a dit qu'il ne s'appelait pas Gabriel Lambert, mais le vicomte Henri de Faverne... » Vous comprenez, cher ami, à ce mot, je devinai tout! Je me crus obligé de réparer autant qu'il était en mon pouvoir le mal que j'avais fait. Et, m'adressant au sergent de ville : « Je m'appelle le baron Olivier d'Hornoy, lui dis-je ; je réponds de cette femme... » J'appelai un fiacre... « Où me menez-vous? me demanda-t-elle au moment de monter dedans. — Près du vicomte Henri de Faverne... — Bien vrai? dit-elle. — Parole d'honneur! — Alors, monsieur, au nom du ciel, ne perdons pas un instant. » Et elle s'élança dans la voiture. Je donnai votre adresse, croyant le trouver chez vous... Il n'y est plus, je vais la reconduire chez lui.

FABIEN.

Gardez-vous-en bien! La malheureuse serait jetée à la porte par les laquais de son amant.

OLIVIER.

Eh! mais... c'est donc tout à fait une canaille, que ce monsieur?

FABIEN.

J'en ai horriblement peur. (Ouvrant la porte). Voulez-vous entrer, mon enfant?

SCÈNE IX

Les Mêmes, LOUISE.

LOUISE.

Où est-il, monsieur ?... où est-il ? (A d'Hornoy.) Vous m'aviez dit qu'il était ici.

FABIEN.

Il y était il y a dix minutes.

LOUISE.

J'ai entendu dire, par les domestiques, qu'il avait été blessé en duel. Mon Dieu ! serait-il mort ?

FABIEN.

Non, il va aussi bien que possible.

LOUISE.

Oh ! Dieu soit loué ! Où est-il ? Il faut que je lui parle ; vous comprenez, il faut qu'il voie son enfant.

FABIEN.

Oui, vous le reverrez... oui, il reverra son enfant, mais pas dans ce moment, il est trop faible encore ; une émotion le tuerait.

LOUISE.

Oh ! alors j'attendrai... Mais où attendrai-je ?

FABIEN.

Ici, si vous voulez.

LOUISE.

Mais où suis-je, ici ?

FABIEN.

Chez le médecin qui l'a soigné.

OLIVIER.

Et vous pouvez ajouter : qui lui a sauvé la vie.

LOUISE.

Oh ! laissez-moi vous baiser les mains, monsieur.

FABIEN.

Pauvre femme !

LOUISE.

Vous me plaignez, n'est-ce pas ?

FABIEN.

Oh! oui, et profondément... Mais, d'abord, où avez-vous laissé votre enfant ?

LOUISE.

Dans le salon qui précède, sur un canapé.

FABIEN.

Je vais le recommander à la femme de mon valet de chambre, qui en prendra soin.

LOUISE.

J'ai peur qu'il n'ait froid et faim, monsieur.

FABIEN.

Soyez tranquille, on pourvoira à tout.

OLIVIER.

Mon cher Fabien, comme madame a probablement à vous dire des choses que l'oreille d'un médecin et d'un confesseur peut seule entendre, je vous laisse avec elle, bien certain que je n'ai pas besoin de vous la recommander... Au revoir, mon cher Fabien !... Bon courage, madame !

(Il sort.)

SCÈNE X

FABIEN, LOUISE.

FABIEN.

Vous êtes bien Louise Granger, n'est-ce pas ?

LOUISE.

Oui, monsieur.

FABIEN.

Je suis chargé, par M. le vicomte de Faverne, de causer d'affaires avec vous.

LOUISE.

D'affaires, monsieur ?

FABIEN.

D'affaires vous concernant. Mais, comme M. Henri était très-faible, et que je lui avais défendu de parler, c'est donc de vous, mademoiselle, que je dois tenir les détails qu'il n'a pu me donner.

LOUISE, avec émotion.

Ainsi, aujourd'hui, il est vicomte ?... il s'appelle Henri de Faverne ?

FABIEN.

C'est du moins le nom sous lequel il est connu dans le monde.

LOUISE.

Autrefois, il s'appelait Gabriel Lambert; c'est sous ce nom que je l'aimai et qu'il m'aima.

FABIEN.

Avez-vous assez de confiance en moi pour me dire comment vous avez quitté votre village... et comment, ne connaissant votre amant que sous le nom de Gabriel Lambert, vous l'avez pu retrouver sous celui de Henri de Faverne?

LOUISE.

Hélas! monsieur, il nous quitta, son père et moi.

FABIEN.

Il a toujours son père?

LOUISE.

Oui, monsieur; grande tristesse pour le vieillard! Il nous quitta pour venir à Paris, poursuivre un remboursement de dix mille francs, qui étaient tout l'avoir de son pauvre père... Après un mois, nous reçûmes une lettre nous annonçant que, résolu à faire fortune, il partait pour la Guadeloupe. Depuis ce jour, nous n'eûmes plus de ses nouvelles.

FABIEN.

Comment sûtes-vous alors qu'il était toujours à Paris

LOUISE.

Le maire de notre village y vint. Le hasard fit qu'en revenant de Courbevoie, il rencontra Gabriel à cheval, vêtu en élégant et suivi d'un domestique à cheval comme lui. Malgré cette espèce de déguisement, le maire le reconnut, et l'appela... Gabriel se retourna à son nom, et le reconnut aussi, à ce qu'il paraît, car il mit son cheval au galop. Le brave homme alla le soir au parterre de l'Opéra, et reconnut, dans une des loges les plus élégantes de la salle, son cavalier de la journée; il voulut en avoir le cœur net, il interrogea l'ouvreuse et apprit d'elle que le locataire de la loge était un habitué de l'Opéra, et ne manquait pas une représentation. Le soir même de mon arrivée, il y a juste, aujourd'hui mardi, huit jours, j'allai attendre avec mon enfant, rue Le Peletier, la sortie de l'Opéra; au bout de quelques minutes, je vis Gabriel donnant le bras à une jeune personne fort belle et fort élégante, que je reconnus pour mademoiselle Diane Richard, c'est-à-dire la même pour laquelle il était venu à Paris.

14.

FABIEN.

Mais il ne monta point en voiture avec elle?

LOUISE.

Non. Il attendit son coupé, j'eus tout le temps de l'examiner... « Où va monsieur? demanda le cocher. — Chez moi, parbleu! » répondit Gabriel... Je courus derrière la voiture presque aussi vite qu'elle, et j'arrivai devant sa porte au moment où le concierge fermait les deux battants. J'insistais pour parler à Gabriel, on me repoussa brutalement en me disant : « C'est inutile que vous reveniez... M. le vicomte a défendu de vous recevoir... » Alors, je pris mon enfant dans mes bras et m'assis sur un banc à la porte... C'est en ce moment qu'un sergent de ville m'ordonna de le suivre. J'obéis machinalement, je ne savais plus ce que je faisais. Votre ami passa... eut pitié de moi, et m'emmena chez vous... Que pouvez-vous pour moi?... que vous a-t-il chargé de me dire?

FABIEN.

Hélas! peu de choses consolantes. Il est irrité, aigri... Il en veut au genre humain tout entier... et, s'il ne paraissait pas tant tenir à la vie, je croirais qu'il a voulu se faire tuer pour échapper à quelque grand remords.

LOUISE.

Oh! si j'étais près de lui, si je pouvais le soigner, le consoler, faire un appel à ses souvenirs, peut-être le rendrais-je à son père... peut-être le ramènerais-je à moi... peut-être referais-je de lui un honnête homme!

FABIEN.

Eh bien, écoutez; voulez-vous tenter une chose?

LOUISE.

Laquelle?... oh! monsieur, laquelle?

FABIEN.

Consentiriez-vous à demeurer à son chevet sans être connue de lui jusqu'au moment où sa blessure sera assez bien guérie pour que vous puissiez sans danger vous faire reconnaître?

LOUISE.

Oh! oui, monsieur, je consentirai à tout, pourvu que je le revoie.

FABIEN.

Eh bien, dans sa défiance de tout le monde, ne voulant pas être servi par ses domestiques, il m'a demandé une femme.

de confiance de laquelle je puisse répondre... Voulez-vous être cette jeune femme et vous introduire aujourd'hui chez lui avec une lettre de recommandation de moi? Vous vous arrangerez de façon qu'il ne voie pas votre visage... Une fois près de lui... c'est à vous d'essayer l'influence d'une bonne nature sur une mauvaise... Si vous réussissez, ce sera, ma foi, un beau triomphe de la moralité sur le vice.

LOUISE.

Oh! je réussirai, monsieur, je réussirai! mais mon enfant, monsieur, mon enfant?...

FABIEN.

Rien n'empêche qu'il ne reste chez moi ; vous vous entendrez avec la femme de mon valet de chambre.

LOUISE.

Mais, monsieur, je n'ai pas d'argent, il me reste un louis à peine... Il est vrai que j'ai payé mon hôtel jour par jour.

FABIEN.

Sur ce point, je puis au moins faire cesser votre inquiétude. M. de Faverne désire que la personne se charge de la dépense, et, à cet effet, il m'a laissé un billet de banque de cinq cents francs.

LOUISE.

Un billet de banque!

FABIEN.

Oui... c'est bien le moins que, sur l'argent du père, vous préleviez la dépense de l'enfant.

LOUISE.

Mais ce billet de banque de cinq cents francs.... Il y a donc des billets de banque de cinq cents francs, monsieur ? Je croyais qu'il n'y en avait que de deux cents.

FABIEN.

Il y en a de cinq cents, de mille et de cinq mille.

LOUISE.

Je disais que ce billet de banque de cinq cents francs, il faudrait le changer.

FABIEN.

Aussitôt reçu, je m'en suis servi pour faire la part d'un payement... je vous en donnerai l'argent.... Et, tenez... (Ouvrant son tiroir.) j'ai trois cents francs en or dans mon tiroir... prenez-les toujours... Je vous porterai le reste en allant faire visite à M. de Faverne. (On sonne en dehors.) Germain, voyez-donc, c'est à ma sonnette particulière.

(Il donne l'argent à Louise.)

LOUISE.

Merci, monsieur. Je vais embrasser mon enfant et m'entendre avec celle qui, en mon absence, voudra bien lui servir de mère.

FABIEN.

Suivez ce corridor, ma chère enfant, il vous conduira juste près d'Armande.

(Elle va pour sortir par la porte du corridor.)

LE DOMESTIQUE.

C'est un agent de la police de sûreté qui désire parler à monsieur lui-même.

LOUISE, à part.

De la police !

FABIEN.

Un agent de la police de sûreté qui désire me parler ?... Ah ! probablement à propos du duel de l'autre nuit ! Faites entrer.

SCÈNE XI

FABIEN, L'Agent.

FABIEN.

Vous avez demandé le docteur Fabien, monsieur... c'est moi.

L'AGENT.

Vous n'avez pas besoin de me le dire, j'ai l'honneur de vous connaître.

FABIEN.

Que me voulez-vous ?

L'AGENT.

Un simple renseignement, docteur. (Louise reparaît à la porte du cabinet.) Vous avez soldé aujourd'hui une partie de facture à votre tapissier avec quatre billets de banque de cinq cents francs chacun ?

FABIEN.

Oui, monsieur.

L'AGENT.

Votre tapissier, de son côté, a payé un billet de quatre

mille francs qu'il avait à la Banque avec deux mille francs en or et les deux mille francs qu'il a reçus de vous en papier.

FABIEN.

C'est possible, monsieur.

L'AGENT.

Un des billets de banque de cinq cents francs était faux.

LOUISE, à part.

Mon Dieu !

FABIEN.

Vraiment ?... Attendez... je vais le remplacer.

L'AGENT.

Ce n'est point de cela qu'il est question, docteur, aujourd'hui du moins... Maintenant, il n'est besoin que de savoir si vous pourriez vous rappeler les personnes de qui vous tenez ces billets.

FABIEN.

Rien de plus facile ; je les ai reçus depuis quatre ou cinq jours seulement et j'ai un registre spécial où j'inscris toutes mes recettes.

L'AGENT.

Ah ! vous rendrez un grand service à la Banque, docteur, si vous pouvez la mettre sur la voie des coupables...

FABIEN, pendant ce temps, a ouvert le carnet de recettes où on lui a vu inscrire le billet de cinq cents francs de Faverne.

Voyons cela !

L'AGENT, tirant un carnet de sa poche.

Permettez que j'inscrive au fur et à mesure les noms et les adresses.

FABIEN.

Faites, monsieur... « Madame de Mauclerc, maîtresse de pension aux Champs-Élysées, pour soins donnés à ses élèves, cinq cents francs. » Y êtes-vous ?

L'AGENT.

J'y suis.

FABIEN.

« M. Leclerc, marchand de bois, rue de l'Arcade, n° 10, pour soins donnés à son fils. »

L'AGENT.

Deux.

FABIEN.

« M. Bourgeois, négociant, rue du Bac, n° 444, pour deux ans de soins donnés à lui-même... »

L'AGENT.

Trois.

LOUISE, bas, à Fabien.

Au nom du ciel, ne nommez pas le quatrième! (Fabien la regarde.) Je vous en supplie!

FABIEN.

C'est bizarre!... je n'ai point inscrit le nom de la personne dont je tiens le quatrième.

L'AGENT.

Cherchez bien, docteur!

FABIEN.

J'ai beau chercher... il n'y est pas.

(Il referme son carnet.)

L'AGENT.

Oh! je regrette cette omission, docteur... Je vais toujours transmettre à qui de droit les renseignements que vous avez eu l'obligeance de me donner. (Fabien sonne, un domestique entre.) Désespéré de vous avoir dérangé, docteur.

FABIEN.

Adieu, monsieur.

(L'agent sort avec le domestique.)

SCÈNE XII

LOUISE, FABIEN.

LOUISE, tombant aux pieds de Fabien et lui baisant la main.

Dieu vous récompensera, docteur!

FABIEN.

Que voulez-vous dire, mon enfant?

LOUISE.

Rien!...

ACTE TROISIÈME

Un élégant boudoir chez de Faverne. — Sofa au fond à droite ; une caisse à gauche ; panoplies au mur. Tableaux ; guéridon au milieu de la pièce ; pendules, vases, tapis, étagères ; fenêtre au fond à droite.

SCÈNE PREMIÈRE

FABIEN, LOUISE, en sœur de charité.

FABIEN.

Eh bien, chère enfant, vous n'avez rien de nouveau à m'apprendre ?

LOUISE.

Rien, docteur... Depuis cinq jours que je suis ici, la fièvre et le délire n'ont pas quitté Gabriel... hier seulement, le calme est revenu, et j'ai dû m'éloigner de lui de peur qu'il ne me reconnaisse.

FABIEN.

Je vais le voir, tenter une dernière épreuve.

LOUISE.

Parlez-lui de son père, qui est arrivé hier et qu'il ne veut pas recevoir... Soyez éloquent ! dites-lui que, pour les blessures de l'esprit, il y a deux grands médecins, monsieur. Pour ceux qui souffrent injustement, il y a la prière ; pour ceux qui souffrent justement, il y a le repentir.

(Elle sort.)

SCÈNE II

DE FAVERNE, FABIEN.

DE FAVERNE.

Ah ! que c'est bon à vous d'être venu, docteur ! je ne vous ai point menti, allez, je suis horriblement souffrant.

FABIEN.

Qu'avez-vous ? Ce ne peut pas être votre blessure.

DE FAVERNE.

Non, grâce à Dieu, il n'y paraît pas plus maintenant que si c'était une simple piqûre de sangsue. Mais, vous allez vous moquer de moi, docteur... je crois que j'ai des vapeurs.

FABIEN.

Voyons votre pouls ? (Il lui tâte le pouls.) Nerveux et agité ! (On sonne, de Faverne tressaille.) Qu'avez-vous ?

DE FAVERNE.

Rien ! c'est plus fort que moi... Quand j'entends une sonnette, je tressaille, et puis, tenez, je dois pâlir. Je sens tout mon sang qui se retire vers le cœur.

FABIEN.

C'est évident... vous souffrez, mais ce n'est point une cause physique qui vous fait souffrir. Vous avez quelque douleur morale, une inquiétude grave, peut-être ?

DE FAVERNE.

Quelle inquiétude voulez-vous que j'aie ?... Tout va pour le mieux... Mon mariage avec mademoiselle Richard a lieu dans trois semaines.

FABIEN.

A propos de mariage, je vous rapporte le portefeuille que vous m'aviez confié, et dans lequel sont des papiers de famille.

DE FAVERNE.

Je vous avais dit de ne me le rendre que quand je serais guéri...

FABIEN.

Vous l'êtes... Calmez-vous seulement, et tout sera fini.

DE FAVERNE.

Calmez-vous ! c'est bien aisé à dire... Parbleu ! si je pouvais me calmer, je serais guéri...

FABIEN.

Il faut vous ménager, monsieur...

DE FAVERNE.

Au fait, je suis bien bon de me tourmenter ainsi... Bah ! je suis riche, je jouis de la vie... Cela durera tant que ça pourra. Ainsi, docteur, vous ne me conseillez rien ?

FABIEN.

Si fait : je vous conseille d'avoir confiance en moi et de me dire ce qui vous tourmente.

DE FAVERNE.

Vous croyez donc toujours que j'ai quelque chose que je n'ose dire?

FABIEN.

Je dis que vous avez un secret que vous gardez pour vous, un secret terrible, peut-être!

DE FAVERNE, se laissant tomber sur une chaise.

Terrible!... Oui docteur, oui : vous êtes un homme de génie, vous avez deviné cela. Oui, j'ai un secret et, comme vous le dites, un secret terrible!... un secret que j'ai toujours eu envie de dire à quelqu'un, et que je vous dirais à vous, si vous... si vous étiez confesseur au lieu d'être médecin.

FABIEN.

Si j'attendais que vous me dissiez vos secrets, vous ne vous y décideriez pas; je vais donc les dire, moi.

DE FAVERNE.

Vous! vous savez mes secrets, vous? Impossible!

FABIEN.

Ce qui vous tourmente,... ce qui vous donne cette surexcitation nerveuse, c'est que votre père est arrivé à Paris hier.

DE FAVERNE.

Mon père?

FABIEN.

Et que, comme votre père est un très-honnête homme et qu'on ne chasse pas son père comme on chasse une maîtresse, surtout quand il est à peu près sûr que son fils le déshonore...

DE FAVERNE.

Docteur!

FABIEN.

Que son fils le déshonore! Vous craignez qu'il ne dise que vous êtes né au village de Saint-Dolay, en Bretagne, et non à la Pointe-à-Pitre...

DE FAVERNE.

Monsieur!

FABIEN.

Que vous vous appelez Gabriel Lambert, et non le vicomte de Faverne.

DE FAVERNE.

Ah!

FABIEN.

Vous craignez, enfin, qu'il ne fasse manquer votre mariage avec mademoiselle Diane, en disant que vous vivez ici d'une industrie ténébreuse.... qui vous donne cette maladie de nerfs pour laquelle vous me consultez. Eh bien, maintenant, le conseil que vous me demandez, le voici : Implorez le pardon de votre père, implorez le pardon de Louise, quittez Paris... Partez avec eux pour Saint-Dolay, cachez-vous-y à tous les yeux, car votre père et Louise ne vous pardonneraient peut-être pas. (De Faverne tombe anéanti.) A propos, monsieur de Faverne, j'ai toujours oublié de vous parler d'une chose d'un médiocre intérêt pour moi, mais que je crois d'un grand intérêt pour vous.

DE FAVERNE.

De quelle chose ?

FABIEN.

Le billet de cinq cents francs que vous m'avez donné, en quittant ma maison, était faux.

DE FAVERNE.

Faux? C'est étrange !... je vais vous rendre cinq cents francs... (Il va au secrétaire, tire la clef de sa poche et la met dans la serrure. — S'arrêtant.) N'y a-t-il pas une chose qui vous étonne comme moi, docteur ?

FABIEN.

Laquelle ?

DE FAVERNE.

C'est qu'on ait le courage de contrefaire un billet de banque.

FABIEN.

Cela m'étonne, parce que c'est une lâche et infâme action.

DE FAVERNE.

Infâme peut-être ; lâche, non ; savez-vous qu'il faut une main bien ferme pour écrire ces deux petites lignes : *La loi punit de mort le contrefacteur?*

FABIEN.

Seulement, cette main n'a pas la force de prendre un poignard et de s'en frapper quand arrive la condamnation qui doit conduire le faussaire à l'échafaud...

DE FAVERNE.

A l'échafaud ! oui, je comprends que l'on envoie un assassin à l'échafaud ; mais avouez que guillotiner un homme pour avoir fait de faux billets, c'est bien cruel.

FABIEN.

Vous avez raison ; aussi je sais de bonne source que l'on doit incessamment adoucir cette peine et la borner aux galères.

DE FAVERNE.

Vous savez cela, docteur, vous savez cela ; en êtes-vous sûr ?

FABIEN.

Je l'ai entendu dire à celui de qui la proposition même viendra.

DE FAVERNE.

Au roi?

FABIEN.

Au roi.

DE FAVERNE.

Au fait, c'est vrai, vous êtes médecin du roi par quartier. Ah ! le roi a dit cela ! Et quand la proposition doit-elle être faite ?

FABIEN.

Cela vous intéresse donc ?

DE FAVERNE.

Sans doute ; cela n'intéresse-t-il pas tout ami de l'humanité, d'apprendre qu'une loi trop sévère est abrogée ?

FABIEN.

Elle n'est point abrogée, monsieur ; seulement, les galères remplaceront la mort. Cela vous paraît-il une bien grande amélioration dans le sort des coupables ?

DE FAVERNE, *donnant cinq cents francs en or à Fabien.*

Tenez, voilà cinq cents francs en or.

FABIEN.

Merci ! mais ce qui me reste à vous dire est encore plus important que ce que je vous ai dit.

DE FAVERNE.

Que vous reste-t-il donc à me dire?

FABIEN.

Il me reste à vous dire que, comme, le même jour, le billet est allé à la Banque et a été reconnu faux, sachant que c'était moi qui l'avais donné à mon tapissier, avec trois autres, on est venu aux renseignements chez moi ; et, comme j'ai beaucoup d'ordre, grâce à un carnet sur lequel j'inscris toutes mes recettes, j'ai pu donner les noms et les adresses.

DE FAVERNE, épouvanté.

Des quatre personnes qui vous avaient donné ces billets ?

FABIEN.

Non, de trois seulement. J'allais donner le nom de la quatrième, lorsqu'une jeune femme est tombée à mes pieds, et m'a conjuré, au nom de son enfant, de me taire.

DE FAVERNE.

Et...?

FABIEN.

Et j'ai dit qu'ayant oublié le nom et l'adresse de la quatrième personne, je ne pouvais les donner...

DE FAVERNE.

Vous avez fait cela, docteur !

FABIEN.

Oh ! pas pour vous!... mais pour cette jeune femme qui était à mes pieds.

DE FAVERNE.

Mais, cette jeune femme qui était à vos pieds, qui est-elle ?

FABIEN, montrant Louise, qui, pendant la fin de la scène, est entrée et s'est mise à genoux près de Faverne.

Celle qui est aux vôtres ! Adieu.

(Il sort.)

SCÈNE III

LOUISE, DE FAVERNE.

LOUISE, suppliante.

Gabriel !

DE FAVERNE, la prenant dans ses bras.

Louise ! Louise !

LOUISE.

J'ai pris pour te soigner ces pieux vêtements, afin que tu ne me reconnaisses pas.

DE FAVERNE.

C'était donc toi qui veillais jour et nuit à mon chevet ?

LOUISE.

N'était-ce pas mon devoir ?

DE FAVERNE.

Oh! tu es une sainte, et, moi, je suis un impie! Va chercher mon père et reviens avec lui!

(Louise s'élance hors de la chambre.)

SCÈNE IV

DE FAVERNE, seul; puis UN DOMESTIQUE.

Maintenant, je dois fuir Paris, m'ensevelir dans mon village, m'abriter sous la chasteté de l'épouse et l'innocence de l'enfant... Mais Diane! Diane!... Eh bien, je lui dirai que je n'ai pas pu réunir les derniers cent mille francs que son père exigeait... et elle m'oubliera!... Que va-t-elle dire?... moi qui me suis fait passer à ses yeux pour millionnaire! elle dira que je suis un honnête homme! (Il sonne.) Écrivons.

« Chère Diane,

» L'homme que j'avais chargé de réaliser ma fortune à la Guadeloupe, a vendu toutes mes propriétés, et, après avoir réalisé plus d'un million, s'est enfui en Amérique. Il ne me reste, pour toute fortune, que deux cent mille francs, c'est-à-dire les deux tiers seulement de la somme exigée par votre père. Plaignez-moi, Diane; je ne veux point rester à Paris pour être témoin du bonheur d'un autre. Oh! croyez-en le cri de mon cœur, je pars bien malheureux!

» A vous pour la vie!

» DE FAVERNE. »

Ah! je respire en pensant que ce nom est le dernier faux que je ferai.

(Il cachette la lettre et sonne.)

UN DOMESTIQUE.

M. le vicomte a sonné?

DE FAVERNE.

Oui... Portez cette lettre chez M. Richard. Vous la remettrez à mademoiselle Diane.

LE DOMESTIQUE.

Y a-t-il une réponse?

DE FAVERNE.

Non, probablement... Allez! (Le Domestique sort.) Et maintenant, les voilà, je les entends; qu'ils viennent, le sacrifice est fait.!

SCÈNE V

DE FAVERNE, LAMBERT, LOUISE.

DE FAVERNE.
Mon père, j'attends votre pardon à genoux...
LAMBERT.
Dans mes bras... le fugitif!... Oh! te voilà donc, malheureux et cher enfant!
LOUISE.
Je vous le disais bien toujours, mon oncle, qu'il nous reviendrait.
LAMBERT.
Oui; mais comment nous revient-il? Mieux vaudrait que, comme l'enfant prodigue, il nous revînt en haillons qu'avec tout ce luxe, dont nous ignorons la source, qu'avec ce titre ramassé sans doute dans la fange des tripots.
LOUISE.
Pas de récriminations, mon oncle, pardon complet. La miséricorde d'un père est infinie comme celle de Dieu.
LAMBERT.
Cependant, j'y mets une condition, c'est qu'il quittera Paris aujourd'hui même.
DE FAVERNE.
Dans une heure, mon père. Oh! ce Paris, ce pandémonium, cet enfer ! Si vous saviez ce que j'y ai souffert, loin de me faire des reproches, vous me plaindriez.
LOUISE.
Oui, nous te plaindrons, nous te consolerons, Gabriel! Tu n'as pas vu ton fils; quand tu le verras, tu oublieras tout. Il est beau comme un ange du bon Dieu; il est chez le bon docteur Fabien, notre sauveur à tous. Tu vas le voir, tu vas l'embrasser. Au bout d'une heure, il t'aimera comme s'il avait toujours été près de toi. Puis nous partirons pour Saint-Dolay. Viens, Gabriel, viens !
LAMBERT.
Il faudra redevenir ce que tu n'aurais jamais dû cesser d'être, Gabriel, un laborieux paysan.

DE FAVERNE.

Oui ; mais, avant de quitter cet appartement, il y a des papiers qu'il faut que j'emporte, d'autres que je dois brûler...

LAMBERT.

Ce que tu as à faire sera-t-il bien long ?

DE FAVERNE.

Un quart d'heure tout au plus, mon père.

LAMBERT, s'asseyant.

Nous attendrons.

(De Faverne va pour ouvrir une armoire en forme de caisse.)

LOUISE, s'appuyant au fauteuil de Lambert.

Oui, nous attendrons. Oh ! c'est si bon de se revoir, de se retrouver et d'être sûrs de ne plus se quitter...

(Entre un Domestique.)

SCÈNE VI

Les Mêmes, le Domestique qui a porté la lettre à Diane.

DE FAVERNE.

Quoi encore ?... J'avais défendu qu'on nous dérangeât.

LE DOMESTIQUE.

Pardon, monsieur le vicomte, c'est la réponse à la lettre que vous m'avez remise il y a un quart d'heure.

LAMBERT, avec ironie.

M. le vicomte !

LOUISE.

Patience, mon oncle, patience !

DE FAVERNE.

La réponse ! elle t'a donné la réponse ?

LE DOMESTIQUE.

La voici.

DE FAVERNE.

Ah ! mon Dieu, ma main tremble !... Qu'y a-t-il dans ce paquet ? Lisons la lettre d'abord.

LAMBERT.

Qu'y a-t-il ? Il semble bien agité.

LOUISE.

Mon Dieu, pourvu que ce ne soit pas quelque mauvaise nouvelle !

DE FAVERNE, *après avoir décacheté la lettre d'une main tremblante, lit d'une voix entrecoupée.*

« Mon cher Henri, je craignais, par pressentiment sans doute, quelque catastrophe dans le genre de celle qui vous est arrivée, et j'avais pris mes précautions d'avance en réalisant, moi aussi, grâce à quelques actions au porteur, grâce à quelques diamants dont je n'avais que faire, espérant bien que vous me trouveriez belle sans cela, cette somme de cent mille francs qui vous manque ; et je vous l'envoie dans le paquet ci-joint, par votre domestique, qui ne sait pas ce qu'il vous porte. J'espère que vous ne sacrifierez pas notre bonheur à une fausse délicatesse, et que vous ne vous ferez pas scrupule de recevoir, à titre de prêt, cent mille francs de celle qui, dans quinze jours, signera

» DIANE, vicomtesse DE FAVERNE. »

Voilà bien autre chose, maintenant ! Mon Dieu !... mon Dieu ! (*A son père et à Louise.*) Attendez-moi ; cette lettre veut une réponse, je reviens. — Venez, François !

(*Il sort comme un fou.*)

SCÈNE VII

LAMBERT, LOUISE, puis LE DOMESTIQUE.

LAMBERT.

Qu'est-il arrivé ?

LOUISE.

Je ne sais ; vous avez vu quel terrible effet a produit sur lui cette lettre ?

LAMBERT.

Terrible, non, car il y avait dans ses yeux, tandis qu'il la lisait, plus de joie que de terreur.

LOUISE.

Il va revenir... et nous expliquer...

LAMBERT.

Il va revenir ?

LOUISE.

N'avez-vous pas entendu ?... il l'a dit.

LAMBERT.

Et s'il ne revient pas ?

LOUISE.

Ah ! mon oncle, vous êtes cruel pour lui... Tenez... (La porte s'ouvre.) Tenez, le voilà.

LAMBERT.

Non, c'est un domestique.

LOUISE.

Une lettre ?

LE DOMESTIQUE.

De M. le vicomte.

LAMBERT.

Pour qui ?

LE DOMESTIQUE.

Pour vous.

LAMBERT.

Louise ! Louise !

LOUISE.

Lisez, mon oncle !

LAMBERT, lisant.

« Mon cher père, ma Louise vénérée, plaignez-moi ! la lettre que je viens de recevoir a changé toutes mes résolutions : il n'est plus question pour moi de départ et de repentir, et la fatalité veut que je marche dans la vie, non pas telle que vous me l'aviez montrée, mais telle que je me la suis faite. Quittez Paris, emportez mon amour, Louise, ma reconnaissance, mon père, mais ne faites aucune tentative pour me ramener à vous et au bien, elles seraient inutiles ; je suis sur une pente glissante que je dois suivre jusqu'au bout, elle me mènera à la fortune ou à...

» Oubliez-moi, ou plutôt, non, ne m'oubliez pas, et priez pour moi.

» GABRIEL. »

Que t'avais-je dit ?

LOUISE.

Hélas ! notre dernière espérance !

LAMBERT.

Oh ! mes pressentiments. (Au Domestique.) Je veux le voir !

LE DOMESTIQUE.

Qui cela, monsieur ?

LAMBERT.

Mon fils !

15.

LE DOMESTIQUE.

Je ne sais si c'est M. le vicomte que vous appelez votre fils ?

LAMBERT.

C'est l'homme qui me quitte, c'est l'homme qui vient de sortir de cette chambre, c'est l'homme qui t'a remis cette lettre.

LE DOMESTIQUE.

Vous ne pouvez pas voir M. le vicomte.

LAMBERT.

Pourquoi cela ?

LE DOMESTIQUE.

Parce qu'il est monté en voiture en disant qu'il ne rentrerait pas.

LAMBERT, s'asseyant.

Je l'attendrai.

LE DOMESTIQUE.

Impossible, monsieur !

LAMBERT.

Comment impossible ?

LE DOMESTIQUE.

Des étrangers ne peuvent rester chez M. le vicomte, quand M. le vicomte n'y est pas.

LAMBERT.

Des étrangers ? moi son père ? elle ?... Ah ! misérable !

LOUISE.

Mon oncle !

LAMBERT.

Le père ne peut rester chez son fils ! et quand je pense que tout à l'heure, là, là, à cette place, croyant à ses paroles, à ses promesses, à son repentir, je l'ai tenu entre mes bras, serré contre mon cœur ! et, quand je pouvais étouffer ce monstre d'ingratitude et de mensonge, je l'ai appelé mon enfant, mon Gabriel !...

LOUISE.

Cet homme obéit aux ordres qu'il a reçus.

LAMBERT.

Tu as reçu l'ordre de nous chasser ?

LE DOMESTIQUE.

J'ai dit à monsieur ce que j'avais à lui dire.

LAMBERT.

O mon Dieu! aussi loin que vos regards peuvent s'étendre, avez-vous vu jamais chose plus impie, qu'un fils faisant chasser son père par des valets!

LOUISE.

Venez, mon oncle, venez!

LAMBERT.

O fils dénaturé, je te maudis! je maudis l'heure de ta naissance... je maudis l'heure où je t'ai appelé pour la première fois mon fils... je maudis l'heure où tu m'as appelé ton père pour la première fois !...

LOUISE.

Venez, mon oncle, venez !

LAMBERT.

Va donc loin de nous où ta destinée t'entraine! et bénie soit l'heure de ma mort, si elle sonne avant celle de ton déshonneur !

LOUISE, l'entrainant.

Venez, mon oncle, venez !

LAMBERT.

Maudit dans ce monde !, maudit dans l'éternité ! (Il sort entrainé par Louise.) Maudit ! maudit ! maudit !

(Le Domestique sort.)

SCÈNE VIII

DE FAVERNE, seul, complétement abattu et les bras pendants.

Oh! oui, terrible! terrible! soyez satisfait, mon père; je n'ai pas perdu un mot de votre malédiction... De l'air !... j'étouffe !... (Il va à la fenêtre et l'ouvre.) Oh ! mon Dieu ! (Il se couche sur un canapé.) Le sommeil ! l'oubli ! la mort ! Oh ! que, par un coin de cette fenêtre entr'ouverte, il voie... gémissant, irrésolu, tremblant, celui qui met le pied dans la route du crime... Mon Dieu !... mon Dieu !

La nuit s'est faite peu à peu sur le théâtre ; un homme apparaît à la fenêtre et l'escalade doucement ; il regarde autour de lui, tire de sa poche une lanterne sourde, et arme un pistolet qu'il tenait à la main

SCÈNE IX

DE FAVERNE, GASPARD.

Faverne, au bruit du pistolet qu'on arme, ouvre les yeux, et voit un homme armé à quelques pas de lui.

DE FAVERNE.

Qu'est-ce que cela ?

(Il referme les yeux et se tient immobile.)

GASPARD, l'apercevant à la lueur de sa lanterne.

Un homme ! (s'approchant.) Il dort ! Voyons donc ! voyons donc ! la maison me paraît bonne ! Ah ! une caisse ; la clef y est... Fenêtre ouverte... clef au secrétaire ; on a préparé ça pour moi. (Il regarde du côté de Faverne.) Bonne nuit !

(Il ouvre le secrétaire de la main droite en passant le pistolet sous son bras gauche.)

DE FAVERNE.

Et moi qui ai laissé la clef à ce secrétaire ! Je suis perdu !

(Il se lève, et, sur la pointe du pied, va au voleur.)

GASPARD.

Des billets de banque ! Mais qu'est-ce que cela ? La planche avec laquelle on les fabrique... Je suis volé !

DE FAVERNE, *qui est arrivé derrière le voleur, tire le pistolet par la crosse et le lui applique sur le front, au moment où il se retourne.*

Pas un mouvement, ou tu es mort !

GASPARD, dirigeant sur lui la lumière de sa lanterne.

Tiens, Gabriel !

DE FAVERNE, le regardant.

Gaspard !

GASPARD.

Rends-moi mon pistolet, il n'est pas chargé, c'est pour effrayer les clients.

(Il reprend son pistolet.)

GABRIEL.

Gaspard !

GASPARD rend la planche.

Oui, Gaspard, ton compatriote et ton ami. Ah ! nous contrefaisons les billets de banque ?... Ça rapporte, mais, tu sais, la loi...

DE FAVERNE.

Eh bien, va me dénoncer.

GASPARD.

Moi! me prends-tu pour un faux frère?... Tu as embrassé un métier périlleux mais lucratif; je ne t'en veux pas!

DE FAVERNE.

Tais-toi.

GASPARD.

Va fermer la fenêtre. Ce n'est pas pour te commander, mais, si j'y allais moi-même, on pourrait reconnaître mon profil.

DE FAVERNE.

Qui cela?

GASPARD.

Les gens qui me poursuivent.

DE FAVERNE

Tu étais donc poursuivi?

GASPARD.

Depuis six mois, je ne fais que ça!... J'en ai des crampes dans les mollets. Aussi, je n'ai pas, comme toi, le temps de dormir sur mon canapé. (De Faverne ferme la fenêtre, puis le rideau.) Tu as raison, ferme les rideaux; deux précautions valent mieux qu'une! Maintenant, là, voyons, causons comme deux bons amis!

(Il allume un candélabre.)

DE FAVERNE.

Que fais-tu?

GASPARD.

Je n'aime pas à causer dans l'obscurité, moi!

DE FAVERNE.

Mais tu disais que tu étais poursuivi.

GASPARD.

Bon!... Ils ne viendront pas me chercher ici, chez toi... Comment t'appelles-tu de ton nouveau nom?

DE FAVERNE.

Que t'importe?

GASPARD.

Oh! à un ami, lui faire des cachotteries!

DE FAVERNE.

Le vicomte de Faverne.

GASPARD.

Il ne viendront pas me chercher chez le vicomte de Faverne, un millionnaire.

DE FAVERNE.

Mais comment es-tu ici ?

GASPARD, emboîtant le pas à de Faverne, qui traverse la scène.

J'étais en train de flâner chez un joaillier pendant qu'il dormait. Il se réveille et se met à crier au voleur !... Moi, pas bête, au lieu de sortir dans la rue, où j'étais immanquablement pincé, j'enfile un escalier, je trouve une chambre à l'entre-sol, j'y entre, je ferme la porte derrière moi... Je vais à la fenêtre : douze pieds du sol !... je saute dans la cour... j'enjambe un mur, deux murs, trois murs... ça ne finissait plus, les murs... je me trouve dans ton jardin. Un pressentiment me dit que je suis dans le jardin d'un ami, et, vous le voyez, vicomte, je ne m'étais pas trompé.

DE FAVERNE, s'arrêtant.

Tu as fini ta narration ?

GASPARD.

Oui ! tu peux marcher maintenant ; je te dirai seulement : Cher ami, quitte le métier, quitte le métier, ou tu finiras mal.

DE FAVERNE.

Assez ; désires-tu autre chose ?

GASPARD.

Je crois bien que je désire autre chose ! je désire quitter la France ; mais pour cela, tu comprends, il faut de la monnaie blanche.

DE FAVERNE.

Combien te faudrait-il ?

GASPARD.

Pour gagner la frontière ?

DE FAVERNE.

Oui.

GASPARD.

En conscience, je ne peux pas à moins de mille francs.

DE FAVERNE, lui donnant un billet de banque.

Tiens, les voilà !

GASPARD.

Un billet ? Ah ! tu veux non-seulement voler un ami, mais encore le compromettre.

DE FAVERNE.

Gaspard !

GASPARD.

Ah ! nous essayons de glisser notre marchandise, même à notre petit ami !

DE FAVERNE.

C'est de l'or que tu désires ?

GASPARD.

J'ai toujours eu un faible pour ce qui brille, et pourtant le proverbe dit : « Tout ce qui brille n'est pas or. »

DE FAVERNE, prenant un rouleau de mille francs dans le secrétaire qu'il referme.

Tiens, voilà un rouleau de mille francs.

GASPARD.

Un rouleau de mille ?

DE FAVERNE.

Compte si tu veux.

GASPARD.

Oh ! après toi, jamais !... Maintenant, je t'emprunte ce manteau. (Il s'enveloppe du manteau de Gabriel.) Demain, tu recevras une lettre de moi, datée de Bruxelles.

DE FAVERNE.

Inutile ! adieu. (Il sonne.) Reconduisez monsieur par la rue du Helder.

GASPARD.

Adieu, cher ! (Bas.) Et, si tu m'en crois, suis le conseil que je t'ai donné : quitte ton métier, ou tu finiras mal !

LE DOMESTIQUE.

Par où diable est-il entré, celui-là ? Il a une singulière tournure.

GASPARD.

Au revoir, cher vicomte ! c'est convenu, à demain au cercle. (Au Domestique.) Montrez-moi le chemin, domestique.

(Il sort avec le Domestique.)

LE DOMESTIQUE, rentrant, à de Faverne.

M. le vicomte est-il visible ?

DE FAVERNE.

Pour toute personne venant de la part de M. Richard ou de mademoiselle Diane seulement.

LE DOMESTIQUE.

Précisément, il y a là un monsieur qui vient de la part de mademoiselle Diane.

DE FAVERNE.

A-t-il dit son nom ?

LE DOMESTIQUE.

M. de Lussan.

DE FAVERNE.

Faites entrer !

SCÈNE X

DE FAVERNE, DE LUSSAN.

DE FAVERNE.

Soyez le bienvenu, monsieur.

DE LUSSAN.

Vous a-t-on dit, monsieur, que j'ai fait prendre, jusqu'au jour où il n'y a plus eu de danger, tous les jours, des nouvelles de votre blessure ?

DE FAVERNE.

Oui, monsieur ; je vous en suis reconnaissant... Ne me faisiez-vous pas dire, monsieur, que vous veniez de la part de mademoiselle Diane ?

DE LUSSAN.

Je la quitte à l'instant, monsieur, et elle m'a officiellement annoncé, après lecture d'une lettre qu'elle a reçue de vous, que, dans quinze jours, elle serait votre femme. (Les deux hommes se saluent.) Alors, j'ai cru que l'amour très-violent que j'avais pour mademoiselle Richard, et l'amitié très-sincère qui en sera la suite, m'imposaient un devoir sacré.

DE FAVERNE.

Parlez, monsieur, je vous écoute. Quel est ce devoir ?

DE LUSSAN.

Répondez-moi, monsieur, comme à un homme qui vient vous dire : Mademoiselle Diane était tout pour moi, j'aurais donné ma fortune, ma vie, mon honneur même pour la voir heureuse ; mais, en lui faisant le sacrifice de mon honneur, je n'aurais point voulu qu'elle portât un nom déshonoré, parce que, avant tout, la respectant, je la voudrais respectée de chacun. Eh bien, malgré tout ce que l'on dit sur vous, monsieur de Faverne, je veux bien vous croire un honnête homme.

DE FAVERNE.

Vous voulez bien... La forme n'est pas courtoise.

DE LUSSAN.

Eh bien, soit ! disons mieux : je vous crois honnête homme ; maintenant, elle va changer son nom contre le vôtre... Eh bien, permettez-moi une dernière question. Votre nom est-il bien Henri de Faverne ?

DE FAVERNE.

M. Richard sur ce point est renseigné, et les renseignement que je lui ai donnés lui suffisent.

DE LUSSAN.

Mais moi, monsieur, moi qui vous cède la place, moi qui renonce à la femme que j'aime, je ne suis pas renseigné, et je désire l'être. Votre nom, monsieur est-il bien Henri de Faverne ?

DE FAVERNE.

Et vous demandez ?

DE LUSSAN.

Je vous demande votre parole d'honneur !

DE FAVERNE.

Eh bien, monsieur, je vous donne ma parole...

(Un coup de sonnette retentit.

DE LUSSAN.

Qu'avez-vous ?

DE FAVERNE.

Rien ! un coup de sonnette inattendu.

LE DOMESTIQUE, entrant.

Je demande pardon d'interrompre monsieur, malgré son ordre ; mais monsieur a remonté ses écuries il y a trois mois... et c'est le garçon de banque qui vient...

DE FAVERNE.

A neuf heures du soir ?

LE DOMESTIQUE.

Il est venu trois fois dans la journée ; monsieur étant occupé, on lui a dit que monsieur n'y était pas, et, comme, demain matin, il y aura protêt, et que monsieur nous a dit...

DE FAVERNE.

C'est bon. De combien est le billet ?

LE DOMESTIQUE.

De cinq mille francs.

DE FAVERNE, ouvrant le portefeuille que lui a tendu Fabien et y prenant cinq billets de banque.

Payez, et rapportez-moi le billet.

(Le Domestique sort.)

DE LUSSAN, à part.

C'est singulier! comme sa main tremble.

DE FAVERNE.

Vous voyez, monsieur, que je fais honneur à ma signature! (Le Domestique rentre.) Eh bien, que me veut-on encore?

LE DOMESTIQUE.

Le porteur du billet désirerait dire un mot à M. le vicomte.

DE FAVERNE.

Je n'ai point affaire à cet homme. Il a son argent, qu'il s'en aille.

SCÈNE XI

LES MÊMES, L'AGENT qui s'est présenté le matin à Fabien.

L'AGENT.

Pardon, monsieur, mais, si vous n'avez point affaire à moi, moi, j'ai affaire à vous.

DE LUSSAN, à part.

Que signifie tout cela?

DE FAVERNE, à l'Agent.

Parlez alors, monsieur; mais parlez vite, je suis pressé.

L'AGENT.

Eh bien, j'ai affaire à vous pour vous dire que vous êtes un faussaire. (Lui sautant au collet.) Au nom de la loi, je vous arrête.

DE FAVERNE.

Je suis perdu!

DE LUSSAN.

Oh! le malheureux!

L'AGENT.

Oh! il y a longtemps que je te surveillais, Gabriel Lambert!

DE LUSSAN.

Gabriel Lambert!

DE FAVERNE.

Oh! mieux vaut en finir tout de suite!

(Il s'élance sur un poignard turc suspendu à la muraille, au milieu d'un trophée d'armes.)

L'AGENT.

A moi!

(Deux Agents de police paraissent aux autres portes.)

DE FAVERNE.

Oh! je n'en veux pas à votre existence, vous n'avez rien à craindre, et c'est de moi seul que je veux faire justice.

DE LUSSAN.

Arrêtez, malheureux!

DE FAVERNE, se tordant les bras et laissant tomber son poignard.

Ah! voilà donc la fin!

L'AGENT.

Allons, emparez-vous de ce gaillard-là!

DE FAVERNE.

Non, non, pourvu qu'on me laisse aller en voiture, je ne dirai pas un mot, je ne ferai pas une tentative d'évasion! Monsieur de Lussan, un mot à ces messieurs!...

DE LUSSAN, à l'Agent.

Mais je n'ai aucune influence!

DE FAVERNE.

Essayez!

DE LUSSAN, à l'Agent.

Monsieur, ce malheureux me prie d'intercéder en sa faveur. Il est connu dans tout le quartier... il a été reçu dans le monde. Eh bien, je vous en supplie, épargnez-lui des humiliations inutiles.

L'AGENT.

J'y consens, monsieur!

DE LUSSAN.

Ayez la bonté d'envoyer chercher un fiacre.

DE FAVERNE.

Et faites-le approcher de la porte qui donne dans la rue du Helder.

L'AGENT, à l'un de ses hommes.

Soit! faites avancer un fiacre.

(Un Agent sort.)

DE FAVERNE, à de Lussan.

Monsieur, c'est mon fatal amour qui m'a conduit où j'en suis. Monsieur, au nom de votre respect pour votre mère, ne dites pas l'affreuse vérité à mademoiselle Richard.

DE LUSSAN.

Mais que lui dirai-je enfin ?

DE FAVERNE.

Soyez noble et généreux jusqu'au bout. Dites-lui... dites-lui que ma blessure s'est rouverte et que je suis mort des suites de ma blessure.

DE LUSSAN.

Je vous donne ma parole que je le lui dirai.

DE FAVERNE.

Et dites-lui qu'avant de mourir je vous ai chargé de lui remettre ces papiers, qu'elle m'a envoyés, il y a deux heures. (Il lui donne les billets de banque qu'il a reçus de Diane. — L'homme de police rentre.)

L'AGENT.

La voiture attend. (Faisant signe à ses hommes.) Allons !

ACTE QUATRIÈME

L'intérieur d'une prison. — Porte à droite; une table, un escabeau, un lit.

SCÈNE PREMIÈRE

GABRIEL, assis contre son lit, courbé en deux, la tête cachée entre ses mains; puis LAMBERT et LE GEOLIER.

GABRIEL.

A mort ! à mort ! Que faire ?... à qui m'adresser ?

LAMBERT, entrant avec le Geôlier.

C'est ici ?

LE GEOLIER.

Oui, tenez, le voilà... — Voilà monsieur votre père. (Gabriel ne bouge pas.) Vous ne répondez pas!

(Il sort.)

LAMBERT.

Il sera mort avant que le bourreau ait exécuté la sentence. (Se rapprochant.) Gabriel! Gabriel! Il ne m'entend pas... C'est moi... C'est ton père !

(Il lui touche l'épaule.)

GABRIEL.

Vous savez, mon père, condamné à mort!

LAMBERT.

Aussi je viens t'aider à mourir. Le chemin qui conduit à l'échafaud est dur, mais ton père vient t'offrir son bras pour y monter.

GABRIEL.

Condamné à mort!... Comprenez-vous ce que ces trois mots ont de lugubre, et comme ils tintent à mon oreille?... Mais moi, mon père, je ne suis pas un meurtrier... je ne suis pas un assassin... je n'ai pas répandu le sang. — Oh! vous ne me dites rien? mais trouvez donc une parole d'espoir!

LAMBERT.

Gabriel, les paroles d'espoir ne peuvent maintenant arriver à toi que venant du ciel... Dieu seul est tout-puissant... Dieu seul peut te faire miséricorde... Roi de la vie, il l'est aussi de la mort.

GABRIEL.

Mais la miséricorde de ce Dieu dont vous me parlez, mon père, n'empêchera pas que demain l'échafaud... Non... non... je ne veux pas !

LAMBERT.

Tu es bien coupable, mon pauvre enfant; mais le repentir peut t'absoudre.

GABRIEL.

Le repentir, m'absoudre?... Mais cette absolution du repentir empêchera-t-elle que demain...? Voyons, mon père ! cherchez un moyen ; une fois déjà vous m'avez donné l'existence... Permettrez-vous qu'on m'enlève ce souffle que je tiens de vous et de Dieu... de ce Dieu que vous dites tout-puissant ?

LAMBERT.

Le malheureux ! il blasphème quand il devrait prier.

GABRIEL.

Et quand je pense que je pouvais, au lieu de venir à Paris, rester dans notre beau village de Saint-Dolay, que j'ai dédaigné autrefois et que je regrette à cette heure; quand je pense que j'y pouvais vivre heureux et tranquille, de cette douce vie du fermier ! Oh ! mon Dieu Seigneur, cette vie méprisée, rendez-la-moi ! rendez-moi ces mille bruits du matin qui m'éveillaient avec l'aurore... rendez-moi le travail, rendez-moi la fatigue... le soleil qui brûle, la pluie qui glace !... Mais non, non, non... Ce serait trop, mon Dieu !... ce serait la récompense au lieu de l'expiation... Non, punissez-moi, mon Dieu. Il y a en face de l'embouchure de la Vilaine, à deux lieues de la côte, un îlot dénudé, fouetté du vent, battu des vagues, presque entièrement couvert par l'Océan aux marées hautes... la tempête l'habite et y rugit pendant six mois de l'année. — Transportez-moi sur ce rocher, mon Dieu ! par pitié !... Les pêcheurs, en passsant, m'y jetteront un morceau de pain et m'y tendront un verre d'eau. J'aurai faim !... j'aurai soif... j'aurai froid... Mais je vivrai ! je vivrai !

LAMBERT.

Malheureux enfant, si tu ne nous avais point chassés il y a trois mois, Louise et moi, si tu nous avais suivis à Saint-Dolay, comme tu nous avais promis de le faire... la justice t'aurait oublié peut-être, et tu serais là-bas, avec nous au milieu de nos amis, tandis qu'au contraire...

GABRIEL.

Mais ne me dites donc point cela... Vous voyez bien que vous me tuez ! (Un Geôlier entre.) Qui entre ici ? qui vient ? qui est là ?

SCÈNE II

Les Mêmes, le Geolier.

LE GEOLIER.

Voici votre souper... Voulez-vous autre chose ? Demandez; tout ce que vous désirez, on vous le donnera.

GABRIEL.

Oui, je le savais; oui, on m'avait dit que c'était ainsi, et qu'une fois l'arrêt prononcé... on ne refusait plus rien à l'homme à qui l'on allait enlever tout. Je ne demande rien, je ne veux rien... Est-ce que l'on peut désirer quelque chose quand on va mourir ? Mais dites-moi seulement : a-t-on fait passer à M. Fabien la lettre que l'aumônier des prisons lui a écrite en mon nom.

LE GEOLIER.

Elle est partie il y a deux heures.

GABRIEL.

Et la lui a-t-on bien remise à lui-même ?

LE GEOLIER.

Oui, et il a dit qu'il viendrait à neuf heures.

GABRIEL.

Merci. (L'heure sonne). Quelle heure est cela ?

LE GEOLIER.

C'est huit heures... Quand demain vous entendrez sonner six heures...

GABRIEL.

Ce sera donc pour sept heures ? J'ai encore onze heures à vivre. (Au Geôlier.) Je vous en prie, mon ami, aussitôt que le docteur Fabien se présentera à la porte, amenez-le-moi.

SCÈNE III.

LAMBERT, GABRIEL.

LAMBERT.

Que lui veux-tu donc, au docteur Fabien, Gabriel ?

GABRIEL.

Moi ? Rien, mon père... Le voir une fois encore avant que de mourir.

LAMBERT.

Ne vaudrait-il pas mieux passer ces derniers instants avec l'aumônier de la prison ?

GABRIEL.

L'aumônier de la prison ne peut rien pour moi, et le docteur peut me sauver la vie.

LAMBERT.

Que veux-tu dire ?

GABRIEL.

Oh! je m'entends!... je m'entends!...

LAMBERT.

Enfin, te voilà plus calme.

GABRIEL.

Je suis plus calme parce que j'espère... Oh! vous ne savez pas quel homme c'est que le docteur Fabien... Il me semble que, s'il était là, je serais à moitié sauvé... Écoutez!

LAMBERT.

Quoi ?

GABRIEL.

Écoutez... Est-ce que vous n'entendez pas le bruit d'une voiture ?

LAMBERT.

Non.

GABRIEL.

Je l'ai entendu, moi!...

LAMBERT.

Il n'est que huit heures. Le docteur a fait dire à une heure seulement.

GABRIEL.

Mon père, vous ne le connaissez pas... Un autre viendrait une demi-heure plus tard, lui viendra une demi-heure plus tôt. Tenez, on vient, des pas retentissent dans le corridor. La porte s'ouvre... C'est lui !

SCÈNE IV

Les Mêmes, FABIEN.

FABIEN.

Vous m'avez fait demander et je me rends à votre prière, monsieur.

GABRIEL.

Oh ! soyez béni, vous qui n'avez pas craint de venir vers un misérable tel que moi !

FABIEN, au Geôlier.

Laissez-nous, mon ami.

GABRIEL, à Lambert.

Mon père, mon père ! c'est le docteur Fabien, dont je vous ai tant parlé. (Lambert, préoccupé, salue machinalement. — Au docteur.) Vous savez, docteur, c'est pour demain ! (A Lambert.) Mon père, laissez-moi un instant seul avec M. Fabien, vous reviendrez tout à l'heure. Je voudrais lui parler.

LAMBERT.

Eh bien, parle.

GABRIEL.

Mais lui parler seul. Docteur, dites-lui que je désire rester seul avec vous. Quant à moi, j'y renonce, mes forces sont brisées.

LAMBERT.

On m'avait promis que je resterais avec lui jusqu'au dernier moment... J'en ai obtenu la permission, pourquoi veut-on m'éloigner ?

FABIEN.

On ne vient pas vous arracher à votre fils, monsieur : c'est votre fils, au contraire, qui désire rester un instant seul avec moi.

LAMBERT.

Alors, je m'en vais; mais je resterai tout près de son cachot.

(Il sort. Le Geôlier referme la porte.)

SCÈNE V

GABRIEL, FABIEN.

FABIEN.

Eh bien, monsieur, nous voilà seuls ; que puis-je faire pour vous ? Parlez.

GABRIEL.

Vous pouvez me sauver, docteur !

FABIEN.

Moi ?

Gabriel veut lui prendre la main, Fabien la retire

GABRIEL.

C'était bon quand j'étais libre. Je suis condamné, laissez-moi votre main ! (Il lui baise la main.) Écoutez !

FABIEN.

J'écoute.

GABRIEL.

Vous rappelez-vous, un jour que nous étions assis l'un près de l'autre, rue Taitbout, comme nous le sommes en ce moment, et que je vous montrais, écrits sur un billet de banque, ces mots : *La loi punit de mort le contrefacteur ?*

FABIEN.

Oui.

GABRIEL.

Vous rappelez-vous que je me plaignis alors de la dureté de cette loi, et que vous me dites que le roi avait l'intention de demander aux Chambres une commutation de peine ?

FABIEN.

Oui, je me le rappelle encore.

GABRIEL.

Eh bien, je suis condamné à mort ; avant-hier, mon pourvoi en cassation a été rejeté ; il ne me reste d'espoir que le pourvoi en grâce que j'ai adressé hier à Sa Majesté.

FABIEN.

Je comprends.

GABRIEL.

Vous êtes toujours médecin du roi par quartier ?

FABIEN.

Oui, et même, en ce moment, je suis de service.

GABRIEL.

Eh bien, docteur, en votre qualité de médecin du roi, vous pouvez le voir à toute heure ; voyez-le, je vous en supplie !... dites-lui que vous me connaissez, ayez ce courage. Demandez-lui ma grâce, demandez-la-lui !

FABIEN.

Mais cette grâce, en supposant que je la puisse obtenir,... ne sera jamais qu'une commutation de peine.

GABRIEL.

Je le sais bien.

FABIEN.

Et cette commutation de peine, ne vous abusez pas ! ce sera les galères à perpétuité.

GABRIEL.

Que voulez-vous ! cela vaudra toujours mieux que la mort. Oui, oui, je comprends ce qui se passe en vous... Vous me méprisez, vous me trouvez lâche ! vous me dites qu'il vaut mieux mourir... une fois... dix fois... cent fois, que de traîner à perpétuité, quand on a trente ans surtout, le boulet de l'infamie. Docteur, j'ai peur de la mort... sauvez-moi...

c'est tout ce que je demande... Ensuite, ils feront de moi tout ce qu'ils voudront.

FABIEN.

Je tâcherai!

GABRIEL, lui baisant la main malgré lui.

Ah! docteur... Je le savais, que mon unique, mon dernier espoir était en vous.

FABIEN, honteux, retirant sa main.

Adieu, monsieur!

GABRIEL.

Adieu! Que me dites-vous là? Ne reviendrez-vous point?

FABIEN.

Je reviendrai si j'ai réussi.

GABRIEL.

Mais c'est au contraire si vous n'avez pas réussi qu'il faut revenir, mon Dieu! que deviendrais-je, si je ne vous revoyais pas!... Jusqu'au pied de l'échafaud, je vous attendrais, et quel supplice qu'un pareil doute! Revenez, je vous en supplie, revenez!

FABIEN.

Je reviendrai.

GABRIEL, se levant vivement.

Envoyez-moi mon père, docteur, envoyez-moi mon père. Je ne veux pas rester seul... La solitude, c'est le commencement de la mort!

FABIEN.

Faites rentrer le père du prisonnier.

(Il sort.)

SCÈNE VI

LES MÊMES, LAMBERT, LOUISE.

LOUISE, se jetant dans ses bras.

Gabriel! mon Gabriel!

GABRIEL.

Louise, ici!

LAMBERT.

Oui, elle aussi a voulu te dire un dernier adieu.

LOUISE.

J'ai voulu t'apporter le dernier adieu de ton enfant... de notre fils.

GABRIEL, écoutant.

Ah! voilà la voiture qui part.

LOUISE.

Tiens, Gabriel! j'ai coupé, sur la tête du pauvre orphelin, cette mèche de cheveux que je lui ai fait embrasser, pour te l'apporter encore tiède de son baiser.

GABRIEL.

Merci, merci de cette pensée! (A part.) Si la voiture va bien, dans cinq minutes, il peut être aux Tuileries.

LOUISE.

Le pauvre enfant avait l'air de comprendre que je le quittais pour t'apporter notre dernier adieu. Il pleurait si fort, que j'ai hésité entre lui et toi. Je voulais te l'amener; mais j'ai pensé que la vue de la pauvre petite créature t'ôterait le courage; et puis je n'ai pas voulu que le pauvre enfant vît son père pour la première et la dernière fois dans un cachot.

GABRIEL, à part.

A cette heure, le docteur entre chez le roi; s'il allait ne pas être reçu, si le roi n'était pas aux Tuileries... ou si même il avait fait défendre sa porte!... Ah! cette attente est horrible.

(Il se lève et marche à grands pas.)

LOUISE.

Tu n'as rien à me répondre, Gabriel, même quand je te parle de notre enfant.

GABRIEL.

Notre enfant, oui, notre enfant! Que dis-tu? est-il là?

LOUISE.

Mon Dieu! mon Dieu!... Voudrais-tu le voir?

GABRIEL.

Oui... On dit que la prière des enfants est toute-puissante sur le Seigneur... Mais tu m'as dit que tu ne l'avais point amené.

LOUISE.

Je mentais; j'avais peur que tu ne refusasses de l'embrasser. Il est là. Attends! attends! je vais le chercher.

LAMBERT.

Ah! il y a donc encore un bon sentiment dans ce cœur-là!

LOUISE, rentrant avec l'enfant.

Tiens... c'est lui... le voilà...

GABRIEL.

Il te ressemble... Pauvre petit !...

LOUISE.

Louis,... c'est ton père... embrasse-le...

GABRIEL.

Ah ! ma pauvre Louise !... avec toi et cet enfant-là dans une chaumière...

LOUISE.

Gabriel !... Gabriel !...

GABRIEL.

Lui as-tu appris à prier ?

LOUISE.

Avant qu'il pût parler, je lui avais appris à joindre les mains.

GABRIEL.

Je me souviens qu'un grand navigateur voguait sur une mer inconnue, cherchant l'Inde, lorsque son vaisseau fut assailli par une tempête; haletant, éperdu, ne sachant à qui demander secours,... Albuquerque jette un regard autour de lui... A ses pieds, sur le pont, à la lueur d'un éclair, il vit un enfant qui souriait... Il eut une révélation... prit l'enfant, le souleva entre ses bras... criant à Dieu : « Seigneur ! Seigneur ! en faveur de l'innocence de cet enfant... pardonnez à nous autres malheureux pécheurs !... » Et l'éclair s'éteignit... la foudre se tut, la tempête tomba,... vaisseau et passagers, tout fut sauvé !... (Élevant l'enfant dans ses bras.) Seigneur !... Seigneur !... en faveur de l'innocence de cet enfant, pardonnez-moi !...

LOUISE, à genoux.

Pardonnez-lui, Seigneur !

GABRIEL, l'œil fixe, l'oreille tendue.

Écoute. N'as-tu pas entendu parler dans le couloir de la prison ?

LOUISE.

Non.

GABRIEL.

Le temps passe ! le temps passe ! Tiens, prends l'enfant et fais-lui joindre les mains.

LOUISE.

Mais qu'attends-tu donc?

GABRIEL.

Ce que j'att nds?... (Il court à la porte et écoute.) Ce que j'attends?... C'est ma grâce! c'est la vie!... la liberté peut-être!

LAMBERT.

Ah! que dit-il? que dit-il?

LOUISE.

Mon oncle, avez-vous entendu?... il parle de sa grâce, de la vie, de la liberté!

GABRIEL.

Je dis que le docteur Fabien... (Le premier coup de dix heures sonne.) Écoutez, à cette heure, il a vu le roi; à cette heure, mon sort est décidé. Oh! le roi est bon, le docteur est puissant, il a obtenu ce qu'il demandait... Que c'est beau un honnête homme! Il sort des Tuileries. Il revient vers la prison. Oh! chaque seconde de retard est aussi longue qu'une année de tortures!...

LOUISE.

Mon oncle! mon oncle! Gabriel devient fou!

LAMBERT.

Je ne crois pas; seulement, j'en suis à le désirer pour lui.

GABRIEL.

Le bruit de la voiture, je l'ai entendu! (Les repoussant et courant à la porte.) Écoutez... on vient, c'est lui! sauvé! (On ouvre la porte du fond.) Est-ce vous, docteur? Oui, oui, oui, parlez... j'attends... je meurs.

SCÈNE VII

LES MÊMES, FABIEN.

GABRIEL.

Vous ne me répondez pas? Oh! je suis toujours condamné.

FABIEN.

Du calme. J'ai vu le roi.

LAMBERT et LOUISE.

Le roi!

GABRIEL.

Parlez, parlez!

FABIEN.

Il vous fait grâce de la vie.

GABRIEL.

Ah! cette fois, je puis vous remercier, mon Dieu ! (Il embrasse Louise et il embrasse l'enfant.) Enfant, enfant, le Seigneur a entendu ta prière. Le roi fait grâce, entendez-vous, mon père ?

(Il vent embrasser Lambert qui le repousse.)

LAMBERT.

Mais à quelles conditions le roi a-t-il fait grâce ?

FABIEN.

A quelles conditions ?

LAMBERT.

Oui. Vous avez dit que le roi lui faisait grâce de la vie ; on ne fait point grâce d'un pareil crime sans conditions.

FABIEN.

En faveur de son âge, d'abord. Puis il a été reconnu...

LAMBERT.

Ne mentez pas, monsieur, cela va mal à une nature loyale comme la vôtre. A quelles conditions ? Dites, je le veux.

FABIEN.

La peine a été commuée en celle des travaux forcés à perpétuité...

LAMBERT.

C'est bien; je me doutais que c'était pour cela qu'il voulait vous parler seul... l'infâme!

(Il prend son chapeau et sort.)

FABIEN.

Que faites-vous ?

GABRIEL.

Mon père !

LOUISE.

Mon oncle !

LAMBERT.

Il n'a plus besoin de moi. J'étais venu pour le voir mourir et non pour le voir marquer. Je lui offrais mon bras, c'est-à-dire le bras d'un honnête homme, pour monter à l'échafaud. Je le lui refuse pour monter au pilori. L'échafaud était une expiation : le lâche a préféré le bagne; je donnais ma bénédiction au décapité: je donne ma malédiction au forçat !...

FABIEN.

Mais, monsieur...

LAMBERT.

Laissez-moi passer, monsieur! vous êtes un homme d'honneur, et un homme d'honneur doit comprendre mon indignation !

LOUISE, prenant Gabriel à bras-le-corps.

Mais je reste, moi, je reste, Gabriel !

LAMBERT.

Toi ! tu restes ! et de quel droit? Comme amante, il t'a trahie; comme mère, il a déshonoré ton enfant! Non! tu ne restes pas! suis-moi! je le veux! je te l'ordonne !

LOUISE.

Mon oncle!

GABRIEL.

Louise, mon enfant !...

(Il tombe sur l'escabeau.)

LOUISE.

Adieu, Gabriel, adieu !...

GABRIEL.

Seigneur, ayez pitié de moi!

ACTE CINQUIÈME

La mer. Trois plans de plage. Une villa à gauche avec perron. A droite une Madone devant laquelle une petite lampe est allumée. — Une barque, conduite par des forçats, amène deux personnes qui prennent pied au fond, en face du spectateur.

SCÈNE PREMIÈRE

DIANE, FABIEN, CHIVERNY; GABRIEL, GASPARD, ROSSIGNOL. Ces trois derniers en forçats. D'autres personnages muets, également en forçats.

DIANE, à Chiverny.

C'est la villa Lavergne?

CHIVERNY.

Oui, mademoiselle.

DIANE.

Qu'en dites-vous, cher docteur? Il me semble que c'est bien ce que je cherche, simple et élégant tout à la fois.

FABIEN.

Si elle vous convenait, elle remplirait, par sa position, toutes les conditions nécessaires à l'amélioration de votre santé : exposition au midi et au couchant, belle vue, brise de mer, assez rapprochée de la ville pour y être en une heure.

DIANE.

Maintenant, il faut savoir si la distribution intérieure me convient, et si le jardin a de l'ombre.

FABIEN.

Entrons; notre équipage se reposera pendant ce temps-là.

DIANE.

Et ils boiront au rétablissement de ma pauvre santé, qui en a grand besoin.

FABIEN.

Mais qui redeviendra aussi florissante que jamais quand vous le voudrez.

DIANE.

Vous vous obstinez, docteur!

FABIEN.

J'ai promis à de Lussan de vous guérir.

DIANE.

Physiquement ou moralement?

FABIEN

Physiquement et moralement!

DIANE.

La science est puissante, docteur, entre vos mains, surtout; mais, croyez-moi, sa puissance ne va pas jusque-là!

FABIEN.

Bah! nous verrons! De l'autre côté de la science, il y a Dieu.

(Ils entrent dans la villa.)

SCÈNE II

Les Mêmes, hors DIANE et FABIEN.

CHIVERNY.

Qui a les plus longues jambes ou l'estomac le plus creux?

Que celui-là aille chercher à boire à la buvette du fort Lamalgue.

GASPARD.

Moi !

CHIVERNY.

Alors, va! Je permets ça pour aujourd'hui, mais pour aujourd'hui seulement, en faveur de cette demoiselle qui vous offre quarante francs.

GASPARD.

Donnez-moi un des deux louis de la demoiselle et je ne fais qu'un bond.

CHIVERNY.

Inutile; on enverra le garçon avec toi, et je réglerai le compte.

GASPARD.

Eh bien, justement, voilà ce que je ne voulais pas.

CHIVERNY.

Et pourquoi?

GASPARD.

Parce que...

CHIVERNY.

Mais tu ne pourras donc jamais te taire! Tiens, imite plutôt ton ami Gabriel; en voilà un qui n'est pas bavard au moins!

GASPARD.

Voilà votre morale, à vous...

(Il sort.)

GABRIEL, à part.

A qui parlerais-je? à ces hommes dont aucun ne peut me comprendre; à qui me plaindrais-je? à Dieu qui ne m'écouterait pas. Oh! n'étais-je pas assez malheureux? n'étais-je pas assez humilié?... Me retrouver sous cette livrée infâme... en face de Diane... de la femme que j'ai aimée et que j'aime toujours... Le docteur Fabien m'a regardé deux fois dans le trajet... la seconde d'une certaine façon... M'aurait-il reconnu?... Oh! non, surtout si je suis aussi changé physiquement que moralement... Hélas! je ne crains pas la mort à présent, docteur : cinq années de bagne m'ont aguerri, et le jour n'est pas loin où je me débarrasserai de cette existence.

SCÈNE III

Les Mêmes, GASPARD.

GASPARD.

Voilà!

CHIVERNY.

Tu n'y as pas été de main morte! Trois bouteilles de vin!

GASPARD.

C'est pas trop pour six.

CHIVERNY.

Et moi, je vous regarderai faire.

GASPARD.

Vous, voilà votre bouteille à part, du vin de cassis;... On connaît votre goût.

CHIVERNY.

Câlin, va!

GASPARD.

Dites donc... vous aurez du retour!

CHIVERNY.

Veux-tu te taire, bavard!

GASPARD.

Bavard parce que je parle! Est-il despote, le père Chiverny! Je suis condamné, moi, mais ma langue ne l'est pas.

CHIVERNY.

Gaspard, mon ami, tu frises le cachot.

GASPARD.

De quoi! le cachot pour une innocente plaisanterie? allons, père Chiverny, ne vous faites pas plus méchant que vous n'êtes; à votre santé, père Chiverny!

TOUS LES FORÇATS, moins Gabriel.

A votre santé!

CHIVERNY.

Attendez un peu que je vais trinquer avec vous!

(Il boit à même la bouteille.)

GASPARD, à Gabriel, qui écrit avec un crayon.

Eh bien, Gabriel, tu ne bois pas?

GABRIEL.

Merci, je n'ai pas soif!

CHIVERNY.

Toujours loin des autres, comme un monsieur, la plume ou e crayon à la main. Avec cela que la chose t'a bien réussi !

GASPARD.

Ne faites pas attention, père Chiverny, il rédige son testament.

GABRIEL, bas.

Tu ne crois pas si bien dire.

GASPARD, à Chiverny, qui vide sa bouteille du second coup, et qui la repose à terre.

Vous y allez bien, père Chiverny : une bouteille en deux fanfares ! (Renversant la bouteille.) Gabriel, bois donc un coup !

GABRIEL.

Je ne vous parle pas, Gaspard ; ayez pitié de moi, je vous en prie, et laissez-moi en repos !

GASPARD.

Bon ! je croyais que nous nous tutoyions dans le monde ! Mazette ! ça fait sa tête !... Est-ce que tu te crois encore dans on rez-de-chaussée de la rue Taitbout ?

CHIVERNY.

Silence, et assez causé ! j'aperçois nos voyageurs.

GABRIEL, tirant son bonnet sur ses yeux :

Encore !

SCÈNE IV

Les Mêmes, DIANE, FABIEN.

DIANE.

Cette villa est charmante, docteur ; elle me convient beaucoup... si toutefois mon père se décide à quitter Paris.

FABIEN.

Vous savez bien que votre père fera tout ce que vous voudrez.

DIANE.

Je lui dessinerai un croquis de cette charmante habitation.

FABIEN.

N'y en a-t-il pas d'autres à visiter aux environs?

CHIVERNY.

Faites excuse, docteur. Il y a, à deux cents pas d'ici, une petite bastide, que c'est un véritable nid qui n'attend que les oiseaux.

GASPARD.

C'est drôle comme le vin de cassis rend le père Ladouceur poétique !

FABIEN, à Diane.

Voulez-vous aller jusque-là ?

DIANE.

Volontiers.

GASPARD, à Gabriel.

Est-elle jolie, la Parisienne, hein ! Ça te rappelle le temps où tu fréquentais la so-ci-é-té, mon vieux !

DIANE.

Finissez tranquillement votre repas, vous avez encore près d'une demi-heure à vous.

GASPARD.

Père Chiverny, je vais préparer la barque ! — Viens-tu, Gabriel ?

(A ce nom de Gabriel, Diane se retourne ; Fabien l'arrête.)

FABIEN.

Désirez-vous quelque chose ?

DIANE.

Non, rien ! (A part.) Gabriel !...

(Elle continue sa route.)

SCÈNE V

LES MÊMES, hors FABIEN et DIANE.

GABRIEL.

Mais je n'en finirai donc pas avec la honte ! Si elle m'avait reconnu, cependant !... Mais non, c'est impossible ; qui reconnaîtrait, sous l'ignoble livrée du forçat, l'élégant vicomte de Faverne ?... Oh ! la vue de Diane !... Finissons-en ! — Gaspard !

GASPARD.

De quoi ?

GABRIEL.

J'ai à te parler.

GASPARD.

Ah ! tu as besoin de moi, n'est-ce pas ?

GABRIEL.

Eh bien, oui !

GASPARD.

Va, je suis bon frère. (Allumant sa pipe.) D'ailleurs, je vais en griller une, tandis que tu vas me narrer tes infortunes... Vas-y gaiement, Gabriel.

GABRIEL.

Gaspard, je veux en finir avec la vie.

GASPARD.

Bon! voilà déjà dix fois que tu me dis cela, et ça n'aboutit jamais.

GABRIEL.

Cette fois, j'y suis décidé.

GASPARD.

Bien vrai ?

GABRIEL.

Bien vrai.

GASPARD.

Et, sans être trop curieux, peut-on savoir qui a amené cette détermination ?

GABRIEL.

Elle.

GASPARD.

Qui cela, elle ?

GABRIEL.

La jeune fille que nous avons conduite ici ce matin.

GASPARD.

Celle qui vient de nous payer à boire ?

GABRIEL.

Oui.

GASPARD.

Tu la connais ?

GABRIEL.

J'ai manqué l'épouser... C'est mon amour pour elle qui a amené tous mes malheurs.

GASPARD.

Peste! tu ne t'adressais pas mal, la fille d'un richard!

GABRIEL.

Silence! si l'on nous entendait...

GASPARD.

La fille d'un banquier!... C'est égal, elle a eu un fier nez tout de même de renoncer à ta main.

GABRIEL.

Tu plaisantes toujours... Mais, depuis que je suis ici, moi, je n'ai pas envie de rire!

GASPARD.

Ah! dame, oui.

GABRIEL.

En tout cas, dans une heure, tout sera fini pour moi.

GASPARD.

Je parie que non.

GABRIEL.

Que paries-tu ?

GASPARD.

Tout ce que tu voudras; mais, si par hasard je gagne, qu'est-ce que je gagnerai ?

GABRIEL.

Le peu que je possède sera à toi, et tous les objets que j'ai fabriqués t'appartiendront.

GASPARD.

Touche là !

GABRIEL.

Seulement, dis-moi, as-tu jamais songé, ayant le choix de la mort, de quelle mort tu préférais mourir?

GASPARD.

Dame, il me semble que j'aimerais mieux mourir de vieillesse, parce que, autrement, il y a toujours un moment qui doit être dur à passer.

CHIVERNY.

Eh bien, avez-vous bientôt fini de jacasser comme deux pies qui n'auraient qu'un œil ?

GASPARD.

Bon! histoire de tuer le temps. Tuer le temps! on est en cas de légitime défense.

CHIVERNY.

Assez !

SCÈNE VI

Les Mêmes, Diane, Fabien.

DIANE.

Décidément, docteur, je fixe mon choix sur cette villa. (Elle montre la maison à gauche du spectateur. — A Chiverny.) Vous pouvez repartir sans nous, monsieur : nous reviendrons à pied... (A Chiverny). Quel est celui que vous avez appelé Gabriel tout à l'heure?

FABIEN.
C'est le moment de l'épreuve !
CHIVERNY, poussant Gabriel.
Le voilà ! Allons, avance ! lève-toi donc !
GABRIEL.
Oh ! mon Dieu !
DIANE.
Tenez, prenez cette bourse... Vous donnerez un louis à chacun de vos compagnons, et le reste sera pour vous.
CHIVERNY.
Vous les gâtez, mademoiselle !
GASPARD.
N'influencez pas le client, père Chiverny
DIANE.
Prenez... mais prenez donc !...
CHIVERNY.
Soyons fier... mais soyons poli, au moins. A bas le bonnet !
(Il lui enlève son bonnet.)
DIANE, poussant un cri.
Oh !
(Elle laisse tomber sa bourse. Gaspard la ramasse.)
GASPARD.
Soyez tranquille, ma belle dame, vos volontés seront exécutées.
DIANE, stupéfaite.
Gabriel ! le même nom ! serait-ce... ? Docteur, je deviens folle !... il n'était donc pas mort ?...
FABIEN.
Il ne l'était pas.
GABRIEL.
Oh ! misérable que je suis !
(Il cache sa tête dans ses mains.
DIANE.
Impossible !
FABIEN.
Regardez-le !...
DIANE.
Lui !... lui !... lui !... ici, au bagne !
FABIEN.
Lui au bagne, oui !

DIANE.

Et vous le saviez?

FABIEN.

Je le savais, et je vous ai amenée pour cela!

DIANE.

Oh! c'est affreux!

(A son tour, elle cache sa tête entre ses mains.)

FABIEN.

Je le savais, je vous le répète; c'est pour cela que je vous ai amenée ici. Je vous dirai tout. Vous aimiez toujours le vicomte de Faverne... Et vous vous obstiniez à vivre fidèle à la mémoire de celui que vous croyiez mort pour vous, et mort honorablement... Eh bien, vous vous trompiez, Diane; il vit misérablement, il vit flétri!

DIANE.

Docteur, assez! assez!... Ne voyez-vous pas que je meurs? (Elle tombe dans les bras de Fabien.) Oh! le malheureux!

GABRIEL, faisant un mouvement en avant.

Diane!

CHIVERNY.

Tu seras trois jours au cachot pour t'apprendre à interpeller les voyageurs!

SCÈNE VII

Les Mêmes, LOUISE.

LOUISE, à Gaspard.

Pardon, monsieur!

GASPARD.

Oh! voilà une petite femme qui est bien polie. Qu'y a-t-il pour votre service, ma belle enfant?

LOUISE.

Je viens de bien loin, monsieur, pour parler à un condamné... Et, là-bas, au bagne, on m'a dit que je le trouverais ici.

GASPARD.

Comment le nommez-vous?

LOUISE.

Gabriel!

GASPARD.

Gabriel Lambert?

LOUISE.

Oui.

GASPARD.

Tenez, le voilà !

LOUISE.

Celui qui pleure?

GASPARD.

Non, il respire de l'eau de Cologne dans son mouchoir... C'est étonnant, je connais ce visage-là, moi !

LOUISE, touchant Gabriel.

Gabriel!

GABRIEL.

Que me veut-on?... Louise!

GASPARD.

Ah! c'est cela, Louise Granger... celle qu'il devait épouser dans son village... Laissez-les un peu ensemble sans trop les taquiner, père Chiverny! C'est sa payse, il devait l'épouser!

LOUISE, suppliante.

Oh! oui, monsieur.

CHIVERNY.

Allons! mais faites vite!

LOUISE.

Merci, monsieur.

GABRIEL.

Louise!... et que venez-vous faire ici, mon Dieu? Je suis donc arrivé au jour de toutes les douleurs?

LOUISE, lui montrant qu'elle est vêtue de deuil.

Hélas!

GABRIEL.

Mon père?

LOUISE.

Mort.

GABRIEL.

M'a-t-il pardonné? (Louise se tait.) Je te demande s'il m'a pardonné. Au nom du ciel, Louise, réponds-moi!

LOUISE.

Et n'est-ce pas te répondre, malheureux, que de garder le silence?

GABRIEL.

Merci, Louise!... Tu es toujours la même, c'est-à-dire un ange. Et... notre enfant?

LOUISE.

Il vit!

GABRIEL.

Pourquoi ne l'as-tu pas amené?

LOUISE.

Mon oncle, qui lui a laissé tout ce qu'il possédait, m'a fait jurer sur son lit d'agonie qu'il ne te verrait jamais, et qu'il te croirait mort.

GABRIEL.

Et toi, alors, que viens-tu faire ici?

LOUISE.

Tu me demandes cela, Gabriel! Moi, je n'ai pas juré de ne pas te voir; je viens te dire : Gabriel, puis-je faire quelque chose pour toi?

GABRIEL.

Oui, tu peux me pardonner.

LOUISE.

Puisses-tu être pardonné au ciel comme tu l'es dans mon cœur!

GABRIEL.

Louise, toi et mon enfant, prierez-vous pour moi quand je serai mort?

LOUISE.

Ah! oui, et bien pieusement, je te jure.

GABRIEL.

Louise, tu as bien fait de venir. Tiens, il y a là une Madone; je ne sais plus prier : prie pour mon père et pour moi!

LOUISE.

Mais pourquoi prier?

GABRIEL.

J'ai une grande chose à accomplir; ta prière m'aidera!

LOUISE.

Quelle chose?

GABRIEL.

Tout à l'heure, tu le sauras.

LOUISE.

Et quelle prière dois-je dire?

GABRIEL.

Celle des agonisants.

LOUISE.

Pourquoi cela?

GABRIEL.

Parce que ce doit être celle qui monte le plus directement aux pieds du Seigneur!

LOUISE.

Et toi?

GABRIEL.

Je m'unirai à toi par la pensée.

(Gabriel la conduit au pied de la petite chapelle.)

LOUISE, s'agenouillant.

« Seigneur, je crie à vous du fond de l'abîme... »

(Elle continue tout bas.)

GABRIEL.

Gaspard!

GASPARD.

Après?

GABRIEL.

Combien contenait la bourse que m'a donnée mademoiselle Richard?

GASPARD.

Vingt louis.

GABRIEL.

Cette somme est à toi tout entière, moins un louis à donner à chaque camarade, si tu veux m'aider.

GASPARD.

A quoi?

GABRIEL.

Je te le dirai; viens.

GASPARD.

Mais le père Chiverny?

GABRIEL.

Nous serons, c'est-à-dire tu seras de retour dans cinq minutes.

GASPARD.

Ma foi, pour six louis, on peut bien risquer quinze jours de prison.

GABRIEL, à demi-voix.

Adieu, Louise! adieu, Diane! Mon père! mon père, quand vous aurez vu de là-haut que je me suis fait justice, peut-être me pardonnerez-vous! (Ils sortent. Gabriel envoie un baiser à Louise.)

SCÈNE VIII

Les Mêmes, hors GASPARD et GABRIEL; FABIEN.

FABIEN, paraissant.

Pouvons-nous retourner à Toulon?

CHIVERNY.

Quand vous voudrez, monsieur le docteur; nous retournons donc décidément par mer?

FABIEN.

Oui; mademoiselle Richard est trop faible pour risquer le trajet à pied.

CHIVERNY.

Elle va mieux pourtant?

DIANE, paraissant.

Mieux, merci!... Docteur, faites que je ne le revoie plus.

FABIEN.

Rien de plus facile. (Il fait un signe à Chiverny.) Mademoiselle désire que le forçat nommé Gabriel Lambert ne fasse point partie des rameurs qui la ramèneront à Toulon.

CHIVERNY.

Comme il lui plaira! (Il descend et appelle Gabriel.) Eh! Gabriel!... Où diable est-il passé?... — Vois donc, Rossignol. — Eh bien, Gaspard n'est pas là non plus! Ah çà! ils se sont donné le mot pour me faire enrager!

ROSSIGNOL, accourant.

Venez voir là... tout près... venez!

(Ils sortent.)

SCÈNE IX

FABIEN, DIANE, descendant; LOUISE, priant.

DIANE.

Qu'y a-t-il donc?

FABIEN.

Je ne sais.

DIANE.

Docteur!... docteur!... quelque chose me dit là... (Elle touche son cœur.) que ma plus grande douleur n'est pas encore épuisée.

SCÈNE X

Les Mêmes, CHIVERNY, poussant GASPARD.

CHIVERNY.

Avance, drôle ! ton affaire est claire !

GASPARD.

Est-ce que j'ai pu l'empêcher, moi ?... Je ne savais pas pourquoi il m'emmenait... En un tour de main, ç'a été fait... crac !

FABIEN.

Que s'est-il donc passé ?

CHIVERNY.

Rien, monsieur le docteur : c'est un forçat qui vient de se pendre.

DIANE.

Ah !

LOUISE, se retournant.

Un forçat ?

FABIEN.

Et ce forçat ?

CHIVERNY.

C'est le compagnon de chaîne de ce drôle, qui l'a aidé, j'en jurerais !... c'est celui à qui vous avez donné votre bourse, c'est Gabriel Lambert !

DIANE.

Mon Dieu !

LOUISE, se redressant.

Mon Dieu !

CHIVERNY.

Mais cela te coûtera cher, si tu lui as prêté la main !

GASPARD.

Prêté la main !... moi ! peut-on dire !... la corde tout au plus ! Figurez-vous...

CHIVERNY.

C'est bon... tu raconteras cela devant le capitaine du port.

FABIEN.

Non, je vous prie, permettez qu'il dise comment cela s'est passé ?

CHIVERNY.

Allons, parle, drôle !

GASPARD.

Est-ce que je sais comment cela s'est passé? J'avais le dos tourné... Je l'avais bien vu accrocher une corde à la branche d'un mûrier... J'entends une espèce de soupir... je me retourne, c'était fini...

DIANE.

Ah!

LOUISE.

Oh! voilà donc pourquoi il me faisait dire la prière des agonisants!

FABIEN.

Il est mort de la mort des criminels, et il est mort en présence de la femme qu'il avait trompée et de celle qu'il avait trahie!... C'est la justice de Dieu!

(On entend une musique sourde et triste.)

DIANE.

Qu'est-ce que cela?

CHIVERNY.

Pardieu! c'est son corps qu'on reporte au bagne!

FABIEN.

Du courage, chère enfant!

(La barque passe au fond avec le corps de Gabriel, qui a le visage couvert d'un mouchoir.)

DIANE.

Mon Dieu! ayez pitié de lui!

LOUISE.

Mon Dieu! pardonnez-lui comme je lui pardonne!

FIN DU TOME VINGT-QUATRIÈME

TABLE

	Pages
LES MOHICANS DE PARIS.	1
GABRIEL LAMBERT.	163

D. Thiéry et Cⁱᵉ — Imprimerie de Lagny.